D1728918

Die Reisen des
Nico Landmann

edition
innsalz

Franz Xaver Hofer
DIE REISEN DES
NICO LANDMANN

herausgegeben von:
Wolfgang Maxlmoser

(c) edition innsalz Verlags GmbH
Pfarrgrund 3
A- 5252 Aspach
Austria
Telefon: ++43/664/3382412
Fax: ++43/7755/7258-4
Homepage: www.edition-innsalz.at
E-mail: edition.innsalz@ivnet.co.at
ISBN 3 - 900050 - 02 - 3
1. Auflage 2004
Layout: W. Ströher
Umschlagbild: Helga Hofer
„Lebensfaden weiß, Lebensfaden rot",
70 x 70 cm, Öl auf Leinwand, 2004

Mit freundlicher Unterstützung von

Franz Xaver Hofer

DIE REISEN DES NICO LANDMANN

Roman

Das Morgenlicht durchflutete die verglaste Veranda. Ulrich Witt und Lotte Landmann saßen am Frühstückstisch. Im Radio liefen die Nachrichten und es gab wie jeden Tag neue Meldungen aus dem Bürgerkrieg in Jugoslawien. Lotte drehte sich um und stellte die Lautstärke zurück, bis nur mehr Wispern, Zischen und Flüstern von den Neuigkeiten blieb. Das Wochenende in der kleinen Pension endete für die beiden: Ulrich Witt musste in die Firma zurück und die Friseuse in den Betrieb.

Die junge Bedienerin brachte den Kaffee, Lotte ergriff die Kanne und goss ein. „Wie oft sind wir hier in der Sonne gesessen", plauderte sie ausgeruht und zufrieden, „der Himmel hat es immer gut mit uns gemeint."

Ulrich Witt sah auf die Tasse, die sich mit Kaffee füllte, und sagte: „Erstaunlich, dass uns bis heute nie jemand entdeckt hat."

Lotte Landmann setzte die Kanne ab und sah ihn erheitert an, spürte aber sofort, dass ihm ihr Vorbehalt missfiel; zugleich wunderte sie sein Vertrauen in das Versteckspiel, ja sein Glaube verwirrte sie. In letzter Zeit hatte sie den Eindruck, dass ihr Freund alles nach gewissen Launen seiner Einbildung bog. Zugleich verlangte er von den Mitmenschen in seinem Umfeld, dass sie sich blind stellten. Vielleicht war ihr das lange entgangen. Am Anfang ihrer Beziehung war er noch verheiratet gewesen und sie hatte Nico daheim gehabt, den ungebärdigen Jungen. Da hatten sie sich an wechselnden Orten getroffen und um Geheimhaltung bemüht, bis sie feststellten, dass sich ohnehin keiner um sie kümmerte. Von dort weg bevorzugten sie die kleine Pension nahe der Stadt, wo Lotte Landmann ihren Frisiersalon betrieb, und sie gewöhnten sich aneinander. Die Annahme, eine gemeinsame Zukunft zu haben, wurde ihnen selbstverständlich, obwohl sie oft wochenlang getrennt waren, denn Ulrich Witt arbeitete in der Firma, die ihm und seinem Bruder gehörte, fast dreihundert Kilometer von Lotte entfernt.

Vor den beiden standen hausgemachte Marmeladen. Sämtliche Sorten frisch, wie Witt das liebte. „Mein Ego könnte nirgends besser gepflegt werden", erklärte er, während er kostete. „Alles ist hier gediegen, findest du nicht?" Damit suchte er seine Freundin wieder in die aufgeräumte Laune zu versetzen, die er an ihr schätzte. Lotte achtete dieses Bemühen und wollte ihm entgegenkommen. Die Sonne auf ihrem Gesicht ließ sie frisch und lebendig erscheinen, als verfügte sie über die Arglosigkeit einer jungen Frau. Jedoch in dieser Stimmung war sie sehr verletzlich, lächerliche Kleinigkeiten konnten sie treffen. Nun machte Witt einen Gedankensprung, während er ein Stück Toast mit Butter bestrich: „Ich freue mich auf dein Fest." In der folgenden Pause suchte er die glatte Stirn in Falten zu legen. Das Streichen auf dem trockenen Toast klang plötzlich wie das Schleifen eines Messers. „Allerdings könnte deine Gesellschaft anders aussehen."

Die Friseuse errötete bis hinter die Ohren. „Das musst du mir an diesem Morgen sagen", entgegnete sie gereizt und setzte ihre Tasse hörbar auf die Untertasse.

Zu wenig Schlaf, zu viel Alkohol, laute, gewöhnliche Unterhaltung, verrauchte, abgestandene Luft, daran dachte Witt, der nach dem Aufwachen ihre Haut, ihr Bindegewebe und ihre Muskulatur gelobt hatte, und seine Aufmerksamkeit blieb an ihren Augen hängen. Sie reichte ihm gerade eine Schale mit Marillenkonfitüre über den Tisch und sah ihn selbstsicher an. „Deine Lieblingsmarmelade!" Dabei betrachtete sie seine sauberen Brillen, die er stets gleich nach der Morgentoilette reinigte, und schaute in seine vergrößerten Augen, die ihr momentan fremd vorkamen. Er hob seine Hand, nahm aber die angebotene Konfitüre nicht entgegen, sondern der Blick seiner geweiteten Pupillen krallte sich links und rechts neben ihren Augen fest. Sie wusste, dass sich die Fältchen hier in letzter Zeit vermehrt hatten, und kam seiner Feststellung zuvor, indem sie fragte:

„Ist dir das neu, Ulrich?"

„Allerdings." In seiner Stimme schwang Betroffenheit.

Lotte stellte die Schale ab, weil er nicht zugriff, und sah ihn verständnislos an.

Er wuchs auf seinem Sitzplatz in die Höhe und rückte ihr mit dem Gesicht über den Tisch entgegen. „Das hast du gut vor mir versteckt, meine Liebe."

Was er da sagte, klang nicht freundlich. Warf er ihr Machenschaften vor? Die lagen ihr so fern, dass sie nur lächeln konnte.

Ein wenig stöhnend sank er auf dem Stuhl zusammen, legte die zart gepolsterten Hände an die Schläfen und lehnte sich zurück.

„Du bist ja richtig erschüttert!"

„Und ich überlege, ob ich dir das ersparen kann", kam es aus ihm hervor.

„Das kann doch nicht dein Ernst sein", schmunzelte Lotte von der naiven Vorstellung berührt. „Ein paar Fältchen im Gesicht, das ist der Lauf der Zeit und ich werde nicht gleich daran sterben, oder?"

Darauf ging er nicht ein. „Du lachst zu viel."

Sie seufzte ein wenig.

„Das hinterlässt Spuren."

„Ich habe gelacht, wann immer mir danach war, mein Lieber. Wenn ich jetzt damit aufhören müsste, hätten meine Muskeln nichts mehr zu tun, das Fleisch würde schwinden und die überflüssige Haut herabhängen."

„Du redest leichtfertig."

„Stimmt es nicht?"

Er führte die Kaffeetasse an die Lippen, bog den Kopf zurück, kippte die Tasse und trank sie leer, wobei er hineinzustarren schien. Auch während er das Gefäß auf den Unterteller zurücksetzte, haftete sein Blick auf dem Boden der Tasse.

Sie sah seiner glatten Stirn an, dass er sie kräuseln wollte, doch er schaffte es nicht, zu glatt war seine Haut gespannt.

„Wahrscheinlich schon", sagte er. Dann sah er hoch, nahm die Serviette und betupfte seine Lippen.

Lottes Gesicht zeigte Ratlosigkeit, eine kleine Weile waren ihre Züge in Auflösung begriffen. Da war etwas Neues, eine neue Sorte Erregung, eine unbekannte Herausforderung, eine Gefahr vielleicht, und sie hatte das Gefühl, dem hilflos gegenüber zu stehen. Unruhe überfiel sie, als säße sie in einer Falle. In Augenblicken rang sie alle diese negativen Emotionen nieder und sah ihren langjährigen Liebhaber offen und freundlich an. Sie mochte nicht glauben, dass er sie wirklich nicht mehr fröhlich sehen wollte. Gerade ihre Heiterkeit, das wusste sie, betörte ihn, er konnte ihrer Fröhlichkeit nicht widerstehen. Lächelnd schüttelte sie den Kopf und betrachtete die glatte Haut der jugendlichen Bedienerin, die gerade hereinkam und "Fehlt noch etwas?" fragte.

In der Tat besaß Kaspar eine feine Witterung für altes Zeug, seine Nasenflügel bebten, er beschleunigte die kurzen Schritte, sprach zu Nico Landmann von Plunder und Krempel und davon, dass er den muffigen Kram hasste, mit dem er seinen Lebensunterhalt verdiente. Diesmal hatte er allerdings von einem geschliffenen Herrn in Dobermann-Begleitung einen handfesten Hinweis erhalten und war ermuntert worden, einen Draufgänger mitzubringen, der für ein besonderes Abenteuer taugte. In allernächster Zeit sollte er nach Jugoslawien aufbrechen. Viel Geld war für die Erledigung eines Sonderauftrags in Aussicht gestellt, nicht wenig davon im Vorhinein; worum es ging, wusste er noch nicht, aber weshalb sollte er da lange forschen. Er war darauf programmiert jede Aufgabe sachlich und ohne innere Beteiligung zu erledigen.

Sie hielten vor einer Jagdvilla im Stil der ausgehenden Monarchie. Club monetär stand auf dem blitzblanken Messingschild am Gartenportal. „Ein gewisser Heimo Käfer erwartet uns", sagte Kaspar und drückte auf den Klingelknopf. Nico Landmann zog die Nase mit der Oberlippe hoch. Im Augenblick war er ganz auf Stöbern eingestellt.

Die Haustür ging auf, ein tadellos gekleideter Mann, auf dessen breiten Schultern ein runder Kopf saß, trat auf die Schwelle und lächelte ihnen entgegen, als hielte er sie für Dummköpfe. Seine Arme hingen neben dem Körper herab, er drehte die Innenseiten der Hände nach vorne und klappte die Finger mehrmals wie Krebsschwänze gegen die Innenfläche. Sie sollten näher kommen. Während sie auf ihn zuschritten, strich er mit flachen Händen über das schüttere Haar, wandte sich um und ging voraus. Er wirkte selbst fremd in der Wohnung, die mit wenig attraktiven älteren Möbeln eingerichtet war, und präsentierte sein Angebot recht beiläufig, als wäre er sich des geringen Wertes ohnehin bewusst, nur im Schlafzimmer steigerte sich seine Bemühung, als er auf eine Sammlung von Puppen wies, die auf der weißen Tagesdecke eines Doppelbetts lag. Mit einer Hand fasste er eine kostbare Porzellanpuppe an einem Bein und hielt sie hoch. Mit der anderen klappte er gegen das Kleid und sagte: „Hören Sie, wie das knistert? Reine Seide."

Sein Einsatz verflachte aber gleich wieder, er warf die Puppe auf das Bett zurück und sagte mit amüsierten Augen: „Aber das wissen Sie nicht zu schätzen." Damit zielte er auf das Selbstbewusstsein der Interessenten.

Puppen hatten Nico Landmann noch nie sonderlich interessiert und für Kaspar kamen solche gerade im Trend liegende Objekte, wenn sie von Informierten angeboten wurden, ohnehin nicht in Frage. Er kaufte nur, was günstig herging und leicht wieder abzusetzen war, während sich Landmann von der abschätzigen Bemerkung herausgefordert und von dem dauernden Grinsen des Anbieters geangelt fühlte: er spürte dahinter eine Neigung zur Grausamkeit. So war ihm gewesen, wenn ihn sein Vater zum Spaß festgehalten und aufgefordert hatte, sich zu wehren. Ein von Instinkten genährtes Plasma wurde in seiner Brust tätig, das angeregte Gemisch nahm die Umrisse eines aufgebrachten Wesens an, ein Dämon sprang in seiner Seele hoch, ergriff seinen Geist am Nacken und zwang ihn, seine Aufmerksamkeit und seine Energie auf die Puppen zu richten. Sofort war klar, dass er die Sammlung, die hier angeboten wurde, haben musste. Er trat näher, beugte sich über die Kollektion, atmete schwer, seine Mähne fiel nach vorn und verbarg sein Gesicht (einen Moment war er der Umgebung entzogen und im Einklang mit seiner geballten Kraft), dann richtete er sich auf, warf den Kopf zurück, und fragte nach dem Preis. Er wusste im Voraus, dass der andere zögern, dass er ihn wie einen Abhängigen betrachten würde, bevor er eine Summe nannte. Der Preis war hoch, aber nicht unsinnig, nicht aberwitzig, sondern im Rahmen dessen, was unter günstigen Bedingungen zu erzielen war. Diesen Betrag wollte er auftreiben und am nächsten Tag vorbeibringen.

„Junger Mann", sagte Heimo Käfer, „wenn Sie die Sachen haben wollen, die Sie sich nicht leisten können, biete ich Ihnen einen lukrativen Job an." Das deutliche Amüsement, das er dabei zeigte, verstörte Landmann so stark, dass ihm ein spöttisches Lachen im Hals stecken blieb. Gewöhnlich war er es, der den Eindruck vermittelte, dass ihn alles ein wenig belustigte. In Anbetracht der besonderen Umstände war er nicht in der Lage, der Situation mit Spott zu begegnen, er wollte nur weg und am nächsten Tag wieder kommen.

„Ich wohne nicht hier, werde aber morgen für Sie da sein", versicherte Käfer, während Landmann und Kaspar das Haus verließen, „es sei denn, ich finde schon früher einen Käufer. Dann hätten Sie das Nachsehen."

Am Gartentor machte Kaspar eine wegwerfende Handbewegung und knurrte verächtlich, dieser Käfer verlange zu viel, er solle sich vorsehen, sie würden ihn schon kriegen.

Um Landmanns Mundwinkel zuckte es, er warf die dunkle

Mähne zurück, war bleich und tat kalt. Kaspar lief neben ihm her, schaute zu ihm hinüber und sah nur das erhobene Kinn und die Nasenlöcher. Landmann knirschte mit den Zähnen, blieb stehen, senkte den Kopf und sein fleischiger Mund zeigte, wie aufgewühlt er war. Mit den Augen gab er zu verstehen, dass er nirgendwo sonst finden konnte, was hier lockte. Er war gereizt, brannte vor Erregung und wollte die Sachen um jeden Preis. Das Angebot war so gestellt, dass er sich zu einem Kräftemessen herausgefordert fühlte. Die spöttischen Augen Heimo Käfers hatten ihn tief getroffen, er meinte sich an sie zu erinnern, als hätte er schon einmal eine starke Auseinandersetzung mit dem Mann gehabt. Doch das war unwahrscheinlich.

Kaspar sah seinem Kumpel ins Gesicht und seine Blicke sagten, dass er ihn kindisch fand. Gewöhnlich dämpften solche Vorwürfe die unbedachte Leidenschaft, doch diesmal warf Landmann den Kopf nach hinten und stieß die Luft durch die Nase aus. Es klang wie das kurze Schnauben eines Tieres. Dann blieb er stehen und betrachtete den verwegenen Kumpel neben sich, dessen faltiges Gesicht zu grinsen begann. Kaspar war einen Kopf kleiner und gut fünfzig, er besaß das Aussehen des früh gealterten hellen Typs mit schütterem Haar, wirkte unausgeschlafen und seltsam müde. Und dennoch waren seine grünen Augen wach, während er in den Taschen seiner zerknitterten Jacke nach Zigaretten suchte und von etwas anderem zu sprechen begann: Wenn Landmann wollte, konnten sie zusammen nach Jugoslawien fahren. Mit ihm fände er noch einmal Geschmack an einem Abenteuer. Allein mochte er nicht mehr. Mit ihm zusammen schon. Wenn er sich das vorstellte, spürte er in sich den Rest eines Feuers. Er brauchte jemanden, der hineinblies und Wind machte. Klar, dass es gefährlich würde, aber der Auftrag versprach ein starkes Erlebnis und viel Geld. Das übliche Finden und Kaufen war er gewöhnt, sich in ein Angebot zu verbeißen lag ihm schon lang fern. Doch diese Gelegenheit erinnerte ihn an die große Leidenschaft seiner Jugend: die Fremdenlegion. Er schob eine Zigarette zwischen die schmalen Lippen und zündete sie an. Der Handel mit Käfer würde glatt gehen, war er überzeugt, und Landmann würde sich in den Augen des Anbieters als guter Kaufmann ausweisen, der seine Ware preiswert erstand.

Mit dieser Aussage reizte er den ungeduldigen Dreißigjährigen, der nach augenblicklicher Befriedigung hungerte und dabei verdrängte, dass er Geschäfte machen wollte. Die Angst zu spät zu kommen überfiel ihn so stark, dass er zu zittern begann. Die einzige Möglichkeit sich der herausfordernden Überlegenheit Käfers nicht auszusetzen, bestand darin, die Summe hinzulegen und die Ware zu nehmen. Dann war er aus der Umklammerung befreit. Dass der Mann, der ihm seine Unterlegenheit beweisen wollte, sogar aus der Deckung gegangen war und ihm vorgeschlagen hatte, eine andere Gegenleistung zu erbringen, hatte er kaum registriert. Was sollte das für ein Angebot sein? Eine weitere Provokation? Er musste in die Stadt zurück, um das Geld zu besorgen.

„Zuerst trinken wir etwas", meinte Kaspar und wartete gar nicht auf Zustimmung, sondern strebte der Promenade zu. Er wusste, Landmann brauchte jetzt ein Getränk zur Entspannung.

Der See lag in weichem Frühlingslicht da. Die Oberfläche blinkte leicht bewegt, der Bootshafen machte einen verschlafenen Eindruck, die Boote hoben und senkten sich, die meisten steckten noch unter Planen und dösten vor sich hin. Die beiden saßen unter dem offenen Himmel, Kaspar mit einem Glas Wein, Nico hatte helles Bier vor sich. Am Platz entlang der alten Häuser und an der Promenade standen kugelig gestutzte Zierbäume, die in frischem Grün glänzten.

Vor dem nächsten Steg lag ein großes Segelboot, fahrbereit, aber nicht betakelt. Auf dem Deck standen Armstühle aus glänzendem Metall und weißgestrichene Liegestühle mit hellen Leinenbezügen. Zwei junge Frauen waren in Gesellschaft von zwei Männern. Einer hantierte mit Reflektoren, der andere fotografierte. Die Brünette machte auf keck, gab sich enthemmt, ließ die Beine vom Boot baumeln und stemmte sich gegen den Segelmast. Die andere vertrat den weichen blonden Typ, lag hingegossen auf der Reling, kauerte verträumt in einem der Stühle und streckte sich mit geschlossenen Augen.

Als eine Gruppe Reisender, die vom Kai aus eine Weile neugierig zugesehen hatte, zu ihrem Bus ging, blieb eine mädchenhafte Gestalt zurück und trat mit elastischen Schritten in den Schatten des nächsten Baums. Mit unaufdringlicher Aufmerksamkeit verfolgte sie, was auf dem Boot vorging. Dabei stand sie ziemlich nahe an den Tischen. Nico sah ihr Gesicht, atmete hörbar aus und fühlte sich von ihrem Blick getroffen.

„Der Mann ist mir bekannt", sagte Kaspar und fixierte den Fotografen. „Er wollte einen Bericht über meine Erfahrungen in der Fremdenlegion machen. Ein Angebot für den Einstieg. Er deutete interessante Kontakte und Verdienstmöglichkeiten an, aber ich habe abgewinkt. Auch ganz junge Leute zieht es jetzt in den Bürgerkrieg. Lockt dich das nicht?"

Noch vor ein paar Stunden, vor dem Besuch in Käfers Haus, hätte sein ganzes Wesen die gewinnende, befreiende Vorstellung aufgeschnappt, jedoch im Augenblick war seine Aufmerksamkeit blockiert. „Weißt du ein gutes Geschäftslokal, das ich mir leisten kann?", fragte er.

Kaspar betrachtete ihn eine Weile von der Seite. „Die haben alle ihren Preis", sagte er dann allgemein.

Der Hinweis auf seine Finanzschwäche missfiel Landmann. Gereizt warf er den Kopf zurück, doch Kaspar sah unbekümmert weg und zeigte wenig Lust, dieses Problem zu diskutieren. Wenn er an die Verkaufsbude dachte, die Landmann an der Ausfallstraße hatte, konnte er keine Illusionen stützen. Jedoch vermutete er richtig, dass der Wunsch nach einem ansehnlichen Geschäft über einen Faden, den anscheinend der Zufall gerade gesponnen hatte, mit der jungen Frau verknüpft war, die neben dem Bäumchen stand und freundliche Überlegenheit ausstrahlte. Das dunkle, straff am Kopf liegende, zum Pferdeschwanz gebundene Haar unterstrich ihre entschlossene Haltung.

Ruhig nahm Kaspar sein Weinglas, trank aus, stand auf, sagte, er werde am nächsten Morgen da sein, und ging weg. Landmann erhob sich und schlenderte auf den Steg zu. Mit einer kleinen Handbewegung bedeutete ihm die junge Frau, dass er nicht nähertreten solle. Doch da er bemerkt werden wollte, hielt ihn das nicht zurück. Schon sah ihn der Fotograf im Sucher auftauchen und erregte sich. Allerdings irrte er, wenn er dachte, Landmann werde einer groben Aufforderung zu verschwinden folgen. Alle strebten ihn zu erniedrigen und ein Rückzug stärkte in seinen Augen immer die Verächter. Er antwortete dem Fotografen, der auf dem Deck vor einer blonden Frau kniete, die zur Sonne hochsah und ihre Augen mit der Hand schützte, mit einem Grinsen, worauf der andere sich gereizt erhob, die Kamera dem Assistenten, einem geschmeidigen Mann mit bronzefarbenem Teint übergab und wütend rief, der zudringliche Mensch solle abhauen.

In der gekränkten Seele baute sich blitzartig ein Überdruck auf. Nur nicht zuschlagen, sagte er zu sich. Das war ein Vorsatz. Er wusste, wie viel Ärger Schlägereien brachten. Ich will mich bewähren, rief er sich innerlich zu, während die Anspannung stieg. Was er unter einem Wust von Vorsätzen in einem Untergeschoss vergraben hatte, fand einen Weg ins Freie. Haltlos torkelte er auf den Steg, links und rechts blitzte das schwingende Wasser, die Sonne blendete ihn und hinter seiner Stirn herrschte ein Gedränge, ein Ansturm, ein Schwall, der sein Bewusstsein in eine Ecke drängte. Sätze und Wendungen flossen aus seinem Sprachzentrum in die beredten Fäuste. Deren Ausdrucksweise hatte er als kleiner Junge auf der Straße erlernt und als Heranwachsender vervollkommnet. Der Gegner baute sich im Boot auf, um ihn zu empfangen und rasch und hart zu erledigen. Mit Vergnügen sah Landmann, dass er auf jemand traf, der genau jene Sprache sprechen wollte, die er am besten beherrschte. Doch plötzlich wurde der Ausdruck des Fotografen zögerlich. Nico hörte Schritte, fühlte die junge Frau, um die es ihm ging, ohne sie zu sehen, hinter sich, seine Bewegungen auf dem Steg wurden unsicher, als befiele ihn ein Zauber, die wütende Spannung wich aus seinen Armen, auf einmal gab es einen kleinen Knacks in den Ohren, seine Fäuste gingen auf und die Finger entkrampften sich.

Das blonde, in einer Pose erstarrte Model lockerte sich in den Hüften. Ein kräftiger Dobermann tauchte aus der Kajüte hoch und schaute nach der Szene. Der smarte Gehilfe trat vor den Tisch, wo seine Sachen ausgebreitet lagen, als wolle er die Flakons und Puderdosen schützen, und die Brünette, die die Armlehnen umklammert und den Oberkörper nach vorn gezogen hatte, sank entspannt zurück.

Bevor Nico Landmann das Segelboot erreichte, schlüpfte die junge Frau an ihm vorbei und pflanzte sich vor ihm auf. Ihre dunklen Augen sahen ihm aufmerksam ins Gesicht, sie schimmerten feucht und ihr Lächeln fragte: Was willst du denn?

Er wollte gar nichts. Oder doch. Aber was er wollte, war so besonders, dass ihn der Mut verließ und sein Zorn gegen den Fotografen wiederkehrte. Er unterdrückte das Lächeln, das sich um seinen vor Aufregung formlosen Mund festsetzen wollte, und senkte den Kopf.

Doch da änderte der Fotograf sein Verhalten, er suchte auf einmal jedes Aufsehen zu vermeiden. „Schaff ihn weg,

Claudia, es ist eure Jacht und unsere Zeit! Wir wollen ungestört arbeiten. Meine Mädels kriegen schon Krämpfe."
Ohne den Blick von ihm zu wenden, ergriff Claudia Nico Landmanns Handgelenk. Er warf das Haar mit einer Kopfbewegung in den Nacken und ließ sich über den Steg zurückführen. Sofort begann sie zu seiner Überraschung entspannt zu plaudern, sagte, weshalb sie hier war, und holte ihn aus seiner erregten Befangenheit.
„Hast du heute Abend etwas vor?", fragte er beruhigt und sah in ihre Augen. „Ich möchte dich kennen lernen."
Sie wandte das Gesicht ab, sah auf ihre leichten Schuhe und zeigte ihm das Profil. Er musste nicht nachsetzen, sondern nach einigen Augenblicken des Überlegens fragte sie: „Geht es um vier?"
Er sagte ja.
„Dann bin ich da", antwortete sie, ließ sein Handgelenk los und nahm ihre aufmerksame Haltung wieder ein.

Er lachte, blieb stehen, drehte sich um und blickte durch die schmale Gasse, die er mit Claudia hochstieg, auf den See zurück. Mit jeder anderen wäre er in ein Lokal gegangen und hätte seinen Arm um ihre Schulter gelegt. Sie befreite einen verschütteten Teil seiner Seele und machte andere Motive wirksam. Die Wasseroberfläche war im Vordergrund glatt, in der Mitte gekräuselt und weiter hinten zerzaust, ein vertrauter Anblick. Als seine Mutter aus dem Gebirgsdorf in den Fremdenverkehrsort zog, war er fünf, und sie lebten da bis zu seinem zehnten Lebensjahr. Er liebte den See an der Nordseite der Alpen, der sich von Westen nach Osten streckte, begleitet von Auen, Mooren, Gebüschen, Wäldern und Bergen, umgeben von verstreuten Siedlungen. „Kennst du die Stelle, von der aus man den ganzen See überblickt?"
Die kannte sie nicht. Sie war oft in der Gegend gewesen, hatte aber kaum eine Vorstellung von dem Gewässer und seiner Umgebung. Als ihr Vater die Segeljacht kaufte, zwang

er den Teenager an den See mitzukommen, er konnte nicht oft genug aus der Stadt herfahren, ihre beiden Schwestern gingen eigene Wege, doch sie protestierte mit allen Sinnen dagegen, lag tagelang wie blind am Strand und sah nichts, denn sie lehnte alles ab. Jetzt war sie hier, wie sie ihm schon gesagt hatte, weil sie sich für die Welt des Modelns interessierte. Da die Aufnahmen auf Vaters Boot durchgeführt wurden, sah sie zu. Sonst gab es keinen Grund. Ganz nebenbei, mehr zum Scherz hatte Ralf, der Fotograf, auch von ihr ein paar Probeaufnahmen gemacht.

Sie trug nun ein ärmelloses helles Kleid. Am Vormittag hatte er sie in Jeans und T-Shirt erlebt. Er betrachtete im Gehen ihre Schultern, die leicht gebräunt waren. „Sind sie fertig?", fragte er.

„Morgen ist noch ein Termin." Nach einer Pause fragte sie mit einer Stimme, deren Klarheit ihn überraschte, was ihn in diese Gegend bringe.

Nico lachte ertappt, warf dabei den Kopf zurück und sah sie kurz an. „Puppen", sagte er und fürchtete in ihrer Reaktion einen Hinweis dafür zu finden, dass sie aus Berechnung fragte. Er dachte an den Mann mit der Kamera, mit dem auch Kaspar schon einmal Kontakt gehabt hatte, wusste aber nicht warum. „Ich bin hinter alten Sachen her."

Unbeherrschte Menschen, denen er begegnete, beschäftigten ihn kaum länger, denn spontane Konflikte waren für ihn beinahe alltäglich. Wenn ihm jemand deswegen im Gedächtnis haften blieb, lauerte etwas anderes dahinter. Er sollte im eigenen Interesse niemandem die Schätze in der Jagdvilla des Club monetär verraten und hatte schon so viel gesagt. Der Werbefotograf sah gewiss, welchen Zauber Claudia verbreiten konnte. Ihr bewusster Blick zeigte, dass er kein leichtes Spiel haben würde. Aber das suchte er im Moment auch nicht. Gewöhnlich sprach er mit Frauen direkt und oberflächlich, doch auf einmal funktionierte er nicht. Ihm fiel nichts Passendes ein, seine Kehle war trocken, sein Gehirn stand still. Claudia war anders. Vielleicht besonders anspruchsvoll. Er spürte ihre Fremdheit. Dabei war ihm, als kennte er sie schon lange und wüsste, was mit ihm geschähe, wenn er sich dem Sog ihrer Seele näherte. Gleichzeitig beschäftigte ihn die Fesselung durch Heimo Käfer und die Puppensammlung in der Jagdvilla. Der Magen schmerzte nervös. Der Kopf war blockiert von dem Entschluss die Sachen zu erwerben, und wenn er von dem ungewöhnlichen Angebot sprach, lockerte das seine Anspannung. Wie oft war er an dem Haus vorbeigegangen, wenn er zum Wasserfall hochgestiegen war und zur ersten Alm, seit Jahren hatte es unbewohnt und leer ausgesehen und das war ihm aufgefallen. Und jetzt glänzte das polierte neue Schild. Er kam mit seinem Kumpel Kaspar hinein und wurde für eine bemerkenswerte Sammlung von Puppen entflammt. Durch diesen Anbieter, der sie weggeben wollte. An ihn, wenn er bezahlen konnte. „Hier sind sie", zischte er zwischen den Zähnen. Sie warf einen Blick auf das Haus, wollte näher treten, doch er drängte weiter, er wollte nichts preisgeben und begann dennoch von den aufgeregten Empfindungen zu sprechen, die seine Begierde nach diesen Stücken begleiteten, ja er sprach von dem Druck, den die Art des Angebots auf ihn ausübte, von der Provokation, die seine Vorstellung benebelte.

Da sie dieses Geständnis ernst nahm, brach seine Vertrauensseligkeit durch, er plauderte rückhaltlos aus, was er für sich behalten wollte, und stolperte über nach unten führende Stufen immer tiefer in die Geschwätzigkeit. Eine Herausforderung sei dies und er müsse sie annehmen, wolle er nicht als Narr dastehen, der an seine Fähigkeiten nicht glauben könne. Stehen bleibend schaute er nach dem Haus des Club monetär zurück, das durch altmodische Draperien verdüstert war. Im Geist sah er Käfer, der die schönste Puppe an einem Bein hochhielt, den Stoff zwischen den Fingern und der Innenhand knitterte und auf das Geräusch, das dabei entstand, aufmerksam machte; dann ließ er sie fallen. „Die ganze Sammlung liegt auf dem Ehebett, dort, wo die Vorbesitzer geschlafen haben. Auch eine kaffeebraune Puppe aus den fünfziger Jahren ist darunter, mit Baströckchen und großen Ohrringen, selbst die will ich haben. Dieser Ankauf soll mein erster konsequenter Schritt als Händler werden. Ich nehme sie diesem Angeber aus der Hand und baue vor seiner Nase einen Erfolg auf."

„Und weshalb gibt er sie weg?"

„Weil im Haus ein modernes Büro für diesen Club eingerichtet wird. Da ist für solche Dinge kein Platz. Er muss sich davon trennen, will aber einen möglichst guten Erlös erzielen. Mit solcher Ware werde ich im Sommergeschäft mitmischen, aber seine Preisvorstellungen sind hoch. Eigentlich sollte ich passen, doch dessen ungeachtet mache ich mit, weil ich muss. Ich komme hinter meinem Kumpel rein und sofort glaube ich, dass die Puppen mich anschauen." Er beschrieb die Gesichter, ihren Teint, nannte sie entzückend, schelmisch, altklug, verträumt, fadisiert mit Schlafaugen, mit neckischem Lidschlag, und schilderte die Kleider, benannte jedes Detail, ebenso die Haartracht. Er wunderte sich selbst, wie schnell das Gespür für diese Ware in ihm erwacht war.

Claudia staunte, dass er so genau und kenntnisreich über die Frisuren sprechen konnte.

Er sah sie an, ihr ernster Ausdruck befreite ihn von der Vorstellung, dass sie ihn wegen seiner Mutter auf den Arm nehmen wollte. Ob sie sich etwas aus Puppen mache, fragte er nach.

Sie hatte ihre Kinderpuppen aufgehoben. Die schönsten hatte sie von der Mutter bekommen und die würde sie nie weggeben, jedoch Sammlerwert hatten sie gewiss keinen.

„Kann ich sie einmal sehen?"

Sie lächelte offen. Ja, er könne sie sehen, auch wenn sie nicht daheim wäre, könne er sich in ihr Zimmer führen lassen. Gleich nachdem sie das gesagt hatte, schüttelte sie den Kopf über sich selbst. Das hatte sie noch nie jemandem angeboten, sie hatte nicht einmal daran gedacht, einen Fremden in ihr Zimmer zu lassen. Dennoch fühlte sie sich nicht weiter gedrängt zu widerrufen, davon abgesehen, dass sie ganz fest glaubte, er würde an ihrem Spielzeug keinen Gefallen finden. Sie schüttelte abermals den Kopf und sagte: „Ja, wenn es sich ergibt, aber du wirst enttäuscht sein."

Auch wenn sie nur zehn, fünfzehn Jahre alt waren, bedeuteten sie für ihn etwas, sofern es ihre Puppen waren. Das verschwieg er, warf den Kopf zurück und zeigte nach oben, wo der Eingang des Bergfriedhofs sichtbar war. Spontan fasste er an ihren Ellbogen. Mit einer entschlossenen Bewegung entzog sie ihn und ging rasch voran.

Sie erreichten die kurze Stiege, die zum Tor des Friedhofs führte. Nico schützte seine Augen mit der Hand und schaute in die Höhe, wo ein kleiner Schutzpatron in einer Nische über dem Portal stand. Da fuhr Claudias Hand herum und traf ihn vor die Brust. Er war überrascht von dem Schlag. Ein Fenster flog auf in seine Vergangenheit: Da fühlte er den Schuss, den der Vater auf seinen Hund abgab – er stand vor ihm, hielt seinen dicken kurzhaarigen Köter vor seiner Brust, der Vater hob seine Luftpistole, grinste, und dann der Schlag gegen den Körper, dann das Zucken des Hündchens, ein Zucken, das schwächer wurde. Aus. Er war tot, der kleine Liebling war tot. Da fiel das Fenster zu. Er erkannte den blauen Himmel über dem Eingang des Friedhofs und erblickte Claudia, die gerade den Kopf mit geweiteten Augen herumriss, einen kleinen Schrei ausstieß und erstarrte. Kein Vater, kein Feind, keine Waffe, nichts, keine Bedrohung weit und breit. Er spürte den heftigen Puls in ihrem Arm, umfasste den Oberarm fester und schaute fragend in ihr Gesicht. Ohne den Kopf zu rühren verdrehte sie die Augen, als wollte sie auf etwas zeigen, was unten lag. Eine schwarz-grau glänzende Spirale sonnte sich auf den abgetretenen Kalkstufen. Er holte tief Atem. „Steig nach hinten!", sagte er ruhig. Ihr Fuß tastete nach der tiefer liegenden Stufe. Aus dem Augenwinkel verfolgte sie die seltsam verlangsamte Bewegung seiner Hand nach der Schlange. Ein Impuls ihn zurückzuhalten durchzuckte sie, aber Nico flüsterte: „Rühr dich nicht, sonst greift sie mich an!" Er bewegte seine Linke vor dem dreieckigen Kopf, griff mit der Rechten nach dem Nacken und hob den glatten Muskelschlauch hoch. Claudia drehte ihm das Gesicht mit zusammengezogenen Brauen und leicht geöffnetem Mund zu und warf einen Blick auf den hängenden Körper, der von einer Welle durchlaufen wurde und zu pendeln begann. „Gib sie weg!", hauchte sie. Er atmete angestrengt, sah Claudia an, sah die Otter an. Mit einem Schritt zur Seite schwenkte er die Schlange in der Luft, ihr Schwanz streifte seinen Oberschenkel und er warf sie in den Steilhang. Der Einschlag verursachte ein Rascheln im Gestrüpp unterhalb der Wegkante. „Das war ungeschickt", sagte er und atmete durch. Als Bub hatte er mit Leidenschaft Schlangen gesucht und gefangen, um damit Geld zu verdienen. Aber so gepatzt hatte er nie.

Der kleine Friedhof auf der Felsnase über dem Ort lag still in der Nachmittagssonne. Schlanke Zypressen und Wacholder wiesen entlang der steil aufsteigenden Wand nach oben zu einer einzelnen Wolke, deren Schatten gerade über das Gräberfeld zu wandern begann. Schweigend stand sie vor den Hügeln, die von Gras überwachsen waren, da traf die Sonne ihr Gesicht. Sie schloss die Augen. Im selben Moment sprang eine finstere Gestalt auf sein Herz, presste es und jagte eine Ampulle Eifersucht hinein. Jemand würde sie ihm wegnehmen. Seine Gesichtsmuskeln zuckten, als bekäme er kleine Stromstöße. Er zündete eine Zigarette an und zog hastig daran. Ein Verdacht, für den es keinen Anhaltspunkt gab, bemächtigte sich seiner. „Am Morgen hast du Jeans getragen", sagte er vorwurfsvoll und machte eine verächtliche Handbewegung, „dieses Kleid hat dir der Typ gegeben." Er wurde von einem röchelnden Lachen geschüttelt, das Claudia abstieß und beleidigte.

Ihr Kreuz streckte sich durch. „Stimmt", erklärte sie nach ein paar Sekunden des Schweigens knapp und spöttisch. Es war ein minimales Bedauern darin, als sie sagte: „Er hat es mir überlassen." Das schwächte den Hohn etwas ab. Der Fotograf hatte ihr das Sommerkleid geschenkt, in dem er sie abgelichtet hatte. „Jetzt weißt du es, und nun gehe ich allein zurück, verstehst du?" Sie drehte ihm den Rücken zu und entfernte sich mit raschen Schritten.

Er blieb mit der Genugtuung etwas Keimendes niedergetreten und sich dadurch selbst geschadet zu haben zurück, und mit diesem Wissen tat er sich Leid, wie er sich umgekehrt für seine Willkür hasste. Jenseits des Sees stieg der Berg hoch, mit Wiesen und Gebüsch erst, dann bewaldete er sich und ging schließlich in die steinige Wüste mit grünen Inseln über, wo er als verwilderter Junge tagelang gehockt war, um den Vipern aufzulauern. Dort war sein Ohr geschärft worden. Das feine Knistern trockenen Grases lernte er zu unterscheiden vom Geräusch, das die gleitende Schlange verursacht.

Er lief durch das unterirdische Gewirr von Gewölbe zu Gewölbe und suchte mit heißen Augen Nischen und Winkel des Kellers ab. Die anbrandende Ausgelassenheit störte ihn, das Getöse angeregter und übermütiger Unterhaltung reizte ihn und dennoch folgte er den erhobenen Stimmen, dem Scharren des Essbestecks, dem Klang der Gläser, bis er sich unter den Bogen eines Durchgangs krümmte, der in ein Nebengewölbe führte. In der gebeugten Haltung begegnete ihm das rollende Lachen, das ihm so vertraut war und immer wehtat, wenn er es von ferne hörte. In mehreren Wellen stieg es und fiel herab, als wollte es nicht enden. Dann sah er eintretend den zurückgeworfenen

Kopf, das lachende Gesicht, das ihm noch offener vorkam als sonst. Wie aufgerissen. Er sah ihren Hals, der schwarze Pulli war großzügig ausgeschnitten, sie lachte, warf dabei die Arme in die Luft und erklärte so ihre Ergebenheit gegenüber den Wechselfällen des Lebens. Die letzte Woge versank eben in der sinnlichen Kehle seiner Mutter, als er mit einer Kopfbewegung das Haar zurückwarf, als würde er aus einem Wasser auftauchen. Während er näher trat, strich er den Schopf mit beiden Händen zurück. Er kannte die Friseusen gut und sie kannten ihn, häufig luden sie ihn ein, wenn sie sich vergnügen wollten, und verlangten nach ihm um zu tanzen. Da er stark auf sie ansprach, steigerte er ihr Selbstgefühl und sie waren bereit, ihm einiges durchgehen zu lassen. Allerdings hatten sie ihn diesmal nicht gerufen und er wollte sich auch nicht mit ihnen abgeben. Jedoch die aufgeweckte Rosmarie winkte ihm lebhaft entgegen und rief: „Nico, brauchst du Geld?"

Alle fanden das lustig, auch die Chefin, bei der Rosmarie viel Freiheit hatte, sie war ihre rechte Hand im Friseurladen und hochgeschätzt wie eine Freundin.

Von der Richtigkeit der Frage überrascht, antwortete er: „Ja."

Daraufhin wurde er beneidet, scherzhaft, denn die Mädchen (so nannte Lotte Landmann ihre Angestellten) wussten, dass er es nicht immer leicht hatte, führte er doch selbst mit dreißig Jahren das Leben eines unangepassten jungen Mannes, für den Geld nur dann wichtig war, wenn er es dringend brauchte. Seine Mutter hob ihre Hand hoch, ohne nach ihm zu sehen, als er von hinten an sie herantrat, hielt ihm die Wange hin und schien zu überlegen, wie sie dem angekündigten Wunsch begegnen sollte. „Lassen wir ihn mitessen?", fragte sie ihre Mitarbeiterinnen.

Brigitte rückte rasch zur Seite und zog einen Stuhl heran. Sie schürzte dabei die Lippen, ihre Augen blinkten und mit weicher Geste zeigte sie auf den Platz neben sich. Er erwiderte ihre Blicke, blieb daran hängen, beugte sich dabei zur Mutter herab und sagte ihr leise ins Ohr, wie viel er brauchte. Sie blieb scheinbar heiter, schüttelte aber den Kopf, ihr fröhlicher Ausdruck welkte. Ein paar Mal hatte sie ihm schon klargemacht, dass das nicht mehr ging. Es ging nicht mehr, dass er sich auf ihre Mittel verließ, wenn er einen Kaufwunsch hatte, den er sich nicht leisten konnte – und durfte, wenn er als Händler existieren wollte. Er hatte schon verstanden und akzeptiert, aber nur mit dem Kopf. Die Lust auf eine besondere Beute ließ ihn immer wieder die Abmachung vergessen. Diesmal stand er unter besonderem Druck, darum beugte er sich noch einmal ernst und den Notstand hervorkehrend zu ihrem Ohr, das er noch nie wirklich verschlossen gefunden hatte. Doch sie schüttelte wieder den Kopf. „Bitte", flüsterte er und spürte den goldenen Stecker mit dem kleinen Diamanten an seiner Lippe, den sie von ihrem Freund bekommen hatte.

„Ich müsste einen Kredit aufnehmen", sagte sie beiläufig, spreizte dabei ihre Hände und sah auf die grellrot lackierten Nägel. Nico berührte den goldenen Stecker noch einmal mit seinen Lippen und bat, sie möge ihm bei dieser einzigartigen Gelegenheit für einen Wechsel bürgen. Auch das schlug sie aus. Er senkte den Kopf, so dass ihm die Haare in das Gesicht fielen.

Plötzlich war es still im Raum.

Da trat ein schwarzhaariger Kellner in das Gewölbe, er trug das goldbraune Spanferkel auf einem Tablett vor sich, ihm folgte ein blasser Lehrjunge. Der Kellner stellte seine Dienste stolz und gesammelt zur Verfügung. Auf einen Wink der Chefin begann er unter den aufmerksamen Augen der Runde zu zerlegen. In der gebeugten Flüsterhaltung erstarrt lugte Nico unter dem herabhängenden Haar hervor, beobachtete die geschickten Handlungen des Kellners, der das blitzende Messer rasch aus verschiedenen Richtungen in das Gewebe führte, und fragte noch einmal ganz dicht am Ohr der Mutter: „Wieso?" Stumm folgte sie mit den Augen dem Tranchiermesser. Da war etwas anders als sonst. Wie ein lästiger Fremder wurde er behandelt und konnte es nicht glauben, dass sie in aller Öffentlichkeit so mit ihm verfuhr. „Wenigstens für die eine!", bettelte er flüsternd. „Die sieht so hübsch aus", murmelte er und sah Brigitte an. „Sie hat so lebendige Augen", raunte er und streifte Rosmaries Blick. „Und so einen warmen Ausdruck", hauchte er angeregt von Martinas Gesicht. „Und so viel Feuer", wisperte er und streifte dabei Lucias schräge Glutaugen. Er atmete tief. „Sie trägt ein Kleid aus Seide, das bei der geringsten Bewegung knistert." Er drehte sich so, dass er seiner Mutter ins Gesicht schauen konnte, und dachte an die nach innen klappenden Finger des Anbieters, der sie an einem Bein hochhielt. „Kannst du dir das vorstellen, Mama?"

Doch sie wich seinem Blick aus und zuckte mit den Schultern. Sie rückte etwas mit dem Stuhl, um der Tätigkeit des Kellners besser folgen zu können, und entfachte einen Gefühlssturm in seiner Brust. Während der Affekt ganz schnell wuchs, verspannte sich seine Muskulatur, um den Dämon in Zaum zu halten (ein kräftiges, kämpferisches, hundeähnliches, pelziges Wesen wohnte in seiner Brust, eine schlecht erzogene Kreatur, zäh und erbittert, die sich nicht unterkriegen lassen wollte), er riss den Kopf hoch, richtete sich zu voller Größe auf, schüttelte die Mähne und fixierte den geschickten Kellner. Die umgeleitete Enttäuschung verwandelte ihn augenblicklich in einen zwanghaft aggressiven Gaukler, der tat, als hielte er ein Tranchierbesteck in Händen und begänne ein Ferkel zu zerlegen. Dabei äffte er die Bewegungen des Kellners nach, der durch das unterdrückte Kichern der Friseusen auf den Spötter aufmerksam wurde. Er starrte den Herausforderer eine Weile an, dann ließ er die Gabel vor sich auf das Tablett fallen, dass sie scheppernd herumsprang, und fragte mit brennendem Blick, ob er das machen wolle.

„Gern", antwortete Nico, lachte kurz, zog die Luft hörbar durch die Nase ein und ging um den Tisch herum. Er grinste, als er dem Kellner Brust an Brust gegenüber stand. Jener übergab ihm geschmeidig und scheinbar beherrscht das Messer. Nur Brigitte bemerkte ein kurzes Zucken seiner Hand und sagte, als könne sie nicht glauben, was gerade geschehen war: „Er hat ihn gestochen!"

Mit einer zornigen Kopfbewegung bedeutete Nico dem Kellner zu gehen und baute sich vor dem Tablett auf, in einer Hand hielt er das Messer, in der anderen die Gabel. Während er das Tranchierbesteck betrachtete, flog eine Tür in seinem Seelengebäude auf: Er stand als kleiner Junge neben seinem Vater, der ein Kaninchen zerlegte, und sah zu. Doch plötzlich, wie so oft, wenn ihn die Laune überkam, hielt ihn der Vater fest, kitzelte ihn und forderte ihn auf, sich zu wehren. Als Kind hatte er keine Chance gegen den eisernen Griff. Seine Muskeln wollten ihn befreien, aber er musste lachen bis zum Ersticken. Doch diesmal zerriss seine kindliche Geduld explosionsartig und er überraschte den Vater durch eine wütende Bewegung so, dass er sich selbst in den Unterarm stach. Einen Moment stand alles still. Sie sahen sich an. Dann drehte sich der verblüffte Quälgeist fort und versorgte seine stark blutende Wunde.

Die vollen Lippen Brigittes glänzten vom Fett und plauschten angeregt. Sie sprach gurrend auf Nico ein, der hastig seinen Hunger stillte, und füllte sein Bierglas immer wieder. Jedoch er wurde blasser und blasser, seine Aufmerksamkeit glitt immer weiter weg, und nur durch mühsames Zureden gelang es ihr, ihn in der Runde zu halten. Er habe ihr versprochen, sie zu verwöhnen, mahnte sie halb scherzend ein Versprechen ein, die kommende Nacht sei die Gelegenheit dazu. Nico sah in ihre Augen. In seinem Zustand verlockte ihn das Wort verwöhnen. Die Rollen würden sich ergeben. Ja, er rechnete damit verwöhnt zu werden, während er sich in den wässerig glänzenden Augen Brigittes spiegelte.

Diesmal ärgerte das seine Mutter und sie bemerkte laut, sie wisse nicht, was die Mädchen an ihm so interessant fänden. Sonst war es ihr recht, wenn ihre Friseusen in ihm einen Freund oder einen Ersatz für einen Freund fanden. Abgesehen von seinem jungenhaften, unreifen Wesen war bei ihm etwas zu finden, was Frauen einnahm, vielleicht war es der Eindruck ungewöhnlicher Kraft, der von ihm ausging. Er war stark und zäh, wirkte aber auch schutzlos in seiner Offenheit. „Du bist manchmal nett, das stimmt", setzte sie ihre Gedanken laut fort, während sie ein Stück Fleisch vom großen Teller nahm und zu überlegen schien, ob sie mehr nehmen solle. „Du kannst sogar sehr lieb sein", sagte sie bitter lächelnd und wissend, dass sie ihn damit ärgerte, „dann mag dich jede. Aber die Frauen beschäftigen dich bloß oberflächlich. Mit Leidenschaft bist du nur hinter alten Sachen her."

Nico stieß die Gabel in ein Stück Fleisch und führte den Bissen langsam zum Mund, kaute und blickte ohne aufzusehen vor sich auf den Tisch. Es lag in der Luft, dass er durch die Zurückweisung im Innersten getroffen war. Wie auf ein Zeichen verstummten alle. In das Schweigen sagte er: „Ich suche nach altem Zeug, weil ich nach dir suche." Er erschrak selbst über diesen unsinnigen Satz. Wie er mit dem Messer zwischen die Sehnen und Knochen im Fleisch fand, kannte er auch die Nahtstellen der lebendigen Seele und konnte mit seinem aggressiven Verstand eindringen, wo er wollte. In den Augen seiner Mutter lag Bestürzung. Sie wurde schlagartig blass. Es war nicht lange her, dass Ulrich Witt ihre Falten entdeckt und einer Korrektur bedürftig gefunden hatte, und nun diese Feststellung, die verletzen sollte. Niemand hatte es ihr bisher leichter gemacht zu vergessen, wie alt sie war, als ihr Sohn, und nun warf er diesen Ausspruch vor ihren Mitarbeiterinnen in die Runde, die ihr gegenüber nie mit freundlichen Komplimenten sparten. „Ich werde fünfzig", sagte sie stockend, „das weiß jeder hier."

„Aber das sieht man nicht", behauptete Martina mit rauer Stimme und die übrigen Friseusen bekräftigten das. Sie mussten nicht lügen, es stimmte wirklich. Lotte Landmann blühte trotz ihres starken Lebens, wirkte reif, aber jünger, als sie war, und bildete beinahe eine Ausnahme von der unerbittlichen Regel. Schwung, Zuversicht, Wendigkeit, Einfühlung und Großzügigkeit bewirkten eine jugendliche Erscheinung. Nur bei genauer Betrachtung zeigten sich Fältchen um ihre lebhaften braunen Augen, hier und dort liefen sie wie kleine Wurzeln über das Gesicht, ihr selbst am besten bekannt und bislang wenig Anlass zur Sorge. Doch solche Aussagen weckten eine tiefere Besorgnis. Sie dachte: Auch wenn ich nur gelegentlich rauche, ich sollte es gar nicht tun. Nun legte sie das Besteck weg, lehnte sich zurück, das Blut kehrte mit der ansteigenden Empörung wieder in ihre Wangen zurück. Sie fixierte die Augen ihres Sohnes und vergalt ihm seine Aussage, er suche alte Sachen, weil er nach ihr suchte, mit einem Vorwurf, den sie ihm noch nie gemacht hatte: „Du suchst mich immer, wenn du Geld brauchst."

„Das wird wohl so bleiben, bis ich meine Haut zu Markte trage." Er warf den Kopf zurück und lachte krampfhaft.

„Oder bis ich heirate", sagte seine Mutter und lachte ebenfalls gezwungen.

Er fuhr mit dem Stuhl zurück. Von so einem Plan hatte sie noch nie gesprochen, aber er hatte sie schon oft damit geneckt, sie werde eines Tages ihren Liebhaber heiraten. Er wollte amüsiert tun, indem er mit beiden Händen auf seine Oberschenkel schlug, zeigte aber nur, dass er bestürzt war.

„Das ist ja toll!", rief er übertrieben erheitert, riss die Arme in die Luft und alle sahen, dass seine rechte Hand rot gefärbt war.

„Du blutest!", schrie die Gesellschaft durcheinander.

Er warf einen Blick auf die blutbeschmierte Innenhand, schaute auf seinen Oberschenkel, wo Blut das Hosenbein durchnässte, und meinte hochfahrend: „Na und?"

Die Mutter reichte ihm ihre Stoffserviette über den Tisch, er nahm sie und drückte und tupfte zerstreut auf der feuchten Stelle herum.

„Du hast dich nicht gewehrt?", fragten die Friseusen aufgeregt und ungläubig. Er warf das Haar mit einer Kopfbewegung in den Nacken und schob der Mutter die Serviette über den Tisch hin. Dann ergriff er Brigittes Hand und stand auf. Er wollte weg. Sie erhob sich zögernd und sah in die Runde. Die Chefin gab ihr einen Wink mit den Augen und sagte rasch und nüchtern, während er sich zum Verlassen des Raumes unter das Gewölbe bückte: „Nico, wir treffen uns morgen Früh vor der Bank!"

Er lachte ohne stehen zu bleiben in sich hinein und ließ sich von Brigitte an der Stelle vorbeiführen, wo der Kellner stand, mit dem er sich angelegt hatte. Sie zog seine Aufmerksamkeit im Gehen auf ihren Mund, indem sie fragte: „Habe ich etwas auf der Lippe?"

Als er die Hosen abstreifte, lief eine schmale Blutspur von der Vorderseite des Oberschenkels auf die Rückseite zur Kniekehle, floss über die Wade und versickerte im Socken. Die Wunde hatte eine eigenartige Form, sie erinnerte an die Kerbe auf einer Keilschrifttafel, daraus hing ein dreieckiges Fleischläppchen. Brigitte kniete vor ihm und begutachtete die Verletzung. „Sieht aus wie ein Hundebiss", stellte sie fest. Der Konflikt mit einem Hund wäre ihm viel lieber gewesen, als von einem Kellner, der ihm an Geschicklichkeit überlegen war, verletzt zu werden. Nachträglich erstaunte es ihn, dass er nicht sofort reagiert hatte. Da funktionierte er nicht mehr gedankenlos. Ihm hatte der Reflex gefehlt.

Als Brigitte das blutige Fleisch mit einer gelben Tinktur betupfte, stöhnte er. Ja, er war empfindlich, wenn er stillhalten musste. Sie legte Gaze auf und fixierte sie mit Pflastern. Die Dinge im Zimmer kannte er schon: das Tischchen, den Spiegel über dem Waschbecken (ein fingerbreiter

Sprung klaffte im oberen Drittel), die Ablage mit den vielen Artikeln und Werkzeugen, die eine junge Frau brauchte. Im Bett betrachtete er ihr offenes Gesicht eine Zeit lang. Sie genoss seine Nähe und war nett zu ihm, doch er schlief ganz schnell ein und atmete so erschöpft, dass sie die Erwartung, er würde sie verwöhnen, aufgab.

Gegen Morgen traf er am Fuß eines Felsblocks im Traum eine Äskulappnatter an, sie sonnte sich am Rand eines Buchenwaldes. Das dunkle Schuppenkleid glänzte so eigenartig, dass es nass schien. Aus geringem Abstand betrachtete er den schmalen Kopf, beugte sich ganz zu ihr und besah sie noch näher. Da kroch sie weg und zeigte die hellen Flanken, während sie sich an der Vorderseite des Felsens hochschlang und in einen Spalt kroch, der sie schluckte. Wenig später kam sie aus dem Lädchen des Spiegeltisches und schlüpfte mit dem Kopf wie mit einer empfindlichen Sonde tastend zwischen den Fläschchen und Döschen hindurch, mit starrem Auge registrierte sie die verschiedenfarbigen Lotionen und Tinkturen. Ohne eines der Gefäße zu berühren richtete sie ihren Körper am Spiegel auf, schob sich wie ein biegsamer Stab leicht schwankend daran hoch, pendelte vor und zurück, näherte ihren Kopf dem eigenen Spiegelbild und war davon fasziniert. Sie pinselte mit ihrer gespaltenen Zunge über die glatte Fläche, um sich zu streicheln, dann lehnte sie sich zurück, als wollte sie Abstand für einen Kuss bekommen, neigte sich aber kurz vor der Berührung stärker zur Seite, griff mit dem schmalen Kopf in den Spalt im Glas und zog sich hinein. Bevor sie ganz verschwand, ging ein Zucken durch den Körper und das Schwanzende streifte ein Flakon, das zu Boden fiel und auf den Fliesen zersplitterte. „Du bist laut", stöhnte Brigitte gereizt und rüttelte ihn an der Schulter. Er rieb die Zähne so stark aneinander, dass sie unmöglich schlafen konnte.

Eine Hand nahm das Päckchen aus dem Handschuhfach, hielt die Banknoten hoch, die andere legte ein Gummiringerl herum, zog es lang und fuhr mit der Schlaufe zurück. Dann sprang er aus dem Fahrzeug, steckte die Scheine in die Innentasche seiner Jacke, warf das Haar mit einer Kopfbewegung in den Nacken und ging los. Er genoss im Voraus die Befriedigung, die ihm der Abschluss des Geschäftes bringen würde. Damit war er dann Sieger in dieser Etappe. Da er keinen Punkt am Horizont kannte, der ihm als Fernziel dienen möchte, musste er von Mal zu Mal sehen, dass er überwand, was im Weg stand, und als Erster ankam, gleich wie viel oder wenig das mit einem wahren, einem wirklich erstrebenswerten Ziel zu tun hatte. Während er die Straße nach oben lief, erreichte seine Erregung einen Höchststand. Nicht einen Blick zurück auf den See hatte er übrig. Er schnappte nach Atem, als er vor der Gartentür der Jagdvilla des Club monetär stand. Aus dem Augenwinkel bemerkte er, dass das glänzende Messingschild fehlte und statt dessen eine stumpfe alte Plakette mit einer Gravur da war, die er seit seinen Kindertagen an diesem Portal kannte. Jedoch wehrte er jetzt alle Kombinationen ab. Nervös langte er in die Innentasche seines Jacketts, wo die Banknoten steckten, und betastete das Bündel wie eine Waffe. Ein Sturm fegte durch seine zwanghaft verengte Persönlichkeit wie durch einen Felsenkamin, schnell und reißend. Er klingelte und sah dabei zur Seite, das Schrillen glitt wie Sonnenglast über die bewegte Wasseroberfläche hin, die tausende Male aufblitzte. Käfer stand schon in der Haustür, seine Finger klappten wie Krebsschwänze gegen die Handflächen, er drehte sich um und verschwand im Haus. Nico Landmann fasste alle Kraft für den Sprung nach der Beute zusammen. Erst wenn er sie unter den Pranken spürte, konnte er sich entspannen. Seine Augen schnellten nach der Stelle, wo er die Puppen wusste. Doch der Blick ging ins Leere, die bereitgestellte Energie musste lange ausgeatmet werden, die Objekte seines Begehrens waren nicht mehr da.

„Sie sehen richtig", sagte Käfer beinahe ernst und mit einem gewissen Vorwurf in der Stimme, geschickt wich er dem fassungslosen Blick des entgeisterten Klienten aus.

„Wie?", fragte Landmann und wusste, dass er nicht dümmer fragen konnte, hoffte aber, seine Enttäuschung würde sich in Aggression verwandeln.

„Es hat sich bereits ein Käufer gefunden." Das feine Lächeln kehrte in die Augen Käfers zurück. Er drehte sich um, winkte ihn mit herabhängender Hand lässig hinter sich her und ließ ihn in jeden Raum schauen. Die Einrichtungsgegenstände waren alle da, nur die Puppensammlung war fort. Landmann konnte es nicht fassen. Wo waren sie jetzt? Danach fragte Käfer selber nicht, er riet ihm aber, sich an seinen Kumpel zu halten; der verfolge ein vielfach interessanteres Projekt. Dabei sah er ihn mit einem Blick an, als würde er ihm eben einen Ball zuspielen, der Dilettant Landmann möge ihn auffangen und damit ein Spiel beginnen. Durch den amüsierten Blick, mit dem Käfer ihn verabschiedete, fühlte er sich umklammert, als wäre er im Clinch eines Ringers, der ihn zu Boden geworfen hatte. Er war erniedrigt, aber das war nicht endgültig. Noch war er nicht ausgezählt. Das eingebildete Kräftemessen nötigte ihn die Puppen zu suchen und zu erwerben, koste es, was es wolle.

Als er die Promenade am Bootshafen erreichte, war Kaspar noch nicht da. Der Magen kniff und stach nach allen Seiten, verätzte mit seiner Säure das Zwerchfell, ärgerte die Milz, saugte die Galle aus der Leber, dass sie vor Ärger hart und stur wurde, die ganze Bauchhöhle war mit unleidigen Kobolden vollgepfercht, die gegen die entwürdigenden Zustände revoltierten. Übellaunige Arbeiter warfen Gerüstteile auf die Straße, dass sie krachend herumsprangen, von einem Dach schrie eine Stimme wiederholt zum Materialaufzug hinunter: Halt! Und an dem Tisch, wo Nico sich fallen ließ, liefen zwei junge Bauarbeiter mit Eimern vorbei, denen ein Vorarbeiter vom Portal des nächsten Hotels eine beleidigende Aufforderung zurief. Der Tonfall, der gar nichts mit Landmann zu tun hatte, traf ihn wie ein Peitschenhieb. Er eilte in die Toilette des Lokals und erbrach seinen Mageninhalt, der bitter war wie die Enttäuschung, die ihm bereitet worden war. Irgendjemand hatte die Sachen gekauft. Käfer hätte nicht verkaufen dürfen. Niemals! Nie! Und wollte nicht sagen, wer gekauft hatte. Wenigstens eine Andeutung, mehr brauchte er nicht. Ein verrückter Zufall musste in aller Frühe einen Käufer zu der Jagdvilla geführt haben. Die Kellnerin lächelte ihn an, aber ihm fehlte der Antrieb zu scherzen. Aus ihrem Lächeln wurde ein Grinsen. In die Frage, was er wünsche, rauschte ein Motorboot, mit einer kühnen Schleife zog es ins Hafenbecken. Der Dobermann hatte seine Schnauze auf der Reling liegen und sah verdrossen aus. Mit leichter Hand steuerte der Fotograf das Boot zum Steg, wo am Vortag das Segelboot gelegen war. Der Motor wurde abgestellt. Die zwei Models und der Assistent erhoben sich. Der Blick des Fotografen erfasste Landmann, als bildeten seine Seele und die Seele dieses Menschen die zwei Teile eines Klettverschlusses. Jeder belanglose Kontakt führte zu einer Verklammerung. Ohne den Blick zu lösen, bestellte er Bier und griff kurz ans Jackett um sich des Geldes zu versichern. Der Gedanke an die fünfte Person flog ihm wie ein Stein entgegen: Claudia fehlte. Natürlich beschäftigte der Fotograf, der alles für neue Aufnahmen vorbereitete, den Biertrinker stark, dessen Eingeweide nach jedem Schluck aufatmeten, eine Weile stillhielten und dann den nächsten Schluck verlangten. Aus dem Augenwinkel nahm er wahr, dass die zwei Models nebeneinander am Heck posierten. Sie schaukelten etwas im Arm. Was sie trieben, hätte ihn kaum interessiert, wäre da nicht plötzlich etwas wie der Anschein einer Puppe gewesen.

Und nochmals: Puppe. Die zwei Frauen standen zusammen und jede schaukelte etwas im Arm. Sie blickten zärtlich darauf herab und wiegten es an der Brust. Da war ein Gesicht. Das war kein Kind, das war die Puppe mit dem feinen Gesicht und dem Kleidchen aus Seide. Er sprang auf und stieß den Stuhl hinter sich um. Da erblickte er mehrere Puppen, die vor dem Assistenten auf dem Tisch lagen. Das Blut schoss ihm in den Kopf, er konnte vor Erregung weder richtig sehen noch atmen. Der pelzige Dämon in ihm rotierte und stieß ihn ohne einen Gedanken zu gestatten zum Ufer. In seinem Kopf hämmerte es, er spürte Vibrationen in der Schädelbasis, der stampfende Kolben seines Herzens arbeitete nicht nur unter den Rippen in seiner Brust, sondern der Druck pflanzte sich durch den Körper bis zu den Zehen fort. Von einer wild gewordenen Steuerung getrieben lief er auf den Bootssteg zu und näherte sich dem rituellen Spiel. Die Blonde hielt den kleinen Leib der Sonne hin, sie trug ein langes, luftig geschnittenes Kleid, der Priester (er hielt kein Messer, sondern die hochgerissene Kamera) kauerte vor dieser Opferung in gekrümmter Haltung auf einer Bank. Da riss er den Apparat von seinem Auge und schrie ihn an. Die Stimme klang wunderbar explosiv, scharf und ungehemmt, was das Getöse in seinem Kopf in eine heroische Tonart transponierte. Seine raschen Schritte tappten wie Hammerschläge auf dem Steg, während er sich dem Boot näherte. Er sah die Visage, die ihm der Fotograf zuwandte, als undeutliche Scheibe. Dann zerfloss dieses Gesicht in Spott. Der Mann mit der Kamera ließ seinen Unterkiefer fallen, den Mund vor Verwunderung über so viel Dummheit offen stehen und schüttelte den Kopf. Dann rief er: „Was wollen Sie schon wieder?"

„Die Puppen! Wo haben Sie die her?"

„Ich hab sie diesen Morgen gekauft." Der Fotograf sah ihn aufmerksam an. Das Gesicht war hart, obwohl es die freundliche Maske zeigte.

„Woher wussten Sie?"

„War das ein Geheimnis?"

„Wer hat es Ihnen verraten?"

Der Fotograf stieg zum Motor hinunter und ließ ihn an. Als er lief, rief er: „Raten Sie!" und ergriff die Leine, um sie zu lösen, gleichzeitig erhob sich der Hund, Nico hörte das Scharren der Krallen auf dem Schiffsboden, der Dobermann setzte seine Vorderläufe auf die Seitenwand und sah mit hochgestellten Ohren nach ihm. Das stramme Tier mit kräftigem Kopf und herrlichem Gebiss trieb seine Erregung jäh zum Höhepunkt. Ein Schwindel erfasste ihn und aus dem Drang etwas zu tun langte er in die Innentasche seines Jacketts nach dem Päckchen. Die vier im Boot verstanden die Bewegung als Griff nach einer Waffe, warfen Kopf und Oberkörper zurück und hielten den Atem an. Der Hund bellte. Landmann schrie und winkte mit dem Geld. Der Fotograf stieß das Boot mit dem Fuß vom Steg, und rief: „Vergessen Sie die Puppen!" Zugleich fuhr er an und zog das Boot auf die freie Seefläche hinaus. Das Hundegebell entfernte sich. Doch der Klettverschluss, der Landmann mit dem Fotografen verband, löste sich nicht von seiner Seele. Überdeutlich sah er, an wen diese Runde ging, da gab es nichts zu zweifeln.

In der Ferne zog das Boot einen riesigen Pfeil über den See. Entsetzt, enttäuscht und verärgert drehte er sich um und da kam Claudia in dem leichten Sommerkleid einher. Nur mit ihr hatte er sein Wissen geteilt. Nur sie konnte diesen blamablen Fehlschlag verursacht haben. Ernst näherte sie sich auf dem Steg, bis sie vor ihm stand. Auf einmal war es still um ihn. Sie wollte nach seinem Arm greifen. Doch er ballte die Hände vor der Brust zu Fäusten und sah in ihre dunklen feuchten Augen. Er blickte in einen Spiegel und ahnte, dass sie ihn durchschaute. Das fürchtete er instinktiv, er schämte sich seiner und wollte nicht identifiziert werden. Entschieden fasste er mit beiden Händen nach ihrer Taille und hob sie aus. Sie war überrascht, warf die Arme in die Luft und lachte. Ihr trainierter Körper wand sich, Landmann machte einen Schritt und sie lachte noch, als er sie wie eine Kerze über dem Wasser hielt. Da kam von der Promenade ein scharfer Pfiff, den er kannte. Ohne sie anzusehen stellte er Claudia auf den Steg zurück, drehte sich um und ging weg.

Kaspar stand neben der offenen Tür eines Taxis und hatte die Finger noch am Mund. Er winkte Landmann so lebhaft zum Auto, als müssten sie auf der Stelle zu einer vielversprechenden Unternehmung aufbrechen.

Die Tür aufstoßen, auf dem Absatz stehen bleiben, den Kopf zurückwerfen und die Mutter, die ihm überrascht entgegenblickte (weshalb, war nicht ganz klar, vielleicht weil er sich gewöhnlich nach der Gewährung einer Anleihe länger nicht blicken ließ), mit den Augen anlachen und den Mund zu einem schelmischen Lächeln verziehen, so wollte er es machen. Diesmal stellte er den Transporter ab, ohne dass die Ladefläche mit alten Sachen beladen war, durchquerte den Berg im Tunnel, lief am Brunnen mit den aufsteigenden Pferden vorbei, folgte der Straße am Fuß des Felsens und fasste in die Innentasche seines Jacketts. Gekonnt hatte er verdrängt, dass er der Mutter den Betrag abgenötigt hatte, und sah sich in der Rolle des Gebers. Alles war anders abgelaufen als sonst bei seinen Geschäften, das haftete in seinem Bewusstsein. Dass er seine Mutter im Kellerlokal beleidigt hatte, daran dachte er keinen Augenblick. Ereignisse, bei denen er eine ungünstige Rolle spielte, vergaß er fast ohne Rest. Und mit ihrer Drohung, ihm kein Geld mehr zu geben, konnte er leben, denn offenbar war das nicht ganz ernst gemeint. Schwungvoll stieß er die Tür auf, aus dem Salon schlug ihm die vertraute Atmosphäre entgegen. Er stand auf dem Absatz und blickte so angeregt um sich, wie er sich das ausgemalt hatte. So sollte ihn die Mutter sehen, jedoch sie war nicht im Raum. Brigitte arbeitete mit einem Föhn. Ihre glänzenden Augen vergegenwärtigten sofort die vergangene Nacht und er sah im Spiegel hinter ihr ein schwarzes Kabel, das sich wie eine Schlange wand. Er atmete rasch, griff in die Innentasche und holte das Bündel Scheine mit eindrucksvoller Geste hervor. Gerade da kam seine Mutter aus dem angrenzenden Raum, als hätte sie einen Hilfeschrei gehört. Sie hatte eben gelacht, ihr Gesicht war aufgelöst und offen. Überrascht blieb sie stehen. Ihre Augen fragten: Was willst du, mein Kleiner?

Diese Frage warf ihn um zweieinhalb Jahrzehnte zurück. Da zogen sie an den See. Wenn er von einer Rauferei an der Promenade schmutzbedeckt und verprügelt heimkehrte, fragte sie so. Im neuen Wohnort lief es anders als im Gebirgsdorf, wo sie bei den Großeltern gewohnt hatten, dort hatte er als stark, ja unbesiegbar gegolten. Das Leben am See fing neu an, der Ruf eines tüchtigen Raufers, den die Mutter verbreitete, bedeutete hier wenig. Zwar wehrte er sich immer heftig, und nicht nur das, er forderte zu Kämpfen heraus und suchte das Kräftemessen, aber er war fremd und blieb es und wollte nicht anerkennen, dass es eine Übermacht geben konnte. Er hielt sich im Getümmel, selbst wenn er Schläge bekam und unterging. Niemals lief er davon. Als damals der Vater zweimal im Herbst auftauchte, weil es auswärts keine Arbeit gab, verschlechterte das seinen Stand. Du kannst ihn Vater nennen, erklärte die Mutter, aber du musst nicht Vater zu ihm sagen. Der Ehemann versuchte ihr wieder näher zu kommen, gab aber bald auf, denn sie übernahm gerade ihr erstes Geschäft und fand keinen Gefallen an seiner angemaßten Überlegenheit. Gelegentliche Kontakte waren für sie befriedigender und außerdem trat damals eine ganz andere Sorte Mann auf: Ulrich Witt, der technischer Direktor und Teilhaber einer Firma war. Darauf packte er seine Sachen und verließ die Familie. Er schloss sich einem Bautrupp an, der besonders

riskante Arbeiten übernahm. Als er während eines Un-
wetters trotz der Warnung seiner Kollegen in eine Schlucht
stieg, um mit seiner Körperkraft eine gefährdete Brücken-
schalung zu stützen, begrub ihn eine Mure unter sich. Die
zerborstenen Hölzer warfen sich auf das Materialgeschiebe,
in dem er lag.

Das Päckchen fest umfassend steuerte Nico auf die Mutter
zu und hielt es ihr mit einem schiefen Lächeln hin. Auf ihre
Frage, was er denn jetzt mache, sagte er: „Geschäfte." Sie
nahm das Bündel und zog die Augenbrauen hoch. Die Vorstellung war ihr nicht selbstverständlich.

Früh am Morgen schweifte Landmanns Blick ein paar
Momente in die Weite, über die taufeuchte grüne Ebene hin
zu den Bergen, die zauberhaft mit dem Licht umgingen,
dann zurrte ihn eine innere Feder zurück an den Platz, wo er
stand. Er sah auf die Uhr, räusperte sich nervös, warf das
Haar in den Nacken und schaute zu dem am Fels
klebenden, halbrunden Turm auf, in dem Kaspar mit seiner
Gefährtin Rita und einem Hund hauste. Nico steckte zwei
Finger in den Mund und stieß einen kurzen Pfiff aus. Gleich
darauf kam der Kumpel schweigend und mürrisch die
Stufen herunter, die Falten seines verknitterten Gesichtes
waren voller Schlaf und Müdigkeit, aber er war frisch rasiert
und zögerte keinen Moment seinen altertümlichen Lastwagen zu starten. Nico war blass, als er zu Kaspar ins
Führerhaus kletterte. In der vergangenen Nacht hatte er
Brigitte abermals enttäuscht. Bevor er mit ihr ins Bett gegangen war, hatte er zu viel getrunken und war dann gleich
eingeschlafen. So ein Verhalten war für ihn neu und er wollte deswegen mit sich zu Rate gehen, sobald er frei atmen
konnte. Das mochte freilich dauern. Vorerst musste er die
Sache wegschieben, wie die übrigen Probleme, denn er hatte
kaum genug Luft zum bloßen Leben und der Wunsch nach
Selbstbestimmung musste schweigen.

Glücklicherweise verfügte er über zwei sehr verschiedene Speicher. Im ersten verstaute er Misserfolge und Schläge, die er hinnehmen musste. Darüber führte er kein Buch, sondern alles wurde hineingestopft, ohne dass er sich damit beschäftigte. Er drückte eine Taste, und schon war das Geschehene durch eine Falltüre im Keller seines Bewusstseins verschwunden. Diese Unterwelt wurde ständig gefüttert, denn er hetzte von einer Niederlage zur nächsten und fand keinen ruhigen Aufenthalt, weil er einer schlimmen Lebenslage meist nur entkam, indem er in die nächste hechtete. Was er dabei um sich herum anrichtete, fiel ihm gar nicht auf, er merkte nichts davon. Im zweiten Speicher hortete er alles, was er in der sichtbaren Welt an alten Dingen zusammenraffte, die ihn interessierten. In seinem Kopf hatte er die eingelagerten Gegenstände in jedem Detail präsent, der objektive Wert war nicht sonderlich hoch, doch für ihn handelte es sich um Schätze.

Vor der Grenze dösten die beiden im Fahrerhaus wie Lebewesen in Trockenstarre. Als sie nach Stunden an die Reihe kamen, hatten sie Mühe, den Zweck ihrer Reise zu erklären, doch da Kaspars Fahrzeug alt und die Ladefläche leer war, verschaffte weiteres Warten so viel Nachsicht, dass sich niemand mehr sonderlich um sie kümmerte, und plötzlich reichte es, dass sie angaben, sie sollten aus Slawonien keramische Figuren holen. Das war ihr Auftrag, das belegten die Unterlagen. „Lebensgroße weibliche Tonfiguren aus Slawonien", sagte der Zöllner und schmunzelte.

Da begann auch Kaspar zu grinsen. War es der Beamte oder die Vorstellung der Figuren, was ihn erheiterte? Wahrscheinlich befreite ihn das Gefühl, nach der Geduldprobe, die ihre Tour wenigstens um einen Tag verlängerte, in die Fremde zu reisen. Er blieb jedenfalls aufgeräumt und wohlgelaunt, der schwache, aber charakteristische Grant war verweht, die Misslaune verflogen. Auch Nico geriet in einen Zustand, der den Druck des Versagens von ihm nahm, die fremde Umgebung entlastete und befreite ihn aus einer Anspannung. Beliebige Erscheinungen ringsum wurden lebhafter, die Farben intensiver, leuchtender, das Sonnenlicht, das auf allem lag, besaß eine besondere Qualität. Ständig schaukelte und vibrierte etwas: auf dem Boden, auf den Bäumen, in der Luft. Winzige Vögel von seltener Zeichnung querten die Fahrbahn, glitten von Strauch zu Strauch. Funkelnde Schmetterlinge gondelten ihnen entgegen. Er hörte Töne und Klänge, von denen er bislang gar nicht gewusst hatte, dass es sie gab. Ein feines Glöckchen klingelte im Motor, knisternde Steinchen sprangen gegen die Unterseite des Fahrzeugs, spritzten gegen das Blech der Karosserie. Das junge Laub wisperte einlullend neben dem offenen Fenster. Wenn sie anhalten mussten und der Motor schwieg, lagen Geräusche in der Luft, die er nicht einordnen konnte: als würde ein Zweig geknickt, einmal und noch einmal, dann schnappte etwas ein. Jedes Mal schaute ihm Kaspar verkniffen und leicht amüsiert ins Gesicht, wollte aber nicht davon reden, sondern winkte ab. Plötzlich stoppte er auf einer von Bäumen gesäumten Straße, auf der Fahrerseite stieg ein Hügel hoch. Landmann erblickte einen Mann, der wie ein Jäger auf der Pirsch aussah. Er stand hinter einem Baum, den Blick geradezu verträumt über das Fahrzeug hinweg auf die Anhöhe gerichtet, hielt seine Waffe gesenkt und hantierte daran, und dabei entstand jenes ungewohnte Geräusch. Die Metallteile des Gewehrs schnappten ineinander. Dann deutete der Bewaffnete mit dem Kopf: Weiter! Kaspar legte den Gang ein, als würde er ein Repetiergewehr durchladen. Und kaum waren sie ein Stück gefahren, gellten hinter ihnen Schüsse. Sie peitschten vom Hügel herunter und von unten wurde mit klatschenden Schlägen geantwortet.

Mit merkwürdig belebtem Ausdruck sah Kaspar seinen Begleiter von der Seite an, als wollte er fragen: Spürst du, wie gut dir die Anspannung tut?

Als das Dunkel vom Himmel kam, bog Kaspar in ein größeres Gebüsch neben der Straße. Da stand eine niedrige Kaschemme, dahinter herrschte dichtes gleichförmiges Grau. Die Einheimischen verließen gerade die Tische im Freien und verschwanden durch den niedrigen Eingang, als der Lastwagen vor das Häuschen rollte. Kaspar stellte den Motor ab. Ein Mann von etwa vierzig in blauer Arbeitskleidung, der als Letzter ging, drehte sich in der Tür noch einmal langsam um und bedeutete den Fremden im Auto, sie mögen in das Wirtshaus kommen.

Während Kaspar seine Zigarette fertig rauchte, schloss Nico die Augen. Durch die offenen Seitenfenster hörte man ein unentwegtes Glucksen und Knuspern. Der Fluss leckte und schmatzte unter den Wurzeln der Ufergebüsche wie eine feiste Ratte, die einen Fisch verzehrt.

In der Schänke hockte eine Runde ergrauter Männer auf Holzstühlen um einen einfachen Tisch und sah den eintretenden Fremden voller Misstrauen entgegen. Auf einem löcherigen Sofa im hinteren Eck saß eine alte Frau, neben ihr stand der Mann in der blauen Kluft. Kaspar beschnupperte die Atmosphäre nahe bei der Tür (Altertümer waren keine da, aber darum ging es nicht), dann probierte er ein paar Wörter Kroatisch, die er in der Legion aufgeschnappt hatte, und lockerte die Stimmung. Das Bier schmeckte ungewohnt bitter. Während sich die radebrechende Unterhaltung in dem kleinen halbdunklen Raum zunehmend angeregter gestaltete, hörte Nico einen anderen, einen jüngeren Kaspar. Mit dem aufgehenden Mond verließen die Gäste das Haus. Der Wirt in der blauen Kleidung erlaubte den beiden Fremden auf den Bänken zu schlafen.

Rechts von der Flussebene lagen hinter Augehölzen und unbestellten Feldern bewaldete Höhen, im Osten stiegen sie sogar ziemlich hoch auf. Die Dörfer und Städtchen wirkten ausgezehrt und kraftlos wie Langzeitkranke, das barocke

Kleid, das die Häuser, Kirchen und Schlösser trugen, war verschlissen und fiel den Bauwerken in Fetzen vom Leib. Als Landmann fragte, was wohl darinnen übrig sein mochte, zeigte sich Kaspar völlig fantasielos. „Ich sehe nicht hinein", sagte er. Ohne Ambition hielt er den Blick nach vorne gerichtet und steuerte sein Vehikel. Die Dörfer wirkten wie Ansichtskarten von schmucken Siedlungen, auf die ein Irrer mit einem Messer reißend eingestochen hatte. Kleine Städtchen lagen in Stücken, mit ein paar Schlägen mühelos vernichtet wie gebastelte Modelle, ihrer Ehre, ihres Ansehens, ihres Stolzes, ihres Lebens beraubt. Die Fassaden voller Bisswunden, mit Ausschlägen und Pockennarben übersät. Alte Parks trauerten hinter umgeworfenen und zerstörten Mauern, die verwilderten Ziersträucher warfen sich mit verwelkender Blütenpracht darüber und drückten sie ganz zu Boden.

Als die Berge zurückwichen, als sich die ebene Gegend vor ihnen zur großen Tiefebene hin weitete, deren Horizont nicht abzusehen war, holte Kaspar einen zerknitterten Zettel aus der Jackentasche, hielt ihn unter die Nase, warf einen kurzen Blick darauf und steckte ihn wieder ein. Sie bewegten sich zwischen den rußigen Ruinenzeilen langgezogener Straßendörfer, die hinliefen wie die schwermütigen Sätze einer traurigen Geschichte. Da waren entzückende Holzhäuser mit geschnitzten Außenstiegen, denen man das gute Lebensgefühl noch ansah, das hier einmal geherrscht hatte. Luftige Speicher, in denen verstaubte Maiskolben raschelten, und Gemüsegärten unter zertretenen Zäunen und niedergeworfenen Hütten begraben. Ziehbrunnen, der technischen Ausstattung beraubt, hielten ihren Mund geschlossen.

Neben der Straße stand auf offener Strecke ein einzelner Baum, an den ein Pappkarton genagelt war. Kaspar verlangsamte die Fahrt, und als er nahe genug war, erkannte er das Wort, das ganz oben auf seinem Zettel stand. Ein paar

Meter weiter bog er in einen Wirtschaftsweg, der in Wiesen- und Ackerland führte. Auf riesigen Flächen blühten Un- kräuter und verwilderte Kulturpflanzen.

Kaspar brummte nur: „Schöne Gegend", um die Ab- weichung von der direkten Route zu erklären, und als sie an einer Wegkreuzung eine junge Bäuerin trafen, die hinter einem Korb mit frischem Gemüse an der Erde saß, stoppte er und hielt seinen Notizzettel aus dem Seitenfenster. Sie stand auf, trat herzu, las, nickte und zeigte mit der Hand auf einen der abzweigenden Wege.

In der folgenden Stunde, wo sie auf Ackerwegen herum- kurvten, stießen sie auf zwei weitere Frauen, die ebenfalls mit einem Korb an Wegkreuzungen saßen, Gemüse anboten und dann den weiteren Weg wiesen. Nico Land- mann fragte nicht nach dem Sinn der Route, er ging davon aus, dass Kaspar nach einer Anweisung handelte, und geriet beim Anblick der eintönigen Landschaft ins Dösen, bis sie auf ein Gebüsch zurollten, vor dem einige junge Männer standen, die dem näher rückenden Fahrzeug entgegensahen. Sie hatten einen Transporter hinter sich im Schatten stehen, auf dem eine ganze Menge Kopfsalat in Holzspankistchen gestapelt war.

Einer der Männer reichte ein Blechstück zum Seitenfenster hoch, das an ein Nummernschild erinnerte, Drago stand darauf, Kaspar nahm es entgegen und steckte es hinter die Windschutzscheibe, stieg aus und trat auf den älteren Mann in der Gruppe zu, der ihm eine geöffnete Zigarettenpackung hinhielt. Er nahm eine Zigarette, ließ sie sich anzünden und griff dabei in die Innentasche seiner Jacke. Im Seitenspiegel sah Landmann, dass er einen Umschlag herauszog und dem Zigarettenspender reichte, jedoch jeden Blickkontakt mied. Nach der Übergabe rauchte er, sah zu Boden und in den Himmel und wirkte zerstreut, während der andere Mann den Umschlag aufmachte, ein Päckchen Scheine herauszog und sie vor den Augen der übrigen zählte. Dann nickte er und steckte sie in die Hosentasche. Die jungen Gemüse-händler gingen hinter das Gebüsch, man hörte Spaten-geräusche und Kaspar klappte die seitliche Bordwand herunter. Plötzlich kehrten die Burschen paarweise im Lauf-schritt zurück, trugen zu zweit je eine Kiste, hoben sie auf die Ladefläche, verschwanden wieder hinter den Sträuchern und kamen in kurzer Zeit mit weiterer Fracht zurück. In ein paar Minuten war die Ladefläche vollgestellt. In gleicher Eile wurden danach die Steigen mit Kopfsalat auf die Ladung geschlichtet, so dass alles nach einem Gemüsetrans-port aussah. Und auf einmal waren die Helfer und ihr An-führer fort, der Erdboden hatte sie verschluckt. Kaspar stieg ein und sagte erklärend: „Sie geben uns etwas mit."

Das war einfach zu verstehen. Landmann wollte gar nicht wissen, was es war, er wollte keinen Blick darauf werfen, genauso wie Kaspar es vermieden hatte, sich die Partner genauer anzuschauen: er übergab Geld von jemand für jemand und übernahm ein Transportgut von jemand für jemand. Das reichte, um die spannende Reise auf dem Feld der Möglichkeiten fortzusetzen.

Wenige Minuten vor Mittag hielt ein dunkler Wagen vor dem Salon, der Lenker warf einen Blick nach der Eingangs-tür. Die Friseusen registrierten mit einem kurzen Seiten-blick: Der Direktor. Wenn er vorfuhr, übergab die Chefin gewöhnlich den Laden an eine erfahrene Mitarbeiterin, zog sich um, verließ den Salon und stieg zu ihm ins Auto. Diesmal verließ der Direktor sein Fahrzeug, betrat das Ge-schäft und blieb an der Tür stehen. Das Plateau im Innern erlaubte ihm, die Blicke auf sich zu ziehen. Die Friseusen er-starrten mit erhobenem Kamm und gezückter Schere, denn der diskrete Mann war bislang nie ins Geschäft gekommen und sie hatten den scheuen Liebhaber noch nie so nahe gesehen. Er war von mittlerer Größe (vielleicht eine Spur größer als die Chefin in ihren flachen Schuhen und etwas kleiner, wenn sie hochhackige trug), wohlgenährt, seine Jacke spannte ein bisschen über dem Bauch, aus den Ärmelenden hingen zart gepolsterte Hände, die wertvollen Hände des Technikers, des Konstrukteurs. Lotte Landmann stand mit lebhaftem Ausdruck hinter einer Kundin und führte mit einem runden Spiegel den Anblick der neuen Frisur vor. Sie bemerkte die Anwesenheit des Freundes nicht, bis Brigitte „Der Direktor" flüsterte. Da erschrak sie und fasste nach der Lehne des Friseurstuhls. Was war passiert, dass er das Abkommen brach, wonach keiner in die Umgebung des anderen eindringen sollte?

Als Direktor stand er dem technischen Bereich einer Fabrik vor, die ihm und seinem Bruder gehörte. Der Bruder war jedoch für die wirtschaftliche Gebarung allein zuständig. Zum Zeitpunkt der Übergabe hatten die Eltern bei Ulrich jedes ökonomische Talent vermisst und ihn zum technischen Leiter bestimmt. Dieser Aufgabe zeigte er sich durch Jahrzehnte gewachsen. Er kannte die Merkmale perfekt funktionierender Technik. Wenige Wochen noch, dann zog er sich in den Ruhestand zurück und sein Bruder zahlte ihm den Anteil an der Firma aus. Mit dem Geld hatte er allerhand vor, er wollte schon noch beweisen, dass auch er mit Kapital umzugehen verstand: einmal sich selbst, dann seiner tüchtigen Freundin, die ihn immer nur durch seinen Bruder wirtschaftlich bevormundet erlebte, und schließlich seinen neuen Freunden aus der Welt der gemischten Geldanlagen, der Akquisition von Immobilien und deren Verwertung. Seinen Kopf, dessen feines Haar am Scheitel schütter wuchs, hielt er gesenkt, so dass er mit leicht angezogenem Kinn von unten auf die Situation sah. Die Haltung hing mit seiner Aufgabe zusammen und damit, dass er dabei eine Halbbrille trug, über die hinweg er seinen Mitarbeitern an den Arbeitsplätzen die Anweisungen wortlos mit seinen ausdrucksstarken blauen Augen gab. Er schien von einem ausgiebigen Essen gesättigt und wirkte, als wollte er die Atmosphäre im

Laden gar nicht wahrnehmen, weil sie ihn abstieß. Mit einer leichten Kopfbewegung bedeutete er der Chefin, sie möge ihm nach draußen folgen.

„Natürlich interessiere ich mich für alles, was du mir sagen willst, ich würde die Neuigkeiten aber lieber bei einem Espresso im Café anhören", sagte Lotte Landmann, als sie mit Ulrich Witt und Nadia in den Vorraum der alten Kirche trat. Ihr Blick fiel auf eine Kröte, die in der Ecke an einer steinernen Rippe hochkletterte. „Müssen wir wirklich da herein?", fragte sie. Nicht um das Heidnische an sich zu betonen, nein, sie ließ sich gewöhnlich von ihrem Lebensgefühl tragen, ohne zu überlegen, ob es etwa heidnisch oder ein wenig religiös war oder nichts davon. Darüber glitt sie hinweg wie ein Zugvogel über die Berge. Ihr Selbst hatte aber eine genaue Wahrnehmung für diese Lage, geradezu instinktiv, und im Hintergrund argwöhnte sie bereits, dass er sie herabholen und in einen Bauer locken wollte. „Mach es kurz! Nadia ist ziemlich verärgert, weil wir sie vor der Schule aufgeschnappt haben."

„Meinst du, ich würde auf unser Kind keine Rücksicht nehmen?", sagte er und ergriff ihren Arm, um sie durch die Tür in den Kirchenraum zu schieben. Bisher hatte er stets von Nadia als dem Kind gesprochen. Was mochte hinter dem Wunsch nach einer Hochzeit stehen, dass er plötzlich so stark wurde? Aus dem Tageslicht kommend sahen ihre Augen erst einmal sehr wenig, doch es lichtete sich schnell in der Höhe zwischen den runden Säulen. Nadia wandte sich gleich einem großen Kerzenständer zu, auf dem viele Kerzen flämmerten. Witt hielt Lottes Arm fest und veranlasste sie zu wandeln, als wären sie interessierte Touristen. „Kurz nach unserem Kennenlernen spielte ich hier mit Freunden in einem Amateurkonzert und dachte: Wenn ich in den Ruhestand trete, heirate ich diese Frau in dieser Kirche und beginne mit ihr das Leben neu. Als ich letzthin

vor meinen Freunden im Club meine bisherige Laufbahn ausbreitete, war mir mit einem Schlag klar, dass ich die ganze Zeit unbewusst darauf hingearbeitet habe, und jetzt ist es so weit", sagte Ulrich Witt zu Lotte, die ratlos neben ihm ging, während er die Augen wie ein Betrachter der Architektur nach oben richtete. „Wir machen Ordnung und beenden unsere Liaison", flüsterte er. Mit einem Blick in ihr Gesicht sah er, dass sie nicht verstand, was er ordnen wollte. Ihre Miene drückte deutlich aus, dass sie nicht begreifen konnte, weshalb er ihre offene Beziehung beenden wollte und warum er diese plötzlich als Liaison bezeichnete. „Ich weiß gar nicht genau, was eine Liaison ist", sagte sie. „Ist das unser Verhältnis?" Solche Ehrlichkeit bezauberte ihn gewöhnlich, der fehlende Hunger nach Bildung nährte seine Begeisterung für ihre sonstigen Vorzüge. Doch dass sie jetzt nicht begriff, welches Angebot er machte, beeinträchtigte seine Stimmung. Zum einen vermisste er plötzlich ihre heitere Ausgeglichenheit und die positive Lebendigkeit, andererseits spürte er eine neue Anspannung und eine er-wachende Nervosität bei ihr, wofür es keinen Grund gab. Sie hatte öfters davon gesprochen, dass sie eine gute Ehe wünschenswert fand. Vielleicht hatte sie in den letzten Jahren seltener davon geredet, das war möglich. „Wir werden etwas daraus machen", versicherte er, „ich freue mich darauf."
Sie standen sich beim Aufgang zur Kanzel gegenüber und Lotte sah ihren Freund mit einer Verdrossenheit an, die da-von sprach, dass sie gerade die Vorstellung bedrängte, er würde ihr Verständnis bewusst überfordern, um mit un-durchsichtig motivierten Wünschen bei ihr durch-zukommen. „Was du mir hier gesagt hast, hättest du mir an jeder Ecke in der Stadt sagen können", meinte sie.
Dass sie befremdet und übellaunig tat, überraschte Ulrich Witt stark, hatte er ihr doch oft dargelegt, wie genau er jeden Schritt plante und wie konsequent er seine Ziele ver-

folgte. Es ärgerte ihn, dass er wegen ihres Glückes lange argumentieren musste und dass ihr Gesicht dabei erlosch. Ihr war nicht gut, sie drohte das Gleichgewicht zu verlieren und griff nach einer Skulptur, um sich zu stützen. Ihre Hand lag auf dem Haupt eines Löwen, unter dem ein Menschlein zappelte, das sein Schwert in den Brustkorb des übermächtigen Tieres gebohrt hatte, jedoch die Klinge war abgebrochen. Sie war immer der Meinung gewesen, dass sie gut miteinander auskamen und dies so bleiben sollte. Auch dass sie einmal richtig heiraten würden, war so etwas wie eine Grundstimmung in ihrer Beziehung. Aber sie hatte sich nie eine öffentliche Zeremonie ausgemalt, wie dies Ulrich nun tat. Sich feierlich vermählen, als stünden sie im Lenz des Lebens. Da musste es Gründe geben für diese veränderte Sicht. Als sie leise danach fragte, überzeugte sie die Antwort nicht. Seine zurückgenommene Stimme flüsterte intensiv und erregt, dass es Freunde gäbe, die ihm eine solche Vorgangsweise nahe legten. Damit würden sie beide eine angesehene Rolle in der Gesellschaft einnehmen können, die seiner neuen unabhängigen Stellung entspräche; zugleich würde sie seine Partnerin in wirtschaftlichen Belangen, sie könnten einander fördern. Konzepte dafür besäße er schon, die wollte er in einem günstigen Moment unterbreiten, denn er wüsste aus Erfahrung, dass sie in Geldsachen eigensinnig wäre und auf Selbständigkeit pochte.

Ein Kirchendiener kam auf sie zugeeilt. „Gehört die zu Ihnen?", erkundigte er sich vorwurfsvoll und sah zur Kanzel hoch.

Nadia hatte eine Absperrung überwunden, die den Zugang über eine kleine Treppe verwehrte, und stand oben vor der Säule.

„Nadia, was fällt dir ein", schalt sie Witt, „du kannst uns doch nicht belauschen!" Seine Stimme war von starkem Unmut erfüllt. Die Zwölfjährige war so überrascht von dem

Vorwurf, dass sie ihre Augen zukniff und die flache Hand gegen die glatte Stirn drückte, als würde sie reuig nachdenken.

Ein paar Handwerker in Arbeitskleidung waren mit den riesigen Stahltoren zum Parkhaus im Berg beschäftigt, sie versuchten einen der schweren Flügel zu bewegen.
„Wozu braucht man diese Tore, Papa?", fragte Nadia unfreundlich. Sie suchte eine Gelegenheit, sich für den Tadel in der Kirche zu revanchieren.
„Wenn Krieg ist und Bomben geworfen werden, dann kommen wir da rein."
„Werden wir da eingesperrt?"
„Ganz sicher nicht."
„Sie könnten uns da einsperren?"
„Grundsätzlich ja, aber niemand wird das tun. Das würde nicht dem Zweck entsprechen."
„Kommt Nico auch herein?"
„Wenn er es will."
„Und wenn wir ihn aussperren?"
„Dann ist er seinem Schicksal ausgeliefert. Und es ist fraglich, ob er den Angriff überlebt."
„Nico will gar nicht herein. Er bleibt draußen und lacht über uns, weil wir in dem Mauseloch sitzen und Angst haben. Vielleicht gehe ich dann raus zu ihm und helfe ihm kämpfen."
„Im Ernstfall musst du warten, bis die Gefahr vorüber ist."
„Dann bleib ich gleich bei meinem Bruder draußen."
Witt sah Lotte von der Seite an. „Was macht er denn zur Zeit?"
„Er ist in Jugoslawien unterwegs", sagte sie beherrscht.
„In Jugoslawien?", fragte Witt nachdenklich.
Lotte Landmann nickte. „Er ist mit seinem Kumpel hinter alten Sachen her und kommt bald zurück."
„Da wird er eine Portion Glück brauchen."

„Fürchtest du dich vor dem Krieg, Papa?", fragte Nadia.

„Ich sehe keinen Anlass."

„Ich fürchte mich."

„Du fürchtest dich vor nichts, mein Kind", entschied die Mutter genervt.

„Ich fürchte mich immer", erregte sich Nadia düster und sah dem Vater, die Oberlippe etwas hochziehend, ernst in die Augen. Sie spielte gern mit Gefühlen; oft wusste sie am Ende selbst nicht, wo in ihrem unreifen Gemüt die Grenze zwischen Scherz und Ernst lag.

Witt sah Nadias runde Stirn im Spiegel und sein Gesicht zeigte einen gewissen Abscheu. Was nicht perfekt war, ekelte ihn. Auf ihrer gespannten Haut waren mehrere Pickel und er wollte der Kleinen erklären, dass jemand, der eine solche Haut habe, unter Stress stehen müsse. Sie spürte, dass er zu einer verletzenden Aussage ansetzen wollte, und seufzte tief, bevor er es tat. Sie sah ihn mit ihrem halbreifen Gesicht von unten an und wirkte weich und gelassen, als wäre sie bereit, alles für ihn zu tun.

Nachdem sie dem unterirdischen Labyrinth der Parkgarage entkommen waren, verwarf Ulrich Witt die Streckenvorschläge seiner Freundin und wählte eine eigene Route. An der dritten Kreuzung fragte sie gereizt: „Ulrich, warum fährst du so?"

„Wirst es gleich sehen", erwiderte er in einem Ton, der sie neugierig machen sollte.

Das Auto rollte langsamer werdend einen Straßenzug entlang, der sich sanft zu einer Kurve senkte. Dort ließ er die rechten Reifen über den Bordstein auf den Gehsteig klettern, zur Überraschung Lottes, die wusste, dass er das sonst nie machte, schaltete die Warnblinkanlage ein und blieb vor einem unbenützten einstöckigen Haus stehen, in das ein tiefer Schauraum eingebaut war. „Dieses Objekt gehört seit kurzem guten Freunden von mir", sagte Ulrich Witt betont ruhig. „Sie möchten es wirtschaftlich verwerten

und ich denke, wir werden hier einen Frisiersalon machen."
Lotte Landmann sagte nichts. Sie sah keinen Grund, das
ernst zu nehmen. An so einen Gedanken mochte sie nicht
einmal anstreifen. Er gehörte in die Reihe merkwürdiger
Einfälle, die ihr Freund in letzter Zeit hatte und die weit von
seinen früheren Ideen abwichen.
„Ich richte den Salon ein und er gehört dir."
Das waren eindeutig Hirngespinste. Wenn er sie bei Laune
halten wollte, tat er besser, sie zum Geschäft zurückzu-
bringen, wo sie genug zu tun hatte.
„Dann machen wir auf Schönheitspflege", meinte er nicht
mehr ganz gelassen; er spürte Lottes gründliche Misslaune.
„Eines Tages steigt Nadia ein und übernimmt."
Nadias Stirn spannte sich und glänzte.
„Wovon redest du?", fragte Lotte. Offenbar wollte er seine
Tochter jetzt in die neue Lebensplanung einbinden, ohne zu
ahnen, wie kompliziert es für sie stets gewesen war, die
Kleine aus der Freizeitbeziehung herauszuhalten, sie irgend-
wo abzusetzen, abzustellen, während sie ihm ohne Vorbehalt
zugewandt war. Zwei Jahre hatten ihre Eltern sie nach der
Geburt betreut. Auch während des Urlaubs hatte sie Nadia
ins Heimatdorf geschickt. Daneben hatte sie Helferinnen
gebraucht, um alles über die Runden zu bringen und die
Umstände für Ulrich Witt einfach erscheinen zu lassen.
Nun wollte er sie in ein gemeinsames Leben einbauen, wo er
bislang immer gesagt hatte: Geh davon aus, dass es deine
Tochter ist, wenn auch meine Gene mitgespielt haben.
Schließlich sagte Lotte ungehalten: „Diesen Weg hätten wir
uns sparen können."
Ulrich Witt fädelte das Auto schweigend in den Verkehr ein.
Wenn sie sein Konzept nicht zu würdigen verstand, war ihr
nicht zu helfen.
Glaubst du wirklich, dass ich auf deine Hilfe besonderen
Wert lege?, fragten ihre Blicke. Nadias wegen verzichtete sie
auf die Frage, obwohl sie keine Hemmung gehabt hätte, da-

von zu sprechen, wenn sie mit ihrer Tochter allein gewesen wäre. Sie musste den Satz schlucken, bevor er hervorkroch, das kam sie ziemlich schwer an. Ein Gemenge aus Erregung, Auflehnung und Übelkeit brodelte in ihr. Sie vermutete, er habe den Umweg über die Kirche gemacht, um ihr „das hier" schmackhaft zu machen.

An der Kante einer Terrasse wurden sie von Bewaffneten gestoppt. Kaspar stellte den Motor ab, sprang aus dem Auto, Nico folgte. Während sie nach vorn gingen, hörten sie Schreie und Hundegebell. Das Dorf bestand aus unversehrten Gebäuden und anderen, von denen nur mehr Schutthaufen übrig waren. Alle Aufmerksamkeit war auf ein neues Haus gerichtet, vor dem sich eine Menschengruppe neben einigen Koffern und Taschen drängte. Eine junge Frau trug ein Kleinkind auf dem Arm und hielt ein zweites an der Hand, drei ältere Frauen sahen sich hilflos um und zerdrückten in ihren Fäusten die eigenen Röcke, ein alter Mann starrte mit vorgeschobenem Kopf auf das Bauwerk. Der Kleinste lutschte am Daumen und konnte seine Augen nicht von den umliegenden Fenstern lösen, in denen die Nachbarn lehnten und mit Fingern in seine Richtung zeigten. Wie auf ein Zeichen begannen die Alten zu klagen, die Frauen zeterten und jammerten, der Mann rang die Hände. Plötzlich war es still. Im Haus winselte ein Hund. Ein Befehl wurde gebrüllt. Die Gaffer an den Fenstern zogen ihre Köpfe ein. Die drei Frauen machten zögernd ein paar zurückweichende Schritte, während der Alte auf das Haus zurannte. Gleichzeitig verwandelte eine ohrenbetäubende Detonation das Gebäude in Sekundenschnelle in eine Staubwolke. Hinter den abziehenden Schleiern erschienen die schaulustigen Nachbarn wieder in den Fenstern. Das Haus lag flach auf der Erde, wie von der Wäschestange gefallen, und dort, wo der alte Mann gerade gewesen war, hatte sich ein großes Mauerstück hingelegt, so dass er spurlos verschwunden war. Nicht einmal eine Falte verursachte er. Es knirschte noch ein paar Mal, Balken knackten und brachen, Mörtel rieselte nach. Einen Augenblick herrschte Ruhe, dann löste sich etwas Graues aus dem Staub, schnellte hervor, rannte bellend auf die Gruppe zu, die erstarrt dastand, sprang erfreut an dem kleinen Jungen hoch, machte in der Aufwärtsbewegung eine Drehung zur Seite und fiel wie ein Stein zur Erde zurück. Die Zuschauer begannen zu lachen und konnten sich kaum beruhigen. Der Bub kniete zum Hund, streichelte ihn, redete ihn an, schluchzte, hob seinen Kopf hoch und sah in die Augen. Doch sie veränderten sich nicht mehr. Da begann er zu flennen.

Während Kaspar mit offenen Augen zu schlafen schien, begannen in Landmanns Gesicht gegnerische Gruppen von Muskeln zu rebellieren und trugen einen schmerzhaften Konflikt aus, ohne dass er das mimische Gezerre beherrschen konnte. In seinem Innern schlug ein loses Fenster in die Vergangenheit von einem plötzlichen Sturm gegeißelt auf und zu, immer wieder erhaschte er einen Blick in das Auge eines kleinen Hundes. Das war das Auge seines Hündchens, das eben von einem Projektil aus dem Luftgewehr getroffen worden war, der Vater hatte geschossen, das Auge lebte, doch während er hinsah, erlosch es für immer; die Verwandlung wiederholte sich rasch und präzise. Gleichzeitig kroch eine Lastwagenkolonne näher und näher. Auf den Ladeflächen saßen, hockten, kauerten, lagen und standen Menschen.

Manchmal ging es ein Stück zügig voran, zeitweise im Schritttempo, dann Meter für Meter, dann gar nicht. Dass die Richtung ins Inferno stimmte, verriet der allgegenwärtige Brandgeruch, bestätigte das ununterbrochene Grollen und Donnern von Geschützen. Ein Trommeln, in das sich Pauken in verschiedener Stimmung mischten. Nico geriet in den Proberaum der Werkskapelle im Gebirgsdorf, wohin ihn der Großvater mitgenommen hatte. Vorsichtig hatte er auf die Häute geschlagen, tastend, Mut fassend, zum kräftigen Schlag ausholend. Dann war er verwandelt auf den Platz getreten, wo seine Widersacher warteten, die verdammten Stichler. Wenn sie sich nicht um ihn kümmerten, war ihm bald nicht mehr gut, denn seine Seele hatte sich schnell auf Kampf und Bewährung eingestellt. Er begann zu stänkern und zu raufen, um sich zu messen. Auch mit den Männern, die seiner Mutter nahe kamen, suchte er stets den Konflikt. Mancher wurde deshalb einer Beziehung schnell überdrüssig. Eines Abends drehte einer durch und ging mit dem Messer auf ihn los. Die Mutter warf sich dazwischen und biss den Wütenden in den Arm, bis er die Waffe fallen ließ. Da ergriff sie eindeutig Partei für ihn, was sonst kaum der Fall war. Im Augenblick einer echten Gefahr mischte sie sich ein, sonst amüsierten sie diese Konflikte. Sie schaute weg und vergaß seine Probleme sofort.

Am Horizont stiegen schwarze Säulen in den heiteren Himmel, stiegen und stiegen, schwankten und verschwanden. Wolkige Pilze fuhren plötzlich auf, in sich kreisend, quollen höher und höher und wanderten als Bauschen davon. Leichte, bewegliche Rauchfahnen erhoben sich von schwelenden Brandherden, wurden niedergedrückt und zogen mit der Luftbewegung schlingernd am Boden entlang. Verborgen in den Gebüschen schwebten zarte Wölkchen, als lagerten da friedliche Zigarettenraucher, die bei jedem Zug ein Fauchen erzeugten. Kleine Blitze flammten auf: zierliche Drachen saßen an der Erde und ärgerten sich über harmlose Scherze. Zugleich war die Luft erfüllt von langgezogenen Seufzern, von einem Knistern, knapp über der Schwelle der Wahrnehmung. Alles Zerfetzte sank seufzend in sich zusammen, Brücken, Gebäude, Bäume, Felder, Tiere. Das Himmelszelt durchlöchert und in Fransen hängend. Immer wieder glaubte Nico Hilferufe zu hören.

„Das sind die Nerven", sagte Kasper. „Was meinst du, wie oft ich in der Wüste Hilfe! gehört habe? Dabei hat dort kein Mensch das Wort gekannt. Wenn der Wind den Sand bewegt, hörst du dauernd: Hilfe! In allen Sprachen."

„Ich höre Hilfeschreie", sagte Landmann mit Nachdruck, warf den Kopf in den Nacken und sah zum Seitenfenster hinaus.

„Läuft aufs Gleiche heraus. Du bist nicht hier, um zu helfen", meinte Kaspar und steuerte den kleinen Laster ohne Nervosität durch die rauchende Vorstadt. Den Posten, die ihren Dienst stoisch versahen, winkte er mit seinem Zettel und zeigte auf eine Unterschrift. Sie ließen ihn fahren, offenbar genügte das Schild hinter der Windschutzscheibe als Ausweis.

Das Fahrzeug bog in eine langgezogene Straße ein, rechts und links standen graue zwei- und dreistöckige Blöcke, deren Fenster von Druckwellen herausgerissen waren. Neben einem ausgebrannten, rußgeschwärzten Wohnblock blieben sie stehen, eine Durchfahrt stieß unter dem Gebäude zu einer Parallelstraße hinüber. Auf der anderen Straßenseite zog sich ein fensterloser Block hin, einer Fabrik ähnlich, jedoch baumelten noch zwei Leuchtbuchstaben vom Wort Kino über dem doppeltürigen Einlass, das ganze Wort zeigte sich als Staubniederschlag an der Wand, auf dem Anschlagbrett einer zerschlagenen Vitrine verrottete ein Filmplakat, auf dem ein riesiges Maschinengewehr zu erkennen war.

Aus der Durchfahrt näherte sich vorsichtig ein Milizionär und spähte die menschenleere Straße entlang. Dann fixierten seine Augen das Schild mit dem Namen Drago, er nahm Blickkontakt mit Kaspar auf, kam näher und empfing das Namensschild; hierauf gab er ein Zeichen mit der erhobenen Hand und eine Schar junger Männer in Miliz-uniform stürmte aus der Durchfahrt und machte sich über die Ladung auf dem Auto her. Sie warfen die Salatsteigen samt dem Inhalt auf einen Haufen in der Straßenmitte zusammen, klappten die Seitenwand herunter, schoben die Munitionskisten an den Rand und liefen damit paarweise in die Durchfahrt. Nach ein paar Minuten war keiner mehr zu sehen.

Inzwischen hatte Kaspar seine müden Augen gerieben und erblickte im Spiegel die leere Ladefläche. „Jetzt schauen wir uns den Film an", sagte er, nahm seine Taschenlampe aus einem Ablagefach, sprang aus dem Fahrerhaus, ging auf die angelehnte Eingangstür zu und drückte sie auf. Im desolaten Foyer lief eine Ratte nervös die hölzerne Treppe zum Vorführraum auf und ab und huschte dann durch die eingetretene Tür hinein. Im Zuschauerraum war es stockdunkel, der Lichtkegel von Kaspars Taschenlampe tastete herum. Der hintere Teil der abgehängten Decke war auf die Sitze gefallen, die vorderen Reihen waren merkwürdig übereinander getürmt und ineinander verkeilt. Am Rand steckten Papierknäuel darunter: ein Feuer sollte angefacht werden. Der blaue Vorhang war geschlossen.

„Hallo", sagte Kaspar ins Dunkel.

Die Pyramide der Stuhlreihen knisterte. Niemand antwortete. Kaspar schnupperte in die abgestandene, leicht nach Benzin riechende Luft und richtete den Lichtkegel auf den Vorhang. Entschlossen stieg er über zertrümmerte Kinositze hinweg. Erstmals hatte auch Nico Landmann den Eindruck einen Fund zu riechen. Ganz deutlich, fast süßlich, als blühten da Buschnelken. Er schwang sich hinter Kaspar auf die Rampe und berührte den Vorhang ein wenig. Sofort rauschte eine Stoffbahn auf ihn herab. Das muffige Material hüllte Nico Landmann ein. Starre überfiel ihn in der Erwartung, er werde sogleich dafür bestraft, dass sich sein blinder Wille einen eigennützigen Tunnel durch die Wirklichkeit baute, den er gegen die Hilfeschreie ringsum abschottete. Für die Länge eines Augenblicks, den er für seinen letzten hielt, erleuchtete ihn diese Erkenntnis, bis er realisierte, dass die plötzliche Verhüllung nicht das Ende bedeutete. Kein Schuss, kein Schlag, nichts, nur etwas Ungezieltes, Blödsinniges, Zufälliges war passiert, wogegen er sich sofort aufbäumte; sein Inneres machte eine zornige Wendung, er fühlte sich in seinem Stolz verletzt. Ungeduldig schlug er unter dem Tuch mit Armen und Beinen um sich, bis er Kaspar vor sich auf dem Boden sah, der hinter der Rampe in Deckung lag und mit dem Lichtkegel seiner Taschenlampe den Saal abtastete. Dann drehte sich Kaspar rasch herum und warf mit seinem Licht Landmann als große Schattenfigur auf die schmutzig weiße Projektionsfläche, die mit Einschusslöchern übersät war. Langsam rappelte er sich auf und bedeutete Landmann, ihm hinter die Leinwand zu folgen.

Dort streifte der Lichtkegel über eine Reihe auf dem Rücken liegender Gestalten. Nackte Körper waren auf dem Betonboden nebeneinander geschlichtet, mit dem Kopf berührten sie die unverputzte Ziegelmauer. Männer- und Frauenkörper mit aufgeblähten Bäuchen. Nicht aus Ton. Das fahle Fleisch von Toten glomm und schimmerte ihnen entgegen. Über die Gesichter der Frauen kroch das lose Haar. Aufgerissene Augen starrten zur Decke hoch, aber sie konnten dort nichts entdecken, geöffnete Münder standen am Anfang eines Wortes still, dessen Lautfolge rätselhaft blieb.

Kaspar richtete die Lampe auf die aufgetriebenen Bauchdecken. Da war etwas mit Kohle gezeichnet. Totenschädel? Sein Atem begann zu rasseln, seine Raucherlungen sogen den ekligen Gestank ein, der plötzlich die Umgebung erfüllte. „Totenschädel sind das nicht", stellte er fest, seine Stimme klang fremd. Nico Landmann erkannte Gefäße mit Henkeln und fragte nach einer Pause mit belegter Stimme, ob das Sinn mache. Kaspar brummte, trat zu den männlichen Leichen und beleuchtete eines jeden rechte Hand, bis er eine ergriff und ein wenig drehte. Der Ringfinger war abgeschnitten, ein Brocken Blut hing vertrocknet am Grundgelenk. Am goldenen Ring mit einem roten Stein sollte er den Kontaktmann erkennen. Doch er war zu spät. Schade, von ihm kriegte er mit Sicherheit keine Tonfiguren mehr. Er knipste die Lampe aus. Vielleicht wollte er, der bisher geglaubt hatte, das Licht in dieser Sache beliebig ein- und ausschalten zu können, sich selbst klarmachen, dass auch er im Dunkeln tappte. Eine Weile fluchte und schimpfte er halblaut vor sich hin, bis aus einem Leichnam hörbar Gärgase entwichen. Da schaltete er seine Lampe wieder an und ließ den matter werdenden Schein noch ein- mal über die Toten gleiten. „In einer Reihe von vorne erschossen", sagte er und räusperte sich. Seine Kehle war rauer als gewöhnlich. „Die Zahl der Toten stimmt mit der Anzahl der gesuchten Figuren überein."

In der Nähe begannen Geschütze zu donnern und zu bellen. Das Gebäude erbebte unter den Vibrationen. Im hinteren Teil des Saals klatschte die hängende Decke zu Boden. Die beiden sprangen von der Rampe und tappten entlang der zitternden Mauer Richtung Ausgang, während immer wei- tere Stücke von der knirschenden Decke abrissen und zu Boden sausten. Aus dem Vorführraum stürzte eine Rotte von Ratten die Treppe quiekend und pfeifend herunter ins Foyer und suchte zwischen ihren Füßen den Weg ins Freie. Als Landmann in den blauen Himmel schaute, reagierte sein Körper unwillkürlich. Er stützte sich ein paar Augen- blicke auf Kaspars Schulter, bis das Schwindelgefühl vorüber war. Nach ein paar Schritten auf der Straße hörten sie den berstenden Krach, mit dem offenbar die ganze Decke niederging, gleich darauf schoss eine pfeifende Staubfahne aus dem Eingang hinter ihnen her, während sie zum Auto liefen und sich ins Fahrerhaus flüchteten. Das Gemüse war verschwunden. Ohne davon zu sprechen, wussten sie, dass da ihre Munition verschossen wurde. Wie ein Gewitter, das sich in der Nähe entlud und in größerer

Entfernung ein Echo hatte. Nach einigen Minuten war es vorbei. Nur einzelne Gewehrschüsse zerrissen noch die Stille, die der Schrecken wieder wie ein Tuch über die Erde breiten wollte. Aus der Durchfahrt grinsten ihnen Milizionäre ins Gesicht. Kein Zweifel, sie wussten, was die zwei lächerlichen Fremden eben gesehen und erlebt hatten. Als Kaspar sie aus dem Fenster ansprach und nach Plastiken, Figuren, Keramiken fragte, zuckten die jungen Männer nur die Schultern, drehten sich weg und scharrten mit den Stiefeln den Boden. Plötzlich reichten Kaspars Sprachkenntnisse nicht mehr, was er sagte, blieb unverständlich. Einer machte vor ihm seine Waffe scharf und zielte damit lachend auf einen dunkelroten Streifen an der verschmutzten Kinowand. In seinem Jungengesicht steckte eine Zigarette, von der ein Wölkchen hochstieg. Seine Kameraden stießen sich zum Spaß an. Das waren die Spuren der Gestalten, die man ihnen hingelegt hatte. Nico Landmann warf das Haar mit einer verächtlichen Bewegung in den Nacken und stieß die Luft fauchend durch die Nase aus.

Durch aufgerissene Hauswände sahen sie Tische, die gedeckt waren, als eine Detonation die Fensterseite weggefegt hatte. Schlafräume mit zerwühlten Betten, altertümliche Ausstattungen aus der Kaiserzeit, ausgeblichene Salons, die schon ein Jahrhundert überstanden hatten. Devastierte Küchen, voll mit Kupfergeschirr, orientalisch anmutenden Karaffen, von der Wand gefallene Borde mit bunten Tonschüsseln und Krügen, lebhaft blitzende Glasscherben und volkstümlich geschnitzte Modeln für Gebäck und Wachs in Trümmern, Flickenteppiche und Läufer, zerfetzt wie die Tapeten und Wandbespannungen aus alten Stoffen, ruinierte Sessel, gekippte Tische, aufgerissene Kommoden, umgeworfene Klaviere, Leuchten aus der Zeit des Jugendstils und aus den dreißiger Jahren, die noch an einem Leitungsdraht an der schiefen Decke hingen; ausgeräumte

Bücherregale, aufgebrochene Schreibtische, zerfetzte Schriftstücke, auf dem Boden zerknüllte Zeitungen, in den Schutt getretene Fotos, Spielzeug mitten im Zimmer, von Kindern im Schreck fallen gelassen, und Puppen, herumgewirbelt vom Luftdruck, waren sogar auf einem Bett zu liegen gekommen. Da war die Jagdvilla, da war der Mann, der ihn mit einem Klappen der Finger gegen die Handinnenflächen hinter sich her winkte. Nico schluckte vor Aufregung. Hatten die Puppen mit den Keramiken zu tun – und damit mit den Leichen? Jedenfalls stieß Kaspar bei der Suche nach den Figuren ins Leere. Am Rathaus gab ein Loch in der Fassade den Blick in den verheerten Saal frei, der wie für einen Film über das Ende der Monarchie eingerichtet war. Elegante schwarze Möbel mit Messingbeschlägen, von einer Druckwelle durcheinander gewirbelt, warteten auf jemand, der alles wieder gut machte. Nico Landmann spürte, dass seine Augen auf den Reiz der Objekte reagierten. Der unerwartete Anblick der Toten musste in den Keller, er hing nicht mit ihm zusammen, auch mit Kaspar nicht, sondern mit den Auftraggebern.

Kaspar schüttelte gedankenvoll und ungewöhnlich besorgt den Kopf. Es war alles bezahlt, der Vertrauensmann hatte alle Punkte der Abmachung erfüllt, er hatte sogar hinter der Filmleinwand gewartet, aber er lebte nicht mehr, irgendjemand hatte die erwarteten Figuren gegen Hingerichtete ausgetauscht. Irgendjemand hatte jetzt das Geld der Auftraggeber und die Tonfiguren. Ein böse Geschichte. Ihre Tour hatten sie umsonst gemacht. Plötzlich begann Kaspar in seinen Taschen zu kramen, zog einige Geldscheine hervor und legte sie aufs Armaturenbrett. Ohne ein Wort zu sagen, begann auch Nico Landmann seine Taschen zu filzen und legte dazu, was er hatte. Er spürte, wie der Anblick der alten Dinge seine Natur belebte. Er verschob die Erschossenen in den Keller und wollte damit nichts mehr zu tun haben. Neben einer Gruppe von Bewaffneten brachte Kaspar das

Auto zum Stehen und fragte den Anführer aus dem Fenster, wo es Antiquitäten gäbe. Der sah seine Leute an und fragte dann mit kaltem Lächeln, was sie zahlten. Kaspar nahm das Geld und zeigte, was sie bieten konnten. Das Lächeln des Kriegers wurde breit, er schlüpfte zu ihnen ins Führerhaus und sie steuerten ein Depot am Rande der Stadt an, wo sie mit generöser Geste ermuntert wurden sich zu bedienen. Die Halle barg Dinge des täglichen Gebrauchs, Gerätschaft verschiedener Berufe und Möbel mit Malereien und Zierraten. Sie zwängten sich durch die gestapelten Güter, blieben immer wieder stehen, sahen sich überrascht an. Landmanns Atem ging kurz, er litt. So viele interessante Dinge an einem Ort zur Auswahl, das war ihm noch nie passiert. Er hastete von einem Gegenstand zum nächsten, bis er plötzlich zwischen den gestapelten Sachen stehen blieb und auf eine Truhe starrte, deren Vorderfront drei gerahmte Felder aufwies, in die je ein Relief eingefügt war. Die Schnitzereien stellten die Versuchung im Paradies dar, die Vertreibung daraus und die Geschichte von Kain und Abel. Im blühenden Garten Eden trugen kräftige Bäume pralle Früchte. Wilde Tiere suchten friedlich nach Nahrung. Für alle war genug da. Nur die Schlange hatte ein kleines Menschengesicht und bot Eva mit dem Mund einen Apfel an. Du kannst alles probieren, schien sie zu sagen, du wirst dann sehen, ob es dir bekommt.

„Das will ich", sagte Landmann und warf das Haar zurück.

„Keine schlechte Idee", meinte Kaspar, lachte heiser und begann zu husten.

Als die Ladefläche voll war, unterschrieb der bewaffnete Verkäufer eine formlose Bestätigung, die als Nachweis dafür dienen konnte, dass sie Sachen rechtmäßig erworben hatten.

„Du siehst zufrieden aus", brummte Kaspar und startete, „aber unser Auftrag war das nicht."

Vor einer Brücke über den Fluss versperrte ein Trupp Bewaffneter die Straße. Sie wollten das Ufer gar nicht wechseln, doch darum ging es nicht: sie sollten warten und zuschauen. Aus dem Fahrerhaus sahen sie, wie ein Freischärler sein Gewehr auf ein junges Mädchen anlegte. Sie mochte sechzehn, siebzehn sein und wurde auf die Brücke getrieben, deren Fahrbahn bis zur Mitte des Flusses reichte. Dort ging es ins Nichts, der Rest war zerstört und im Wasser versunken. Das schlanke Mädchen gehörte nach der Meinung der Freischärler hinüber, sie bewegte sich zügig und aufrecht, ohne sich umzusehen, das dunkle Haar lag eng am schmalen Kopf. Kaspar räusperte sich, steckte sich eine Zigarette zwischen die Lippen, hielt den Kriegern das Päckchen aus dem Fenster hin und bat mit einer Geste um Feuer. Sie griffen nach der Packung, einer reichte ihm sein Feuerzeug, der zielende Soldat ließ die Waffe sinken. Rauchend sahen sie dem Mädchen nach, das sich dem Ende der Brücke näherte. Einen Augenblick stand sie still. Mit einem Sprung verschwand sie nach unten, die Freischärler grölten, und als sie nach einer Weile auftauchte, lachten sie und feuerten sie durch Zurufe an. Sie trieb flussabwärts und die Männer schlugen vergnügt ihre Oberschenkel.
Landmann sah seine Hände an: sie ballten sich zu Fäusten. Seine Muskeln rissen ihn vom Sitz, in der Vorstellung stieß er schon die Tür auf, machte einen Satz und attackierte die Gruppe. Doch gleichzeitig umklammerte Kaspar seinen linken Unterarm mit eisernem Griff und verwand ihn so, dass er vor Schmerz stöhnend zurücksank, Kaspar gab das Feuerzeug aus dem Fenster zurück, grüßte mit einer beiläufig militärischen Geste und sie fuhren weiter.

Als sie nach einer Rastpause aus einem kleinen Wirtshaus in der Nähe des Grenzübergangs traten, um über den geschotterten Parkplatz zu ihrem Lastwagen zu gehen, schnalzten Schüsse über den Platz und Nico sah deutlich, wie auf seiner Seite Kugeln aus der Bordwand brachen und Holzfetzen mitrissen, von vorn nach hinten, tak, tak, tak, und plötzlich fiel er auf die Nase. Kaspar, der schon platt auf dem Boden lag, hatte ihm die Füße weggerissen. Gleich danach schlugen neben ihnen Holzteile ein, als hätte sich der Himmel geöffnet. Das Schießen dauerte und die Fetzen flogen, bis die Salve schließlich mit einem letzten, etwas abgesetzten Knall endete und nach dem letzten Aufschlag Stille herrschte. Da sprang Kaspar auf und schrie: „Verdammte Idioten, jetzt können wir den Krempel verheizen!" Und im nächsten Moment lief er fluchend, über den Platz, stolperte über die Holzstücke, die zerfasert herumlagen, und hastete ohne Vorsicht auf die andere Seite des Lasters, wo er auf ein paar bewaffnete Leute traf. Nachdem er sich ausgetobt hatte, zuckten sie die Schultern, lachten und sagten nur: „Altes Zeug."

„Alles nehmen wir mit bis auf den letzten Span", sagte Kaspar zu Landmann, der wie betäubt dastand. Sein Brustkorb schmerzte, als hätte ihn ein Stück Holz getroffen. Ihm war schrecklich leid um die schönen Dinge. So leid, dass er nicht sprechen konnte.

„Du behältst den Schrott", entschied Kaspar. Er streckte sich etwas auf dem Sitz und sah im Rückspiegel die Reste der zerfetzten Möbel, die sie auf die Ladefläche geworfen hatten. Wie er in diese Falle gestolpert war, beschämte ihn und machte ihn grüblerisch. Hatte er das Risiko übersehen? Hatte ihn jemand hereinlegen können, weil er seiner tot geglaubten Lust am Abenteuer nachging? Hatte ihn am Ende der junge Landmann verführt, mit ihm in die Arena zu den wilden Tieren zu steigen, um den Geschmack des Blutes noch einmal wahrzunehmen und den Brodem von Angst, Tod und Verwesung einzuatmen? Dort hinten sollten Tonfiguren liegen. Dass es nicht so war, belastete ihn mehr, als er zeigte. Das war ungewöhnlich. Schon dass ihn etwas belastete, war ungewöhnlich. Seine Gleichgültigkeit war ihm heilig. Zwar fürchtete er die Auftraggeber nicht, aber sie konnten, sie mussten nervös werden. Er beschrieb den Sachverhalt so: „Das kann blöd ausgehen, die Sache mit den Plastiken." Nicht einmal Bruchstücke von Tonfiguren brachten sie heim. Die vereinbarte Bezahlung mussten sie in den Wind schreiben und die kleine Beute, die sie gemacht hatten, war jetzt zerstört. Wie zum Spott raubte ihnen der Fehlschlag jeden Sinn für die weiche Luft des Frühsommers, die durch das Seitenfenster hereinstrich.

Landmann stieß eine Verwünschung aus, lachte kurz und atmete laut durch die Nase, während er den Verschluss einer Bierdose öffnete und fragte: „Willst du?" Da Kaspar mit einem Kopfschütteln ablehnte, warf er den Haarschopf zurück und spürte dankbar, wie das vertraute Getränk durch die Kehle floss. Dass es sich bei den Partnern weder um gemütliche Kumpel noch um bedauernswerte Amateure handelte, war klar, in der Hinsicht hatte sich Kaspar eindeutig geäußert, aber der Exlegionär wollte nicht, dass er sich Sorgen machte, und daran hielt sich Landmann. Wozu sollte er in die Tiefe schauen? Dass er schon wieder zu wenig Luft kriegte, spürte er, aber daran war er gewöhnt. „Hast du Zweifel?", fragte er die Dose absetzend.

„An ihrer Professionalität?"

Landmann grunzte zur Bestätigung.

„Ich hielt sie für Profis. Hier der Auftrag, da der Lohn. Aber die Aufgabe war falsch gestellt, und wenn sie Idioten sind, können sie mich beschuldigen. Du hast damit nichts zu tun. Das war von vornherein abgeklärt." Und nach einer Pause wurde er noch deutlicher: „Die Sachen sind so wertvoll, dass die Versuchung falsch zu spielen in der Luft liegt, und das Drumherum ist so brisant, dass jeder nervös werden könnte. Aber du bist es sowieso." Er ließ noch etwas unausgesprochen und schüttelte nachdenklich den Kopf. Nach Plan hätte der Transport glatt gehen müssen, aber das Konzept wurde an der Stelle unterlaufen, wo es auf Vertrauen basierte. Die Kunstgegenstände wurden jetzt gebraucht, aber sie waren abhanden gekommen, deshalb stand er unter Verdacht, bis sie wieder auftauchten.

Landmann machte einen tiefen Atemzug durch die Nase.

Sie näherten sich der Stadt auf der Autobahn, die Atmosphäre war leicht grau, die weiße Festung am Horizont grüßte in luftiger Höhe, bald würde der Abend dämmern. Die zwei geprellten Draufgänger waren hundemüde und erfüllt von dem Bedürfnis, die Glieder zu strecken und den schmerzenden Knochen Ruhe zu gönnen.

An der Tür von Landmanns Laden steckte ein Zettel, von der Hand jener Hilfskraft geschrieben, die seit ein paar Wochen für ihn verkaufte, unregelmäßig, und er entlohnte sie auch so. „Schlüssel ist – du weißt schon!" Natürlich wusste er, langte hinter einen der Betonsockel, auf denen der barackenartige Holzbau stand, der früher einem Glaser als Werkstatt gedient hatte, und hielt den Schlüssel in der Hand. Drinnen fand er eine Mitteilung: „Ich höre auf. Einnahmen und Wechselgeld sind – du weißt schon. Am Morgen war mehrmals ein unguter Typ da, der dringend nach dir verlangte."

Ein unguter Typ hatte nach ihm gesucht. Gut.

Wenn sie aufhörte, brauchte er hier nichts deponieren. Dann musste er erst sehen, ob jemand für ihn in diesem Trödelladen arbeiten wollte. Der Gedanke, die schundigen Reste der Kriegsbeute hier einzulagern, schien ihm plötzlich sinnlos, und sie im Schuppen auf dem Land zu horten, war auch nicht zweckmäßig. Kaspar sah kein Problem dabei, wenn er den Schrott auf dem Lastwagen liegen ließ, bis er Gelegenheit fand, sich mit dem Schreiner zu beraten, ob er etwas von den zerstörten Sachen für sanierbar hielt.

„Kommst du mit in den Turm?", fragte er.

Nein, Landmann wollte sich nur ausstrecken und schlafen.

In der Taubengasse fand er allerdings seine Sachen auf dem Gang vor dem Zimmer, die Tür war durch ein neues Schloss verriegelt. Ach, es war ihm ja wegen der ausständigen Miete gekündigt worden. Er tappte weg und stieg in der Nähe des Krankenhauses zur Wohnung der Mutter hinauf. Das Licht gloste schwach im Stiegenhaus, im ersten Stock war es überhaupt ausgefallen, aber die Treppen des Nachkriegsbaus waren ihm so vertraut, dass er im Gehen die müden Augen schloss. Als er zehn war, hatten seine Füße die Stufen im Gleichklang mit der Mutter auswendig gelernt. Einige Jahre pflegte sie nur flüchtige Beziehungen und er hatte sich da gut mit ihr vertragen, weil sie stets locker war und keinen der Freunde mit in die Wohnung brachte. Dann, als er vierzehn oder fünfzehn war, tauchte der Direktor auf. Der kam zwar auch kaum in die Wohnung, er wollte nicht, aber dieses Verhältnis entwickelte sich spürbar anders, verbindlicher, dauerhafter. Als Nico siebzehn war, erblickte schließlich seine Halbschwester Nadia das Licht der Welt und er quälte seine Mama so lange, bis ihre Nerven über die Maßen strapaziert waren und sie ihn bat auszuziehen. Sie wusste, dass sie ihn mit der Bitte auch hinausdrängte, weil er ihr gegenüber die Gefühle eines Machos und eines Kavaliers gleichzeitig empfand. Diese Mischung machte ihn hilflos und vertrieb ihn.

Der Schlüssel steckte innen, das hieß, Nadia hatte ihn abzuziehen vergessen und die Mutter war noch außer Haus. Sie warf den Schlüsselbund beim Eintreten stets in eine der großen Handtaschen, die sie benützte. Er stieß ein paar Verwünschungen und Flüche aus. Die Tür ging dadurch nicht auf, er musste Nadia bewegen ihm zu öffnen. Mitternacht war nahe, er fühlte sich zum Umfallen erschöpft. Mühsam rang er um einen flachen Atem. Während er klingelte, sank er gegen das Türblatt und schlief beinahe im Stehen ein. Im Kabinett schlug der Hund an, beruhigte sich aber schnell, Nadias Schritte näherten sich der Eingangstür. Sie reckte sich drinnen, um durch den Spion zu sehen, und er spürte, dass sie ihm ins Gesicht schaute und sein Leid prüfte, bis er die Hand über das Guckloch schob und ihren Namen rief. Sie schwieg.

„Ich bin hundemüde, hörst du!"

Während sie öffnete, rieb sie verschlafen die Augen und fragte: „Was machst du hier? Gerade habe ich geträumt, dass sie dich in Jugoslawien erschossen haben."

„Ja, schau mich an: ich bin ein Gespenst. Also verschwinde!"

Sie trat zur Seite. Der Weg in die Küche war ihm vertraut, die gewohnten Gegenstände grüßten ihn mürrisch, mit wenigen Schritten stand er vor dem Kühlschrank, der in Augenhöhe ein paar eingekühlte Flaschen Bier enthalten musste. Das Fach war leer. Er drehte sich um und sah in die Augen der Schwester, die in ihrem bunten Pyjama am Türrahmen lehnte und ihn mit dem ausdruckslos aufmerksamen Blick beobachtete, den er hasste, weil sie natürlich seine Enttäuschung durchschaute und darauf wartete, dass er Wirkung zeigte. Er wandte sich zum Kühlschrank, machte mit der Hand eine kreisende Bewegung im Fach, um sich von der Leere zu überzeugen, und fragte: „Warum ist da nichts?"

Geschmerzt sah ihn Nadia an, zog die Schultern hoch, hob die Nase und die Brauen und drückte unwissend die Augen zu. Sie wollte ihn nicht reizen.

Die Luft floss angenehm kühl aus dem offenen Gerät. Er stöhnte: „Es gibt hier nichts zu trinken", blies die Luft aus, warf die Tür zu und stand hilflos vor der Zwölfjährigen.

„Papa will es nicht", sagte sie ruhig.

Er sah sie an und prustete verächtlich, sie zuckte mit den mageren Schultern und drückte aus: Du kennst unsere Regeln nicht. Da betrachtete er seine kleine Schwester genau. Wenn sie auch oft die Unwahrheit sprach, gab es bei ihr einen Ausdruck, der wahrhaftig war, und den erkannte er nun in ihrem Gesicht. Er war zu ausgepumpt um nachzufragen und sagte unvermittelt: „In Ordnung. Ich schlafe heute hier." Er wollte an Nadia vorbei, doch sie sagte schnell: „Das Gästebett ist weg. Da steht jetzt der Hundekorb." Wieder prüfte er ihren Gesichtsausdruck. Da deutete sie mit dem Kopf auf die Eckbank hinter dem Tisch. Wenn er sich wie ein Häkchen krümmte, passte er hin.

„Mama kommt doch?"

„Sie ist bisher noch jedes Mal gekommen", sagte Nadia und ging in ihr Zimmer.

Er fand seine Erleichterung ein wenig lächerlich, während er das Fenster öffnete und das Licht ausmachte. Im Halbdunkel, das dem Zustand seines Bewusstseins entsprach, beschäftigte ihn der Plastikbezug der Bank. Er sah die roten Kirschen auf dem blauen Grund, die er so oft durch gedachte Verbindungen zu einem Muster geordnet und ins Endlose vervielfältigt hatte. Diesmal verknüpfte er sie nicht, sondern starrte umsinkend darauf. Selten war er unglücklich gewesen beim Anblick dieses Musters, dieses Möbels, der ganzen Situation. Dabei hätte er allen Grund dazu gehabt. Ein Auto fuhr unten in den Hof, hielt vor dem Stiegenhaus und das melodiöse Lachen einer Frau drang in seinen erschöpften Zustand. Obwohl er nichts vom Gesprochenen verstand, bezauberte ihn der Tonfall der Stimme, die aus der Niederung des Hofes stieg. Eine kaum verschlüsselte Botschaft war darin, die an ihn gerichtet war, er glaubte zu erwachen, während er in Wahrheit in einen tiefen Schlaf fiel, aus dem ihn erst am Morgen die Stimme der Mutter weckte.

„Guten Morgen, mein Held!" So nannte sie ihn, um ihn anzuspornen, jener Held zu werden, den sie sich wünschte, fuhr ihm dabei mit der Hand durchs fettige Haar und streichelte seinen Kopf mehr beiläufig als zärtlich, weshalb er ihn nicht so entschieden entzog, wie er das sonst tat.

„Komm heute zu mir, dann verwöhne ich dich", versprach sie. Die große Tasche hatte sie schon umgehängt, sie war zum Aufbruch fertig. Bevor sie sich abwandte, bückte sie sich zu ihm und lächelte ihn kurz und aufmerksam an.

Er meinte, sie würde ihn mit feuchten Lippen küssen, drehte seinen Kopf hin und her und sagte gefühlvoll: „Mama."

Da wurde er durch ein Lachen in die Wirklichkeit zurückgerissen. Nadia sah amüsiert zu, wie der Hund sein Gesicht schleckte.

„Hör auf, Benny!", rief er, während er seinen Kopf wegdrehte und die Hand drohend hob.

Nadia nahm ihren Liebling hoch und trat einen Schritt zurück.

„Habe ich im Schlaf geredet?", fragte er sofort.

Nadia kniff grinsend ein Auge zu, zog die Nase hoch und machte seine Stimme nach: „Mama."

„So würde ich das nie sagen."

„Hast du aber", sagte sie erheitert und verschwand mit der Schultasche in der Hand und dem Hund auf dem Arm im Flur. Sie schob Benny in ihr Zimmer und öffnete die Wohnungstür. Als es klick machte, lief ein Schauer über seine Haut und die feinen Härchen richteten sich auf.

Er musste den Kopf zurückbiegen, die Sehnen und Muskeln pressten den Kehlkopf zusammen, er glaubte zu ersticken und wollte sich aufrichten, doch die Friseuse neben ihm ließ die Hand auf seiner Stirn liegen und er atmete angestrengt, bis die Mutter herbeikam. „So, mein Liebling, jetzt geht´s ans Nasse", sagte sie in bester Laune.

Selten dachte er über sich nach, noch seltener über andere und am seltensten über seine Mutter. Wozu sollte er? Sie wirkte so heiter und ausgeglichen. Ihre fließenden Bewegungen, die natürliche Haltung, die Leichtigkeit der Schritte, die lebhaften Augen, die klare Stimme und das perlende Lachen, alles war liebenswert. Das kastanienbraune Haar färbte sie schonend, der weiche Schimmer fiel angenehm auf, ihr bedeutete er nichts. Sie lachte über Komplimente, die sie dazu bekam, denn sie hielt es für selbstverständlich, dass es so war. Ihren Umgang bremste keine ängstliche Vorsicht, ein fester Kern lenkte sie, die Kontakte unterlagen keiner berechnenden Wahl, sondern ergaben sich aus ihrer offenen Art. Sie ging neugierig auf andere zu und berührte sie gern. Was sich ergab, ergab sich, und die Überlegungen folgten dem Lauf der Dinge, des Tages, der Arbeit. Natürlich konnte es vorkommen, dass sie plötzlich bewegt war, dass sie weinte oder lachte. Wenn sie nicht in Ordnung war, versank sie in sich, bis sie wieder glänzte. Fühlte sie sich müde, verlangsamten sich ihre Bewegungen, und wenn sie erschöpft war, kroch sie auch einmal früh ins Bett. Nico schloss die Augen. Als das Wasser sein Haar wie eine ausgefranste Kappe über den Kopf stülpte, spielte ihm die Erinnerung einen kurzen Film aus dem Keller seines Bewusstseins zu. Im Bad zog sie die Kleider über den Kopf, dann stand sie in der Unterwäsche da und sagte: So, mein Kleiner. Er wusste, dass sie jetzt allein sein wollte. Dabei rief sie ihn vorher, damit er ihr bis zu dem Punkt Gesellschaft leistete. Eines Tages erwachte in ihm der Wunsch, seine Mutter ganz ohne Wäsche zu sehen, und da war die entsprechende Sequenz: Er zögerte in der Tür, bis sie ihn sanft hinausschob und sagte: Ein Geheimnis musst du mir lassen. Das sah er ein. Doch wenig später folgte die Szene, wo er ins Bad trat und sie unbekleidet dastand. Sie wandte sich nicht ab, sondern lächelte ihn an und sagte: Komm herein, lass dich nicht stören. Er schaute verlegen nach dem Toilettekästchen beim Waschbecken (da lagen die Aspirintabletten, die Packung und die Schrift darauf kannte er, bevor er lesen konnte) und drehte sich betroffen weg, so dass er seine Mutter eigentlich nicht sah. Aus einem dunklen Gefühl wünschte er, dass sie ein wenig bekleidet war. Er lachte kurz und erleichtert, als er jetzt ihre Finger an seinen Schläfen spürte. „Vertraust du noch immer auf Aspirin?", fragte er.

„Wie kommst du darauf?"

„Das lag immer im Bad."

Ja, sie schwor auf Aspirin. Vor allem bei Regelschmerzen. „Aber ich freue mich schon, wenn ich davon Ruhe habe." Was wurde aus der Mutter, wenn sie keine Regelschmerzen mehr hatte? Er schloss die Augen fest, hörte den Strahl des Wassers, spürte den Druck ihrer Hände und fühlte sich ganz sicher. Mit einem Seufzer sog er die Luft tief ein und begann zu reden. Am Kopf der zerstörten Brücke versperrte ein Trupp Bewaffneter einem dunkelhaarigen Mädchen den Weg. Ein Freischärler legte sein Gewehr auf sie an und schickte sie auf die Brücke. Die schlanke Gestalt ging zügig und aufrecht, ohne sich umzusehen, das Haar lag eng am Kopf und hing hinten zusammengebunden herunter. Alle sahen ihr nach. Sie näherte sich dem Ende der verbliebenen Fahrbahn. Einen Augenblick stand sie still. Kaspar zündete die Zigarette an. Als er das Feuerzeug zuklappte, sprang sie und verschwand in die Tiefe. Die Soldaten grölten. Nach einer Weile schnellte sie unterhalb der Brücke aus den Fluten hoch, die Soldaten lachten und feuerten sie durch Zurufe an, doch gleich versank sie wieder. Die Männer schlugen sich vergnügt auf die Oberschenkel und johlten. Er sah auf seine Hände, die sich zu Fäusten verkrampften. In der Vorstellung stieß er die Autotür auf, machte einen Satz und stürmte auf die Gruppe zu. Doch gleichzeitig umklammerte Kaspar mit eisernem Griff seinen linken Unterarm, verwand ihn so, dass er sich vor Schmerz krümmte, reichte den Soldaten das Feuerzeug aus dem Fenster zurück, grüßte beiläufig und fuhr weiter. In der Bewegung erstarrt stand seine Mutter neben ihm, verzichtete auf das Spülen und begleitete seine halb verschluckten Sätze mit Lauten der Verwunderung. Wenn er unter besonderer Anspannung stand und ihre Unterstützung brauchte, wurde er in dieser Art mitteilsam, sonst erfuhr sie selten, was ihn bewegte. Da rief sie eine Mitarbeiterin ans Telefon und das war ihr recht, denn sie fürchtete, er werde sich gleich dafür genieren, dass er so viel von seinen Gefühlen geoffenbart hatte, und sie aus Verlegenheit ärgern. Seine bloße Anwesenheit in ihrer Wohnung hatte darauf hingedeutet, dass die abenteuerliche Unternehmung fehlgeschlagen war. Zu ihrem Erstaunen hatte Ulrich Witt schon am Abend so etwas angedeutet, aber nichts weiter preisgegeben, sondern bloß im Hof, als sie aus seinem Wagen gestiegen war, scherzend gesagt: „Vielleicht erzählt er dir selbst etwas, dann lässt du es mich wissen." Rasch fuhr sie mit einem Tuch über seine Stirn und drückte ihm eine Illustrierte in die Hand, auf deren Titelseite eine Kanone neben einer Flüchtlingskolonne abgebildet war.

Obwohl Nico mechanisch zu blättern begann, sah er nichts von dem Fotobericht aus dem Bürgerkrieg, er war sowieso umgeben von einer ungreifbaren Wolke des Unheils, die voll war vom Geruch schwelender Brände und dem Dunst der Verwesung. Das alles war so aufdringlich, so unfassbar, dass er nicht wusste, in welches Verlies er es stecken sollte, ohne dass das Grauen gleich wieder hervorquoll. Vielleicht gab es keine geeignete Absperrung dafür, dann musste er seiner Empörung folgen, dagegen antreten und der offenbaren Niedertracht die Stirn bieten. In dem Fall achtete er wenig auf die Fäden und Fallen im Hintergrund, war unbesorgt, kümmerte sich nicht darum, obwohl ihm klar war, dass niemals jemand eine Summe, die ein Jahreseinkommen übertraf, für die Durchführung eines einfachen Transportes in Aussicht stellte. Etwas blieb am Ganzen geheimnisvoll, vielleicht nur, weil er so geschickt war im Ausblenden. Sein Wesen leistete bedingten Widerstand, es gab unbekannte Größen, aber er stellte die Gleichung innen gar nicht auf und deswegen lastete die Aufgabe ungelöst auf ihm. Da konnte nur eine neue, stärkere Ablenkung helfen. Er beugte sich vor, ein Rinnsal floss über die Stirn in die Augen, er wischte mit dem Tuch nervös im Gesicht, dann legte er den

Kopf wieder nach hinten und hob die Illustrierte mit beiden Händen über sich, um darin zu blättern, während seine Gefühle mit dem überwachen Gehirn rangen.

Brigitte trat von hinten an seinen Stuhl und sagte mit ihrer weichen Stimme: „Ich soll dich fertig machen." Im Spiegel sah er ihre vertrauten Arme, und als er die Zeitschrift senkte, blickte er in ihr lebhaftes Gesicht. Ihre vollen Lippen lächelten ihn an und entblößten die weißen Zähne. „Auf Wunsch der Chefin", ergänzte sie ein wenig verlegen und nahm ihm die Illustrierte ab.

Also löste die Mutter ihr Angebot nicht ein. Dabei hatte er so viel zu erledigen, musste eine Verkäuferin finden, die gekündigte Unterkunft räumen, Kaspars Lastwagen entladen und so weiter, mit einem Wort, er war in Eile, wollte der Mutter bloß eine halbe Stunde nahe sein, sie hatte allerdings nicht so viel Zeit. Enttäuscht sagte er: „Trockne mein Haar, ich will es jetzt nicht schneiden lassen."

Die Friseuse bog seinen Kopf zurück, begann zu spülen, fuhr mit ihren Händen kräftig durch seine Mähne und fragte: „Du traust mir nicht?"

Doch, er traute ihr, er wollte sie nicht beleidigen, sagte nichts und schloss die Augen, spürte es heiß über den Schädel strömen und hörte das Brausen. In der Vorstellung tauchte ein großes Gewässer auf. Der Kopf eines dunkelhaarigen Mädchens stieß durch die Oberfläche hoch, das Wasser stürzte vom Scheitel auf die Schultern, auf denen sich die Haare als glänzende Schlangen krümmten und wanden.

„Nico, für Sie!", sagte das Lehrmädchen und hielt ihm das Mobilteil des Telefons hin.

Die Stimme eines Interessenten. Eine besondere Stimme, der er sein Ohr sofort öffnen musste. Ohne weitere Prüfung durfte sie in den Gehörgang dringen und weiter über die Nervenbahn zu seinem Ich-Raum fliegen. Der Anrufer nannte keinen Namen, sondern erklärte: „Ich wollte Sie in

Ihrem Laden erreichen, aber dort meldet sich niemand. Nun habe ich von einem Freund die Nummer Ihrer Mutter bekommen und da habe ich Sie!" Ohne Umschweife fragte er: „Verkaufen Sie zeitgenössische Kunstwerke?"

„Ich bin Händler", behauptete Nico Landmann kühn.

„Ich bin Sammler", erklärte der Anrufer knapp; er wollte sich auf große menschliche Figuren spezialisieren. „Eine lebensgroße Plastik habe ich schon, aber ich möchte mehr von der Art. Ich beschreibe sie."

Nico hielt Brigittes Hand fest, die ihn gerade mit einem Kamm bearbeiten wollte. Sein Atem ging schneller, er suchte nach den Zigaretten, fand keine und deutete Brigitte, sie möge ihm eine besorgen.

„Schießen Sie los!"

„Kann ich mich auf Sie verlassen?"

„Deswegen rufen Sie doch an!"

„Ich habe da eine Figur."

„Das sagten sie bereits."

„Es interessiert Sie nicht?"

„Doch, doch." Offenbar hatte er mit einem empfindlichen Menschen zu tun. „Welche Art von Figuren suchen Sie?"

„Sie ist lebensgroß, sieht wie eine nackte Frau aus und ist aus Ton gemacht. So etwas kennen Sie?"

Nico dachte an die Fotos von den Tonfiguren, die Kaspar am Zoll gezeigt hatte, wollte aber nicht davon sprechen. Wenn der Mann wirklich eine von den verschollenen Figuren besaß, die sie in Slawonien vergeblich gesucht hatten, ließ sich vielleicht herausfinden, wohin die Plastiken verschleppt worden waren. Wenn er aber zufällig ein ähnliches Kunstwerk besaß, war es besser, wenn er, Nico Landmann, gar nicht von dem misslungenen Transport sprach, deswegen sagte er einfach: „Weiter!"

„Sie hat ein nettes Bäuchlein, das sie vorschiebt, als wäre sie ein bisschen schwanger. Die Sache ist modern, nicht übertrieben. Aus Ton. Aber wertvoll. Ich habe sehr viel dafür bezahlt. Und

ich möchte noch mehr in dieser Art, deshalb suche ich danach."
„Kann ich die Arbeit sehen?"
„Ja." Die Stimme zögerte. „Allerdings ..."
„Wenn ich genau wüsste, was Sie suchen, könnte ich mich gezielt umsehen."
„Sie müssten herkommen."
„Wo finde ich Sie?"
Der Sammler nannte eine Gasse, die Landmann gut kannte, und eine Hausnummer.
Brigitte legte Zigaretten und Zünder auf die Ablage und fragte: "Kann ich?"
"Mach Schluss!", sagte Nico barsch.

Als er die angegebene Adresse aufsuchte, stand er vor dem Eingang eines Nachtlokals, das um diese Tageszeit geschlossen war. Er drückte sein Gesicht an das getönte Glas der Tür, rüttelte am Knauf und pochte gegen den Rahmen. Vergebens. Niemand reagierte. Nach ein paar Minuten stieß er die Luft durch die Nase aus, warf den Kopf mit dem Haar zurück und wandte sich verärgert ab. Da schnappte ein Schloss hinter ihm, er fuhr herum. In der Öffnung stand der stattliche, gut gekleidete, rundköpfige Heimo Käfer, klappte mit den Fingern gegen die Handflächen und winkte ihn so zu sich ins Innere. Einen Augenblick lang zögerte Nico Landmann und erwartete ein Lächeln, das sich auf ihn heften würde, jedoch es kam keines.
„Wir kennen uns", sagte Landmann, während er Käfer folgte. „Die Puppen!"
„Ja, die Puppen. Das waren Sie. Ich habe Ihnen damals wahrscheinlich verschwiegen, dass ich selbst Sammler bin."
Woher er Landmanns Namen kannte?
Von gelegentlichen Besuchen in dem kleinen Laden vor der Stadt. Dort hatte er ihn schon gesucht, aber nicht erreicht.
Käfer war also der ungute Typ gewesen, der mehrmals nach ihm verlangt hatte.

Im Lokal war es dämmerig und still, dunkle Vorhänge ließen einen Spalt frei für einen Streifen Tageslicht, die abgestandene Luft war stickig und muffig, als würde nie gelüftet. Wie war es möglich, fragte sich Landmann, dass sich ihre Rollen so schnell verschoben hatten? Dass der ungeduldige Verkäufer einer Puppensammlung, der ihn frustriert hatte, sich als Sammler an ihn wandte? Nahm Käfer an, er könne beim Auffinden von bestimmten Kunstwerken behilflich sein? Jedenfalls sprach der Gesichtsausdruck für eine Wandlung von Käfers Haltung ihm gegenüber. Der belustigte Ausdruck um seine Augen fehlte. Aber noch wusste er nicht, welche Richtung der Sammler Käfer verfolgte. Dass er seine Sachen hier aufbewahrte, war verwunderlich, aber in den Kreisen der Sammelwütigen kam allerhand Ungewöhnliches vor. Der Mann wusste, was er wollte.

In der Nähe des Fensters blieb Käfer stehen, langte in die Innentasche seines Jacketts, zog ein Foto heraus und legte es auf einen Tisch in den einfallenden Lichtstreifen. „Sehen Sie!", sagte er und machte eine ganz leichte Verbeugung, die unangebracht wirkte.

Diese Vorführung der angekündigten Plastik überraschte Landmann. Mit einem Foto hatte er nicht gerechnet, sondern angenommen, er werde eine Figur in Lebensgröße zu Gesicht bekommen. Offenbar handelte es sich um eine Arbeit von der Art, wie er und Kaspar sie aus Jugoslawien holen sollten. Die weibliche Tonfigur auf der Aufnahme stammte wohl von derselben Hand wie die Plastiken, von denen Kaspar Abbildungen gezeigt hatte. Käfer ermunterte ihn mit einer kleinen Geste das Bild hochzunehmen und beobachtete seine Hände scharf, als er das Foto aufhob.

Ja, das musste ein Werk vom selben Künstler sein.

„Haben Sie so etwas?"

Landmann schüttelte den Kopf. Er war hin- und hergerissen, ob er von den Figuren sprechen sollte, ließ es aber. Dieser Sammler war kein Typ zum Plaudern.

„Das ist blöd", sagte Käfer hart, „ich hätte viel dafür gegeben." Für Verbindlichkeiten war er zu zielstrebig. Er zog den Vorhang, neben dem er stand, wieder auf, nahm Landmann die Aufnahme aus der Hand und steckte sie in die Innentasche des Jacketts zurück. „Benachrichtigen Sie mich, falls Ihnen so etwas unterkommt." Er ging voran und winkte Landmann lässig hinter sich her zum Ausgang. Dann hielt er ihm die Tür auf. Landmann zögerte auf der anderen Seite der Glastür, er fühlte, wie sich der schicksalhafte Bezug zu dem Mann verstärkte, obwohl die Begegnung enttäuschend verlaufen war und keiner einen Grund zu lächeln fand.

„Sie wissen jetzt, was ich will", sagte Käfer und ließ die Tür einschnappen.

Womöglich war Käfer bereits Eigentümer einer Plastik aus der Figurengruppe, die er und Kaspar aus dem Kriegsgebiet holen sollten; vielleicht waren die Figuren schon hier und wurden auf dem grauen Markt angeboten; vielleicht wollte Käfer wirklich eine weitere erwerben, ohne zu ahnen, woher sie kamen. Unter Umständen waren ganz ähnliche Sachen hier auf dem Kunstmarkt und Käfer nahm an, er hätte Zugang. Deshalb musste er das Original sehen statt des Fotos, dann konnte er davon ausgehen, dass es dieses Exemplar wirklich gab. Mit ein paar raschen Schritten kehrte er vor das Lokal zurück, doch die Tür war wieder geschlossen und niemand reagierte auf seine Rufe und sein Pochen.

In einem kleinen Brotladen in der Nähe fragte er, wer das Nachtlokal betrieb. Da erfuhr er, dass es einer Immobiliengesellschaft gehörte und seit Monaten geschlossen war. Mehr wusste man nicht. Wieder auf der Straße schob er seinen unbestimmten Ärger mit einer Verwünschung zur Seite und lachte ein wenig irre, denn plötzlich fielen ihm die nackten Toten ein (er würde sie nie mehr vergessen), die sie im Kino hinter der Leinwand statt der Figuren gefunden hatten, und gleich darauf stellte sich eine neue Verbindung zwischen den vermissten Skulpturen und der fotografischen

Aufnahme ein. Vielleicht besaß Heimo Käfer gar keine Plastik, wie Kaspar und er sie transportieren sollten, und forschte bloß nach, ob er, Landmann, eine der unauffindbaren Tonfiguren besaß oder gar alle. Dann hatte er eine List gewählt und ihn einen Weg umsonst machen lassen. Dafür hätte er ihm gern die Begegnung mit den hingemetzelten Figuren geschildert, die man ihnen bewusst und zynisch als Ersatz hingelegt hatte. Er sah sich um. Da war niemand, doch plötzlich vermutete er hinter jedem Fenster, hinter jeder Gardine einen Beobachter, der in seinem Verhalten lesen wollte.

Der Sommer stand vor der Tür und damit die Besucher, die Reisenden, die Festspielgäste. Sein kleiner Laden machte Umsätze, wenn er sich darum kümmerte, aber er war zu wenig konsequent, um daraus mehr zu machen, zu sprunghaft, zu sehr von Launen und Einfällen abhängig. Gewiefte Sammler wussten, dass bei ihm mancher Fund zu machen war. Er war ein Entdecker, dem sich Hütten und Häuser, Dachböden und Keller auftaten. Sein Wesen weckte Beschützerinstinkte, besonders Frauen reagierten positiv auf den Draufgänger, der seiner Sammelwut ausgeliefert war und ständig in Geldnöten steckte. Anfangs hatte er heftig geträumt, einen Laden in bester Lage zu betreiben, im Zentrum, in der Altstadt, wo die Hausecken Prellsteine brauchten, um nicht von den drängenden Passanten abgebrochen zu werden. Dazu hätte es einer großen Zielstrebigkeit bedurft, jedoch er war gegenüber sich selbst nachsichtig, gegenüber ablenkenden Argumenten zu durchlässig und deswegen oft launisch und unbeherrscht. Manchmal sagte er seinen Schwächen zornig den Kampf an. Eine feste Position in der Branche und der damit verbundene Einfluss, das wäre etwas gewesen.
Das alte Bauernhaus, in dem seine Bestände gespeichert waren, verfiel auf einem Hügel zwischen der Stadt und den

Seen. Wenn er Dinge darin deponierte, musste er eine Stelle suchen, wo kein Regen durch das Dach schoss und das Wasser nicht von der Decke tropfte. An den Flanken der Kuppe kletterten kleine Wälder hoch, die das Anwesen so versteckten, dass es von der Straße unten kaum zu sehen war. Das machte den Platz für ihn zu einem Ort der Absonderung und Entlastung. Die Zufahrt lief durch eine moorige Wiese und bog vor einem unfertigen Neubau schräg den Hang hinauf. Der Altbauer, der in dem unfertigen Haus seines Sohnes wohnte, erlaubte Landmann gegen einen geringen Jahresbetrag die Nutzung des aufgegebenen Objekts. Da er noch der Besitzer war, freute er sich über den jungen Sammler, der die Gelegenheit schätzte, und achtete darauf, dass niemand „oben beim Haus" herumstreunte. In letzter Zeit tauchten Personen auf, die sich massiv für das Gebäude interessierten; sie wollten unbedingt den Zustand der Räume kennen lernen, doch das lehnte der Bauer ab, denn er hatte Landmann versprochen, dass er niemand hineinließ.

Die früh angelegte Begeisterung für die schöne Jahreszeit strömte aus dem Seelenspeicher hoch und erfreute Nico. Die Blumengärten standen schon in voller Blüte und starker Heugeruch lag in der Luft. Nur die Meldungen vom Bürgerkrieg in Jugoslawien, die aus dem Autoradio quollen, verstörten ihn. Da war das verlorene Mädchen, das in seiner Einbildung immer wieder mit Claudia verschmolz. Jedes Mal, wenn sie in seiner Vorstellung von der Brücke sprang und wieder aus dem Wasser auftauchte, verstärkte sich in ihm eine Haltung, die er nur unwillig annahm. Vielleicht treffe ich sie am See, dachte er unbestimmt und entschied, ohne bei sich auf Vorbehalte zu stoßen, dass es besser war, dorthin zu fahren statt zu seinem Depot im Schuppen.

Die Promenade wimmelte von Menschen. Der Bootshafen war voll belegt, die frisch gestrichenen Schiffe sahen übermütig aus, sie stießen und rempelten sich. In der Nähe des

Ufers schaukelten Vögel auf der schwingenden Oberfläche und auf dem Grund rollten zwischen grauen Steinbrocken leere Büchsen und Flaschen. Nico warf das Haar zurück und betrat zielstrebig den Steg. Er öffnete den Seelenkeller mit einem Ruck, um die Qualität des gespeicherten Erlebnisses zu prüfen. Die Erinnerung ergriff ihn sofort, besetzte das Boot mit dem Fotografen, dem Hund, dem Gehilfen, den beiden Frauen, trieb ihn vorwärts, zeigte die Puppen: er wollte die Puppen, er forderte die Puppen, doch ehe er sich zu Claudia umdrehte, kam das andere Mädchen aus seinem Speicher hervor und bewegte sich auf der gesprengten Brücke fort, von den bewaffneten Soldaten weg, weiter und weiter auf das Ende zu und die Krieger lachten in Landmanns Rücken. Er drehte sich um und da standen wirklich junge Militärdiener am Ufer und amüsierten sich. Nicht über ihn, nicht über das Mädchen, nicht über Claudia, sondern so. Da fühlte er sich unwohl und verließ den Bootssteg.

Auch Martin Romer war an den See gefahren, hatte nach der Segeljacht gesehen, war eben heimgekehrt, hatte sich im Bad erfrischt und umgekleidet und ging nun auf seine Lebensgefährtin zu, die auf der Terrasse lag und sich sonnte. Er küsste sie flüchtig auf die Stirn. Dann strich er der schwarzweißen Dogge, die ihn anstieß, über den Kopf, zog einen Stuhl zu dem kleinen weißen Gartentisch neben der Liege und drehte das Etikett der Mineralwasserflasche zu sich herum. Er griff nach dem leeren Glas, das am Tisch stand, und schenkte sich ein. Nach einem Schluck setzte er ab und verzog den Mund.
Die Frau lachte ihn an. „Es war bloß Wasser."
Er schmeckte etwas Scharfes und zog die Brauen hoch. Mit einem zweiten Schluck leerte er das Glas, setzte es ab und sagte, ohne sie anzusehen: „Wenn das Wasser war."
„Ich bitte dich, es war Wasser!"

„Schon gut, Eva", überspielte er seinen Ärger.

„Ich wäre gern zum See mitgefahren", sagte sie ein wenig trotzig, „aber seit die Werbeaufnahmen laufen, magst du mich nicht mehr dabei haben. So sammle ich hier ein bisschen Farbe für den Sommer."

„Und probierst meine Drinks durch."

„Das stimmt nicht", scherzte sie mit einem drohenden Unterton, „die Drinks verführen mich. Sie belästigen mich. Mein Leben ist so leicht, seit ich dich gefunden habe. Aber es kränkt mich, wenn du mich vernachlässigst. Deswegen ist dir auch deine Frau durchgegangen."

„Sie ist verunglückt", korrigierte Romer verärgert und schenkte sich noch einmal Wasser ein. Diese überflüssige Ungenauigkeit präsentierte ihm seine Lebensgefährtin immer häufiger. Das missfiel ihm. Er verabscheute nichts mehr als Frauen, die ständig die Menge der aufgebrachten und verweigerten Gefühle nach eigener Logik bilanzierten und daraus Schlüsse zogen. Von dieser Sorte glaubte er an seiner verunglückten Frau ein schreckliches Beispiel erlebt zu haben, und er hatte davon ein für alle Male genug. Er presste die Lippen aufeinander, zog den Mund etwas zusammen, saugte ihn nach innen und behielt entschlossen für sich, was heraus wollte. Eva sah ihn zutraulich an, nahm das Glas aus seiner Hand und streckte sich auf der schräg gestellten Liege. In ihre Bewegung floss etwas Aufreizendes ein, ohne dass es beabsichtigt schien. Martin Romer hatte den Eindruck, aus seinem Ärger würden in seinem Kopf von selbst lüsterne Bilder. Ihre Art verwirrte ihn zuverlässig. Er war mit dieser Frau verbunden, aber das Tau, das sie zusammenhielt, war aus verschiedenen Strängen geknüpft. Einmal glaubte er sie über einem Abgrund zu sichern, im nächsten Moment fühlte er sich an sie gefesselt. Eva drehte ihren Körper ein wenig herum und lieferte eine einfache Antwort auf seine Gefühle. Je vertrauter sie wurden, um so genauer versandte sie ihre Botschaften. Sie berührte mit der

Hand den Rücken der Dogge, die mit erhobenem Kopf nach der Einfahrt sah. Der drahtige Rüde gehörte ihr, sie hatte ihn bekommen, als sie in dieses Haus gezogen war, damit er sie beschützte.

Vor dem offenen Gartentor brachte Landmann den Lieferwagen zum Stehen. Er orientierte sich, bevor er ausstieg. Auf der Terrasse saß ein Mann neben einer Frau, die ein Sonnenbad nahm. Sein Blick erfasste auch eine Dogge, die aufmerksam in seine Richtung sah. Da er aggressive Hunde mochte, verließ er ohne Zögern das Fahrerhaus, warf mit einer Kopfbewegung das Haar zurück, durchschritt das Tor und ging zügig über den Kiesweg, den Blick auf die Terrasse gerichtet. Der Hund sprang in großen Sätzen auf ihn zu, stemmte die Vorderbeine in den Kies und bellte. Doch er ging weiter und ignorierte den aufgebrachten Wächter, der ihn durch angedeutete Angriffe stoppen wollte. Während sich die Frau auf der Sonnenliege aufrichtete, fasste er nach der Fessel seines linken Fußes. „Dino!", rief sie in einem zwischen Verbot und Aufforderung schwebenden Ton. Die Dogge gehorchte, lief auf die Terrasse zurück und seine Herrin packte mit festem Griff das Halsband.
„Was wollen Sie?", rief Romer.
„Eine Frage", antwortete Nico und stieg die kleine Treppe zur Terrasse hoch, als wäre nichts geschehen. Er war überrascht vom Anblick Evas, sog in seiner zwanghaften Art die Luft ein und starrte sie an. „Entschuldigung", stammelte er und lachte einen Augenblick.
„Kommen Sie vom Club?", fragte Romer.
Nico grinste. Er kam nicht vom Club.
„Sind Sie der neue Anlageberater?"
Auch das nicht.
„Was wollen Sie?"
Landmann errötete, als er „Wo ist Claudia?" in die Luft sagte. Zwischen Romer und der Frau hin- und herblickend,

merkte er, dass die Frage beide beunruhigte. „Ist sie hier?"
Die Frau auf der Liege sah ihn mit großen blauen Augen an.
Die Miene Romers verdunkelte sich. Dann starrten beide auf
das attackierte Bein, um zu erkennen, was der Hund ange-
richtet hatte.

„Ist sie hier?", wiederholte Nico.

„Nein, sie ist nicht hier und wir wissen auch nicht, wo sie ist",
erklärte Romer, „aber sehen Sie doch!"

Landmann warf einen verächtlich amüsierten Blick auf seine
zerfetzte Hose und fragte: „Wo ist Claudia? Ich muss
dringend ihre Puppen sehen."

Romer schaute ihn verblüfft an. „Dafür ist meine Tochter zu
groß", meinte er, schien aber selbst nicht ganz überzeugt.

„Ich darf sie anschauen, auch wenn sie nicht daheim ist",
sagte Landmann. Er spürte, dass der Hundehalter durch den
Vorfall in einem Zustand der Verunsicherung war, den er
nützen musste. „Es geht um alte Puppen, ich bin Antiquitätenhändler."

„Da liegen Sie völlig falsch", erklärte Romer, „sie hat zwar
einen Tick mit ihrem Kinderkram, aber das ist lauter Ramsch,
der niemand interessiert." Soweit kannte er seine Tochter und
den Wert ihres Sammelsuriums, aber er wollte den Händler
jetzt nicht vergrämen und wandte sich an seine Freundin mit
der Frage, ob sie etwas von besonderen Puppen wisse.

„Sie hat neuerdings eine kaffeebraune Puppe mit Baströckchen im Zimmer."

„Die wird es nicht sein?"

„Wäre gut möglich", meinte Nico.

„Sind Sie hinter dem Stück her?"

„Für mich geht es um eine Herzensangelegenheit."

Beim Wort Herzensangelegenheit zog Eva den Hund am
Halsband ruckartig zu sich, worauf er kräftig zu bellen anfing.

„Kommen Sie!" Romer ergriff Landmann entschlossen am
Arm und zog ihn ins Haus. In der Diele, die durch ein
Fenster neben dem Eingang Licht erhielt, stand stark reno-

viertes Bauernmobiliar und ein großer Orientteppich lag da, um den der Hausherr den Verletzten herumführte. „Hier ist das Bad." Romer zog die Lade eines kleinen Wandschranks auf. „Unsere Erste-Hilfe-Apotheke. Bedienen Sie sich."
Als sich Nico Landmann zu seinem Bein beugte (sein Blick streifte eine Packung Aspirin), hörte er das Herz im Brustkorb pochen. Nicht die Verletzung erregte ihn, sondern die gewisse Nähe zu dem, was er suchte. Die Farbe des Blutes erinnerte an die dreieckige Stichwunde, die ihm der flinke Kellner verpasst hatte. Von der aufmerksamen Behandlung durch Brigitte glitt er zur rosa Zunge, mit der ihm Nadias Benny über das Gesicht gefahren war, und dann tauchte vor dem inneren Auge ein Dorf in Slawonien auf, wo gerade gesprengt wurde. Da war der kleine Hund, der aus dem Schutt und Staub eines Hauses lief und an dem Jungen, der ihm mit ausgebreiteten Armen entgegenlief, hochsprang und – –
An seiner Wade stand in durchsichtigen Tropfen gelbliche Lymphflüssigkeit, die ihn an die vielen Schürfwunden seiner Kindheit erinnerte. Ohne sich um eine Desinfektion zu kümmern, wickelte er eine Fasche um die Fessel, riss sie durch, verknotete sie, zog das zerfetzte Hosenbein darüber und trat in die Diele, wo Romer gerade den Hörer auflegte. „Wir sind versichert", erklärte er, während er Nico am Oberarm anfasste und zur breiten Treppe aus rötlichem Lärchenholz führte. Als sie oben die Diele erreichten, steuerte er auf eine Tür zu, drückte sie auf, hielt einen Augenblick inne und trat dann zögernd ins lichtdurchflutete Zimmer.
Vor einem kleinen Schreibtisch am Fenster saß eine junge Frau von dreißig Jahren auf einem Kinderstuhl, sie war damit ein Stück ins Zimmer gerückt und las in losen Blättern, die sie vor sich hielt, während ihr rechtes Bein ausgestreckt auf der aufgezogenen Lade einer kleinen Kommode lag, aus der Papier quoll, das andere Bein verschwand gestreckt unter dem niedrigen Tisch, der kurze Rock war etwas hoch-

gerutscht. Sie behielt diese Haltung bei und blickte hoch. Nico erschrak über die Augen, den Schnitt des Gesichtes, das Haar.

„Magda, was machst du hier?", fragte Romer.

„Ich lese." Die Stimme klang ähnlich, jedoch härter, der Kopf wirkte etwas massig, betont durch den strengen Pagenschnitt, und die Oberlippe war schmal.

„Du solltest dich um die Firma kümmern."

Magda schaute den Vater an, wandte sich ab, sah aus dem Fenster auf die Terrasse und klopfte mit den Fingern der Linken auf ihren Oberschenkel. „Ich kümmere mich um die Firma, soweit du mich lässt."

„Ich werfe dir nichts vor, aber was machst du hier?"

Sie trat mit dem Fuß die Lade in die Kommode zurück, dass sich die Papiere darin schoppten, und sagte gepresst: „Ich kann jetzt nicht davon reden."

„Doch, du kannst. Du kannst alles sagen."

Magda warf einen langen Blick auf den unbekannten Besucher und gab dann mit gedämpfter Stimme eine aggressive Stellungnahme ab: „Claudia hat Kontakte, die mir missfallen. Gerade habe ich merkwürdige Angebote entdeckt, die sich nicht an mich richten, aber du kommst darin vor, Papa."

„Angebote?"

„Wegen deines Bootes. Von einem Club monetär."

„Kenne ich sehr gut und gehöre schon dazu. Das ist kein Grund, in den Sachen deiner Schwester zu stöbern."

„Sie ist verrückt, Papa! Sie glaubt, dass wir uns gegen sie verschworen haben und sucht Verbündete."

Offenbar nervte Magda ihren Vater schon längere Zeit mit der Idee eines Komplotts. Er wandte sich an Landmann, dessen konzentrierter Blick auf die Puppen und Püppchen gerichtet war, und bedeutete ihm mit einer Geste, er möge sich umsehen, damit er von dem Gespräch abgelenkt wäre. Doch der hörte ohnehin kaum auf das, was die beiden sich halblaut an den Kopf warfen, sondern sog die Stimmung im Raum auf, bloß der Begriff Club monetär ließ ihn einen Moment aufhorchen. Club monetär, damit hing etwas in der jüngsten Vergangenheit zusammen. Hier jedoch war die Uhr vor Jahren stehen geblieben. Die Umgebung entsprach einem Mädchen von zwölf, dreizehn Jahren. An der ausgebleichten Tapetenwand hing ein Rahmen mit leicht vergilbten Aufnahmen. Darüber stand in Kursivschrift Claudia. Claudia als Kleinkind, Claudia im Trachtenkleid, Claudia in Lederhosen, im Trainingsanzug, in Schihosen; die Volksschülerin in der Mitte sah gedrückt aus; der alte Herr hinter ihr hatte seine Hände auf ihren kleinen Schultern liegen, und sie hielt der Kamera ein Zeugnis hin. Nico kannte viele Stufen der Ordnungswut und alle Grade der Schlamperei, er kannte Wohnungen, die jahrelang in einem Dornröschenschlaf dämmerten, aber ein mumifiziertes Kinderzimmer wie das hier war ihm noch nie untergekommen. Obwohl seine Begeisterung für alte Sachen seit der missglückten Fahrt nach Slawonien schwieg und seine Sammelleidenschaft (von der Suche nach den Puppen abgesehen) verdampft war, ruhte sein Blick auf den nutzlosen Figuren, die in einem Regal saßen, und obwohl er sie nur beiläufig taxierte, stand fest, dass sie für den Handel nichts bedeuteten. Allerdings hätte er persönlich für jedes der kleinen Dinge viel gegeben, um es als Fetisch zu besitzen. Sogar dieses kleine Foto da von einer Dame, die er nicht kannte.

„Das ist meine verunglückte Frau."

Das Bildchen lag zwischen vergilbten Zeitschriften, Heften, Tierbüchern und Spielen auf einem niedrigen Tisch. Ein starker Impuls ließ Landmann den angemessenen Abstand vergessen, er griff spontan danach und erkannte die Ähnlichkeit der etwa vierzigjährigen Frau mit ihren Töchtern Claudia und Magda. Statt nach den Umständen des Unglücks zu fragen oder Anteilnahme zu zeigen, legte er das Foto mit einem Nicken zurück. Auf einem Notenständer verblasste eine Etüde für Flöte in der Sonne und das Instrument lag zerlegt im Regal. Die Herbstblumen in einer Vase vom Anfang der achtziger Jahre waren trocken und grau.

„Seit dem Tod ihrer Mutter kämpft Claudia mit enormer Energie dagegen, dass in dem Raum etwas verändert wird. Ein problematischer Eigensinn, den wir seit Jahren dulden", sagte Romer und blickte nach seiner Tochter Magda. Sie sah ihm fest in die Augen, entschlossen zu hören, was er preisgab. Und er gab einiges preis, als wollte er einen Sachverhalt, der einer Erklärung bedurfte, durch Wiederholung auf eine bestimmte Deutung festlegen. Die übrigen Zimmer waren inzwischen alle erneuert worden. Der Gedanke an eine altersgemäße Nutzung und die entsprechende Umgestaltung weckte bei Claudia die Angst, etwas ganz Wichtiges zu verlieren. Das Kinderzimmer mit Möbeln, die nicht zu ihrem Alter passten, die Posters mit Sonnenuntergängen, Pferden, Vogelzügen und Märchenfiguren, alles wirkte von der Zeit ausgezehrt. Das Fenster gab zwischen alten Bäumen den Blick auf einen nahen alpinen Gipfel frei, aber meist schaute Claudia, wie ihr Vater meinte, nach innen. „Sie wollten bestimmte Puppen sehen."

„O ja", bestätigte Nico Landmann, „eine ist da", er zeigte dabei auf die kaffeebraune Puppe mit Baströckchen, „aber die Übrigen sind nicht zu Hause. Macht nichts." Er lachte kurz und wandte sich Magda zu, denn er wollte in ihrem Gesicht noch einmal das sehen, was mit dem eingebrannten Bild von Claudia zusammenhing, und sagte in unbestimmtem Ton, einer verletzenden Erwiderung gewärtig: „Entschuldigen Sie die Störung!"

Doch Magda schickte ihm nur einen kalten Blick zu und wandte den Kopf entschieden zum Fenster. Er machte ein paar Schritte zur Tür und drehte sich mit einer jähen Bewegung noch einmal um. Da sah er Magdas Augen, die auf seinen Rücken geheftet waren. Sie ärgerte sich sofort und ihre Lider verengten sich. Er lächelte ein wenig, blies die Luft durch die Nase aus, warf den Kopf zurück und folgte Romer. Für einen Augenblick fühlte er sich entspannt.

Auf der Stiege ergriff Romer seinen Ellbogen. „Claudia ist die meiste Zeit als Reiseleiterin unterwegs", erklärte er. „Das ist ihr Beruf."

Davon hatte sie nichts angedeutet, als sie zusammen den Berg hochgegangen waren. Der Zustand ihres Zimmers ließ sich mit diesem Beruf vereinbaren, und dass sie so viel unterwegs war, erlaubte den Schluss, dass sie dieser beklemmenden Umgebung, der sie verhaftet war, zumindest zeitweise entweichen wollte. „Wenn sie kommt, geben Sie ihr bitte diese Nachricht!" Er schrieb „Nico Landmann, Antiquitäten" und unter „Kontakt" die Anschrift der Tischlerei Tenner auf ein Blatt seines Taschenkalenders, riss es heraus und übergab es Romer. „Ich muss sie sehen. Sehen und sprechen. Sagen Sie ihr das?"

„Wird gemacht", versicherte Romer, bevor sie aus dem Haus traten.

Die Dogge gähnte gestresst, während Landmann das Grundstück verließ.

Mit der Bemerkung „Ein Antiquitätennarr!" warf Romer den Zettel vor seine Lebensgefährtin auf den Gartentisch. „Er möchte Claudia sprechen."

„Also wieder einer von den Verrückten, die in letzter Zeit bei uns auftauchen. Keiner weiß, was sie wirklich wollen."

„Aber ich werde Claudia nichts davon sagen. Irgendwo muss die Kette unterbrochen werden."

„Welche Kette?"

„Ich weiß nicht. Ich habe das Gefühl: Ein Glied fügt sich ans nächste, weiter und weiter."

„Da hast du Recht, mein Lieber", seufzte Eva mit einem flüchtigen Blick auf die Notiz. Als ihr Freund gleich darauf ins Haus zurückging, schob sie den Zettel in den Fernost-Reiseführer, der auf dem Boden lag.

Die Schlaflosigkeit schabte an Landmanns Hirnrinde. Sein Körper wälzte sich auf dem durchgesessenen Sofa im Zimmer eines Bekannten von einer Seite auf die andere. Gegen Ende der Nacht beugte er sich in einem nervösen Traum über ein Waschbecken aus weißer Keramik, graues Abwasser aus einer Waschmaschine floss hinein. Dann badete er in einer verzinkten Blechwanne, in der algengrünes Wasser stand. Die eiskalte Pfütze war so seicht, dass der Körper nur teilweise nass wurde. Als er unter einer laufenden Dusche den nassen Kopf schüttelte und die Tropfen als glitzernde Perlen herumflogen, erwachte er und verspürte plötzlich im ersten Tageslicht Lust, seine Sache neu in die Hand zu nehmen. Ein Schub von Zuversicht trieb ihn auf die Straße, die bereits mit dem Gold der Frühe ausgelegt war. Der Morgen ließ die Festung im Gegenlicht aufblitzen, als wäre sie ein großer vogelgestaltiger Beschützer, der die Schritte der Schlaftrunkenen die Traumtreppen herunter behütete. Müde Lebensgeister trödelten in dunklen Winkeln, wo sich Reste der Nacht hielten. Die Geschäfte waren noch zu wie versiegelte Honigwaben, doch die Hormone der Nebennieren tröpfelten bereits ins Blut der Berufstätigen.

Er atmete flach, warf den Kopf nervös in den Nacken und passierte mit kurzen Schritten den Tunnel. Drüben traf ihn die Sonnenstrahlung und bestärkte die Entschlossenheit, mit der er zur Tischlerei Tenner strebte. Erst lief er eine stark befahrene Straße entlang, bog dann in einen Weg, der von vielen Radfahrern benützt wurde, durchquerte ein kleines Gehölz und gelangte zuletzt vor die Einfahrt des geschlossenen Betriebs, gar nicht weit von Kaspars Unterkunft im Falkenturm am Fuß des Stadtbergs. Von dem Namen auf dem Schild, das der Meister vor Jahrzehnten selbst gemalt hatte, waren nur mehr Reste übrig. Wenn man Ernst Tenner nicht mehr lesen kann, höre ich auf, hatte der Schreiner immer angekündigt. Nun war die Schrift verschwunden, die

Mitarbeiter waren freigestellt, der Meister war zum Ruhestand entschlossen und dachte die Liegenschaft zu veräußern, sobald er das richtige Angebot bekam. Als Landmann den Hof betrat, öffnete er gerade das Fenster seines früheren Büros.

„Das trifft sich gut", sagte Nico und warf die Haare in den Nacken, „ich bring' dir was."

„Ich rühre nichts mehr an, aber komm herein!"

Nico durchquerte die sauber gefegte Werkstatt und stieg die kleine Treppe zum Büro hoch.

„Ist es etwas Schönes?", fragte Tenner.

Nico biss auf seine Unterlippe. „War es einmal."

Der Tischler sah ihn einen Augenblick an.

„Ich war in Jugoslawien", begann Nico.

„Ich war selbst Soldat und habe gesehen, wovon du redest", sagte Tenner am Ende seiner Erzählung. „Fahr sie herein, ich seh' mir die Invaliden an."

Für den Schreiner gab es in Landmanns Seelengebäude einen durchsonnten Raum, der erfreuliche Erinnerungen enthielt: Nach der Handelsakademie kontaktierte er den Mann, sah sich im Betrieb um (damals hatte er zur Verwunderung der Mutter schon lädierte Sammlerstücke im Kellerabteil der Wohnung verstaut), kam wieder, fragte, ob er etwas probieren dürfe, und fing Feuer an dem Handwerk. Er zeigte einen Eifer, der an Sucht grenzte, am liebsten machte er ein Werkstück in einem Zug fertig, und eines Tages fragte ihn der Meister: Willst du bei mir das Tischlern lernen? Und Landmann sagte darauf: Ja, das wird mich ablenken. Er meinte: ablenken von seinen inneren Spannungen. Seine Halbschwester Nadia, die gerade zu plappern und zu herrschen begann, lag ihm zusätzlich auf den Nerven. Die ihn kannten, meinten, eine Lehre werde er nicht durchhalten, sondern sich schnell mit seinem Lehrherrn und den Mitarbeitern überwerfen. Doch er durchlief die Ausbildung ohne Probleme und war stolz darauf.

Jetzt lenkte er Kaspars alten Lastwagen in den Hof, stieg aus, zog die Plane fort und betrachtete mit dem Meister die Trümmer, in denen es knisterte. Der Schreiner besah den Haufen zerfetzter Möbel auf der Ladefläche.

„Nun?", fragte Landmann. Die Falltür zu seinem inneren Speicher ging einen Spalt auf und da standen in der Vorstellung die unversehrten Objekte mit dem Zauber, der ihn auf der Stelle für sie eingenommen hatte. Jedoch der Schreiner kratzte sich an der Schläfe und hob ratlos die Schultern.

Nach kurzer Starre sprang Landmann auf die Ladefläche. Seine Gefühle befanden sich im freien Fall. Er fasste die Bruchstücke nacheinander und warf sie in den Container für Holzabfälle. Die Trümmer landeten krachend auf dem Boden. Doch plötzlich trat Tenner mit erhobener Hand herzu und bedeutete Landmann, er möge einhalten. Als sich Tenner bückte, um in die Tiefe zu langen, hörte Nico ein Knacksen, es knisterte fein, und der Tischler richtete sich wieder auf. Er hielt ein Stück vom Relief hoch, das Eva zeigte sowie den Baum und die Schlange, die der Frau eine rote Frucht anbot. Reste der lebhaften Bemalung waren erkennbar. Die unversehrte Truhe schwebte in allen Details wie eingebrannt vor Landmanns innerem Auge – Kain schwang die Keule, der Engel stand mit dem Flammenschwert am Tor des Paradieses –, aber in der Realität lag das Objekt zersplittert und zerfasert im Abfallbehälter. Er trat neben Tenner, der die Schnitzarbeit betrachtete und wortlos sein Urteil korrigierte, und beugte sich über die Dinge in der Tiefe des Containers. Dann kletterte er hinein und holte jedes Bruchstück heraus, auch das kleinste, das er ausmachte.

Lächelnd nahm Claudia das Gepäck aus der Hand des Fahrers entgegen. Das Lächeln erstarb, als sie die Einfahrt passierte, und als sie den Schlüssel ins Schloss steckte, wirkte sie bedrückt. Schnell ging sie mit den Koffern durch die Diele auf die Treppe zu. Die Dogge döste auf dem Teppich und sah ihr schläfrig nach. In einem roten Bademantel kam Vaters Freundin Eva die Stiege herunter. Claudia blieb stehen und drückte sich mit dem Gepäck zur Seite. Sie nickte nur, als Eva betont freundlich grüßte. Im ersten Stock stieß sie die angelehnte Tür zum Bad auf und warf einen Blick hinein. Es ärgerte sie, dass die Lebensgefährtin des Vaters das Bad benützte, das seit je ihr und ihren beiden Schwestern (auch wenn Nelly nicht mehr hier wohnte) vorbehalten war. Konnte sie nicht das Bad im Erdgeschoss benützen, das neben dem Schlafzimmer lag? Sie verabscheute den Bademantel der Frau, ihre bunten Pantoffeln, überhaupt alles Aufdringliche an ihr, dem sie sich ausgeliefert fühlte. Im eigenen Zimmer, das seit Kindheit ihres war, schien sie allerdings selbst für Belange des Geschmacks unempfindlich; sie veränderte nie etwas und befand sich darin, als wäre sie ohne eigenes Leben. Der Raum umschloss sie wie Bernstein ein Insekt und sie wirkte, als wäre sie fühllos, antriebslos und unerreichbar in der Umgebung eines jungen Mädchens, das abwesend war, in einem Internat vielleicht oder sonst wo in der Ferne. Alles war an dem Tag erstarrt, als sie erfahren hatte, dass die Mutter von einem abendlichen Spaziergang im Herbstnebel nie mehr zurückkehren würde.

Seit den Aufnahmen am See hockte neuerdings die kaffeebraune Puppe wie ein Haufen Gummi zwischen den Stoff- und Plüschgeschöpfen, das gelackte Weiß der Augen schimmerte und der glühend rote Mund leuchtete. Claudia streifte sie mit einem Blick, dann ließ sie ihren Koffer aufschnappen, entnahm ihm eine kleine mexikanische Tonpuppe und stellte sie auf den Tisch. Die gnomische Figur, auf deren Kopf ein großes Gewicht lastete, würde sie Nelly schenken. Jedes Mal dachte sie unterwegs daran, die Nippessammlung ihrer Schwester durch ein Mitbringsel zu erweitern. Nelly, um sechs Jahre älter, hatte Spaß an Krimskrams und Claudia bediente diese Laune gern. Wenn sie unterwegs war, bescherte die Suche danach eine kleine Ablenkung von der Nervenarbeit, die das Betreuen von reisenden Gruppen darstellte. Und daheim verschaffte die Übergabe der Mitbringsel ihr und Nelly einige vertrauliche Augenblicke. Erschöpft ließ sie sich in einen Rohrstuhl fallen, zog die Beine an, umschlang die Knie, saß wie eine Zwölfjährige da und stierte vor sich hin. Da ging langsam die Tür auf. Magda kam herein. Ein seltener Fall. Die beiden suchten sich nicht und sprachen kaum miteinander. Bloß in Gegenwart des Vaters gab sich Magda wohlwollend und fürsorglich gegenüber den Schwestern, um zu zeigen, dass sie der Rolle der Ältesten nachkam. „Kennst du jemand, der von unserer Dogge gebissen worden ist?", fragte sie verbindlich.

Eine seltsame Frage. Nein, Claudia kannte niemand. Wie auch, wo sie eben eingetroffen war? Sie hatte eine Gruppe von Senioren durch die USA begleitet.

„Er war ganz versessen darauf, deine Puppen zu sehen. Anscheinend sind sie wertvoll."

Unruhe erwachte in Claudia, eine Vermutung sprang in ihr auf. „Von meinen Puppen weiß niemand."

„Er schon. Der aufdringliche Typ war hier in deinem Zimmer. Ein Langhaariger. Sah ziemlich verwildert aus."

Dass sich Magda anstrengte, ihn negativ zu zeichnen, tauchte ihn für Claudia in ein günstigeres Licht. Ihre Entrüstung wirkte keineswegs echt. Vielleicht wollte sie ihn bloß fern halten. Wäre sie wirklich entsetzt gewesen, sie hätte es eher verborgen und gegen die Schwester verwendet.

„Papa hat den Fremden heraufgeführt, nachdem ihn die Dogge gebissen hatte."

Claudia suchte schweigend einen Zusammenhang.

„Nicht auf das Zimmer war er scharf, sondern auf deine Puppenkollektion."

Magda beobachtete die kleine Schwester und stellte einmal mehr fest, dass es schwer war, von ihr etwas zu erfahren. Auch aus ihrem Verhalten war sehr wenig abzulesen. Entweder war sie wirklich so leer oder sie besaß die Fähigkeit, den Ausdruckswert ihrer Haltung, ihrer Gestik, ihrer Mimik auf Null zu senken. Wenn sie so durchtrieben war, wusste sie mit ihrem Raffinement umzugehen. „Er scheint dich sehr gut zu kennen." Claudia verneinte mit einem schwachen Kopfschütteln.

„Papa hat ihm sogar das Foto deiner Mutter gezeigt." Natürlich wusste Magda, dass es auch ihre Mutter war. „Papa schien ganz erpicht darauf, ihm unser Familiengeheimnis zu verraten", setzte sie nach.

Claudia löste sich aus ihrer Hockerstellung und wurde plötzlich quirlig. Mit solchen Stimmungswechseln verstörte sie ihre Umgebung immer wieder. Wenn jemand aus der Familie sie in die Enge treiben und aushorchen wollte, entzog sie sich unvermittelt durch oberflächliches Verhalten. Sie ging gelöst zum Tisch, hob das Bild hoch und sah es an. „Na ja", sagte sie und legte es wieder zurück, „deswegen wird ihn der Hund gebissen haben."

„Dino hat ihn vorher gebissen."

„Er hat ihn vorher gebissen, damit ihn der Aufenthalt in meinem Zimmer versöhnen konnte. Was stört dich daran, wenn ihn die Mutter ins Haus geschickt hat?" ⁓

Auf so eine Idee ließ sich Magda nicht ein. Sie stand mit beiden Beinen im Leben und konnte den Einfall nur lächerlich finden. Sie wusste, dass Claudia derlei Vorstellungen hegte, halb spielerisch, halb ernst, aber es verdross sie, dass die Schwester sich jetzt wieder hinsetzte und schon während des Setzens unerreichbar in sich versank. Dieses plötzliche „Wegtauchen der Sensiblen", wie der Vater das nannte, war für Magda einfach empörend. Zornig zischte sie in die Stille: „Du willst uns hoffentlich nicht schaden." Ohne auf Antwort zu warten, verließ sie den Raum und warf im Weggehen die Tür hinter sich zu.

Mit der verrückten Aktion am See hatte sich Nico Landmann tief eingeprägt. Er hatte gezeigt, dass er stark auf Claudia ansprach. Auch wenn sie sein Verhalten verabscheute, blieb sie davon nachhaltig beeindruckt. Vielleicht hatte die Mutter auch da ihre Hand im Spiel gehabt. Sollte sie nach ihm suchen? Sie lehnte den Gedanken ab. So einer konnte sie nicht verstehen. „Ich hasse Gewalt", sagte sie leise und warf sich mit dem Gesicht aufs Bett, zog die Decke über den Kopf und machte die Augen zu. Lange meinte sie in hellem Sonnenlicht mitten im See zu treiben und wie eine Boje zu schaukeln, bis es klopfte. Als sie die Decke zurückschob und nach der Tür blinzelte, glaubte sie böse zu träumen: Eva trat ein. „Ich muss dir das geben", flüsterte sie und winkte mit einem Stück Papier, „ich hab es versprochen. Ein Altwarenhändler hat das für dich abgegeben, ein netter, etwas durchgedrehter Mann. Dein Vater wollte, dass ich den Zettel wegwerfe." Sie lächelte verschwörerisch. „Ich dachte, warum denn, vielleicht interessiert es dich." Sie stand neben dem Tischchen, auf dem das Foto der Mutter lag. „Wohin soll ich es legen?"
Nicht neben das Bild der Mutter, dachte Claudia und streckte im Liegen die Hand aus. Offenbar wollte Eva gute Stimmung für sich machen. Ihre glatte Vitalität streifte sie wie ein kühler Luftzug, als sie zu ihr trat und das Papier in ihre Hand drückte. „Jetzt störe ich nicht weiter", sagte sie und drehte sich um.
Claudia betrachtete den weiblichen Hintern, der in einer knapp sitzenden hellen Hose steckte, und die kräftigen langen Schenkel der zudringlichen Frau, die tat, als würde sie aus lauter Rücksichtnahme auf Zehenspitzen den Raum verlassen. Nach einem Blick auf den Notizzettel (da stand Nico Landmann und eine Adresse) ließ Claudia die Hand auf die Bettdecke sinken. Gleich darauf stand sie auf einer kahlen Hochfläche und stellte ohne besondere Gefühlsregung fest, dass im Kreis um sie lebensgroße Hunde aus

Porzellan saßen; weiße, schwarze, braune, graue und scheckige Hunde, lauter große Rassen, hockten da auf dem Hinterteil, die Vorderbeine hatten sie vor sich auf den Boden gestemmt, mit erhobenem Kopf hielten sie die Augen auf sie gerichtet. Hinter jedem saß ein weiterer, und hinter dem wieder einer, und so weiter bis an den Rand der Ebene, strahlenförmig liefen die Linien von ihr weg. Während sie ihre Aufmerksamkeit schärfte, wurden die keramischen Gestalten hier und dort lebendig, Muskelpartien begannen zu zittern, Lefzen zu zucken, Augenlider bewegten sich, Ohren rührten sich, die Brust hob sich, und dann, als sie sich mit aller Kraft darauf konzentrierte, wurden die Figuren ganz zu Fleisch und Blut. Einer der Hunde gab Laut, hierauf ein anderer; die beiden lösten ein vielfältiges Bellen unter der versammelten Meute aus, das in der Luft hin und her wogte. Die merkwürdige Musik gefiel ihr, sie musste lächeln. Da hörten die Tiere vor ihr zu bellen auf, darauf die hinter ihnen sitzenden, und dann stellten alle wie auf ein Zeichen das Kläffen ein. In der entstandenen Stille erhoben sie sich plötzlich gleichzeitig, als hätte sie ein Zuruf erreicht, drehten sich um, begannen zu laufen und verschwanden in der Ordnung, wie sie gesessen waren, hinter der Kante der Hochfläche, einer nach dem anderen. Zuletzt tauchten die Exemplare weg, die ihr am nächsten gehockt waren. Allein gelassen hob sie die Augen und sah den Himmel voller Gewitterwolken. In einiger Entfernung grollte ein Donner. Wie lange hatte sie geschlafen? Ein Blick auf die Uhr am Handgelenk zeigte, dass einige Stunden vergangen waren. Ihre Faust enthielt einen zerknitterten Zettel und vom Zimmer unten hörte sie die Stimme Magdas, die sich erhob, als hätte sie eben eine kurze Pause während einer Schelte eingelegt, um die Stimmbänder zu entspannen.

Der Arbeitsplatz Magdas lag unter Claudias Zimmer. Sie, die ein Diplom in Betriebswirtschaft besaß, verfügte über alle Daten der Filialen Romers und der beiden Betriebe, einer Strickerei und einer Schneiderei, die Trachtenartikel herstellten. Magda hatte die Umstellung auf elektronische Datenverarbeitung in der Firma durchgesetzt und von dem kleinen Büro aus, in dem ihr zwei Angestellte zur Verfügung standen, lenkte sie die Geschäfte. Sie tat es nicht gelassen, sondern so, dass man fast im ganzen Haus von ihrem Ton belästigt wurde. Kaum eine Stunde verging, ohne dass sich ihre Stimme erhob. Hie und da reagierte sogar die Dogge auf das scharfe Organ und begann in der Diele zu bellen. Wenn der Vater vorschlug, anders mit den Mitarbeitern umzugehen, fragte sie zurück, ob er mit ihrer Leistung unzufrieden wäre. Das brachte ihn meist zum Schweigen. Mit schmalen Lippen machte sie sich auf die Suche nach jeder Nadel und jedem Zehntel hinterm Komma, sie war versessen darauf, dass es keine Schlamperei gab. Ihre Beziehungen beschränkten sich auf das berufliche Umfeld. Sie wollte dem Vater beweisen, dass sie tüchtig war. Allerdings zeigte er in jüngster Zeit einen für sie unverständlichen Zug: eine neue Offenheit gegenüber dem Versprechen unwahrscheinlich hoher Gewinne. Natürlich war Magda dafür, Kapital günstig anzulegen, aber sie mochte nicht glauben, dass es eine extrem hohe Verzinsung bei ungewöhnlich niedrigem Risiko geben konnte. Außerdem bemerkte sie, dass er sein Privatvermögen belastete, um Geld für einen Bedarf zu beschaffen, der für sie nicht erkennbar war. Ihr anfänglicher Verdacht richtete sich gegen Eva, bis sie herausfand, dass er auch seine Freundin im Ungewissen ließ. Da begann sie zu befürchten, dass er von Dritten dazu verleitet würde, sich auf dubiose Spekulationsgeschäfte einzulassen. Jedoch vergeblich suchte sie ihre Schwestern Nelly und Claudia hellhörig zu machen.

Obwohl im Westen eine schwarze Wolkenwand über den Bergen errichtet war, die bei jedem Hinsehen höher reichte, benützte Claudia Wiesenpfade, die aus der Ebene auf den Stadtberg zuliefen. Schon wurde der Gebirgskegel in ihrem Rücken von einer finstern Gegenwelt verschlungen. Ein Blitz zuckte in seine Flanke, ein Donnerschlag knallte und der Boden zitterte. Vor den nächsten Hügel wurde ein schwarzer Flor gezogen, grelles Licht blendete die Augen, es zischte und schnalzte. Fluten platzten aus dem schwarzen Himmel und überschwemmten die Erde. Claudia wurde von kräftigen Schlägen auf Kopf und Schultern getroffen, als stünde sie unter einem Wasserfall. Von den Schläfen lief das Nass über die Wangen, strömte hinter den Ohren herab, rann am Hals entlang und über die Schlüsselbeine. Die helle Bluse und die Jeans bildeten eine durchtränkte Haut. Sie spähte in das trübe Unterwasserlicht: Da kam etwas. Ein Pferd ohne Reiter stürmte mit zurückgeworfenem Kopf daher, sein Galopp erzeugte auf dem hölzernen Steg einen kurzen Trommelwirbel, dann war es verschwunden. Auf einmal zerriss die dichte Wand und ein Beleuchter richtete die tiefstehende Sonne auf den Berg. Der Lichtkegel wandelte die Felswand in die Flanke einer Smaragdeidechse, das Gestein glänzte goldfarben, rotbraun und grün. Schon schnurrte die freundliche Öffnung im Himmel wie eine Blende wieder zusammen und ein neuer Wolkenbruch setzte augenblicklich ein. Frische Blitze wurden gezündet und zur Erde geschleudert, von unten zuckten lange dünne Zungen zornig nach oben, die Erde bebte unter den Füßen, das Gewitter war im Kessel gefangen und tobte und wütete, drehte und warf sich hierhin und dorthin in seinem Kerker, ging an die Mauern und prallte zurück.

Während das Unwetter auf das Dach der Werkstätte ein-hämmerte, kroch Nico zwischen den Fragmenten herum. Seit Stunden legte er sie auf dem blanken Boden der Tisch-lerei auf, schwer atmend, mit brennenden Lidern, die glühende Zigarette im Mundwinkel. Manche Partien lagen

in richtiger Anordnung auf dem Boden, doch je vollständiger die Abschnitte wurden, um so beharrlicher versteckten sich fehlende Stücke und stellten die Geduld auf die Probe. Sie bereiteten Kopfzerbrechen und ermatteten ihn. Sein langes Haar fiel ihm ständig in die müden Augen, er schob es genervt zur Seite und stierte in ein Halbdunkel, das die Unterscheidung zusätzlich schwierig machte. Dass Claudia durch das offene Tor eintrat, bemerkte er nicht. Sie sagte „Hallo", aber ihre Stimme kam ihm in seiner Versunkenheit unwirklich vor. In schwankenden Bewusstseinszuständen hatte er sie in letzter Zeit des öfteren vor sich gesehen, wie im Traum, wie in einer fremden Realität, immer als Täuschung. Als er sich herumdrehte, meinte er, sie wäre eben in seiner Einbildung aus einem Gewässer gestiegen, und wollte sich nicht um das Phantombild kümmern. Doch ihr Lächeln wirkte eine Spur fester als die quälende Vorstellung, die aus der unterdrückten Erinnerung gespeist wurde. Er sprang auf und sah ihr ins Gesicht. Die dunklen, zusammengezogenen Brauen bildeten einen Strich über den Augen. An den Wangen schlängelten sich Strähnen herab, klebten am Hals, ringelten sich auf den Schlüsselbeinen, krochen in die Bluse. Er fasste nach ihren glänzenden Schultern, aber sie wich zurück, er griff ins Leere. Da schlug er sich mit der Hand gegen die Stirn. Was machte er denn! Er wolle sie sehen, hatte er ausrichten lassen, er wolle sie sehen und sprechen. Schon hob sie ihre Faust, schaute ihn an und öffnete sie. Darin lag zerknittert und durchweicht der Notizzettel, den ihr Eva in die Hand gedrückt hatte.
Er deutete auf den Holzhaufen. Der Anblick der Trümmer genügte, um Claudia die Gewalt erleben zu lassen, die den Dingen angetan worden war. Sie trat einen Schritt zurück und hörte an, woher die Fragmente kamen. Sein Blick wanderte darüber, er zeigte auf das eine oder andere Bruchstück und beklagte, dass die originellen Werke der rettenden Grenze schon so nahe gewesen waren. Er sah an ihr vorbei

in das klatschende Dunkel im Hof. Da war diese Brücke. Wie eine gestreckte Hand wies sie hinter dem Pfeiler auf das Wasser hinaus. Und die Soldaten riefen hinter dem Mädchen her, das zögernd und aufrecht ging und wiederholt umschaute, bis sie vor dem Aus stand. Dort drehte sie den Kopf noch einmal herum. Da hatte sie kein individuelles Gesicht mehr. Sie war nur mehr ein Typ, als sie von der Gestaltlosigkeit des Wassers angezogen die Arme wie Flügel hob. Sie hätte sich von der Brücke schießen lassen können. Vielleicht lag in dem Sprung eine minimale Chance zu überleben. Auch wenn es nur ein Überleben in einem andern Sinn war. Er schaute unwillkürlich, ob Claudias Füße den Werkstattboden berührten. Ja, sie hatte festen Kontakt und stand in einer Pfütze, die von ihr niedertropfte. Sie biss ihre Lippen. Plötzlich fragte sie: „Kann ich mich irgendwo abtrocknen?"

Er ging die Stufen zum Büro hoch, öffnete die Tür, Claudia folgte ihm, er zeigte die Waschgelegenheit und nahm ein Handtuch aus dem Schränkchen. Auf dem Blechdach wuchs das Prasseln zu einem harten Dauerbeschuss an. Nico spürte den Andrang von Gefühlen, die in seinen Seelengängen herumstreunten wie Kojoten, unsicher, ob sie das Feuer vor dem Zelt fürchten sollten. Die pelzigen Dämonen kamen aus der hintersten Kammer seines Herzens und waren von einem heftigen Verlangen getrieben. Vor Anspannung konnte er nicht schlucken und nicht sprechen, er musste den Atem in die Kehle pressen. Statt Claudia das Handtuch zu reichen trat er auf sie zu und legte seinen Arm um ihre Hüften. Doch er spürte ihre kalte Oberfläche nur einen Moment lang. Als sie seine Energie aufnahm und umlenkte, traf ihn ein Schlag, durchfuhr ihn wie ein Stromstoß und er sank benommen zur Wand. Einige Augenblick war es still und schwarz um ihn, dann besann er sich und streifte die Haare zur Seite, die ihm ins Gesicht gefallen waren. Als er sie am See ergriffen hatte, hatte sie sich nicht gewehrt, da hatte sie sich ganz ergeben angefühlt, hatte die Arme wie Flügel hochgeschlagen. Nun stand sie mit dem Rücken zum Fenster, blieb in Abwehrstellung, hatte das Kinn angehoben, sah aber nicht nach ihm. Ein Schmerz stand ihr ins Gesicht geschrieben, ihre niedergeschlagenen Augen verbargen eine Enttäuschung. Er fragte entrüstet, ob sie ihn umbringen wolle. Sie schwieg weiter, und weil ihr Ausdruck sich nicht änderte, fragte er weiter, ob sie vielleicht glaube, er wolle ihr etwas antun.

Da krümmte sie sich, zog alle Energie in sich zusammen, als ginge sie zu einem Angriff über, und rief: „Du hast mir schon etwas angetan!" Jedes Wort kam wie ein geworfener Stein aus ihrem Mund und ihre Haut nahm dabei eine frische Farbe an. Er sei ein Verrückter, der sich nicht in der Gewalt habe. Ein Narr müsse er sein, sonst würde er sie, die er überhaupt nicht kannte, nicht in den Arm nehmen und wie einen Gegenstand behandeln wollen. „Nur deswegen hast du mich hergelockt!"

Der Schwung der Empörung jagte sie am Ziel vorbei. Nico lachte verlegen. Er konnte ihr nicht helfen. Er hätte von seinen Gefühlen reden müssen, fürchtete aber, das zerrüttete Geflecht, das sie verband, würde dann zu stark strapaziert reißen. Sie schwieg wieder und sah zu Boden, und indem sie schwieg, zu Boden sah und blieb, durchbrach sie ihr übliches Verhalten, das auf Rückzug und Flucht eingestellt war.

„So ein Unsinn", seufzte Nico ernst und meinte das als Entschuldigung, doch sie fasste es anders auf und sah ihn fest und zornig an.

„Gib mir das Handtuch!", sagte sie knapp und fordernd.

Er warf es ihr zu und verließ den Büroraum. In der Halle versetzte er dem ersten Holzstück, das ihm in den Weg kam, einen unbeherrschten Tritt, dass es an der Wand in Späne zerfiel. Dann lief er in den Hof hinaus, über den düstere Regenschwaden zogen, sprang in den Transporter und warf die

Tür hinter sich zu. Er war entschlossen, den Motor zu starten und zum Schuppen zu fahren, um auf andere Gedanken zu kommen (welche, wusste er nicht, er wollte sich nur aus dieser Lage befreien, in der alles entzwei war), merkte aber unter tonlosem Fluchen, dass der Schlüssel noch im Büro lag. Nervös suchte er eine Zigarette. Er wusste, dass er Claudia weiter verstörte, wenn er jetzt zurückkehrte. Leider sah er keinen Weg, ihr freundschaftlich nahe zu kommen und sie durch Überzeugung zu erobern. Eine Stimme in der Tiefe wiederholte ihm ständig, dass sie sich nicht wirklich für ihn interessierte. So stellte er sich ins offene Tor und sah dem Gewitter zu, das sich im Lichtschein der Blitze, im näheren und ferneren Donnern auslebte und im Regen erschöpfte. Warum konnte er nicht ordentlich mit Frauen umgehen, die er mochte?

„Hast du etwas Trockenes für mich?"

Claudia stand in der Tür des Büros, vom Kinn bis zu den Zehen in eine blaue Decke gehüllt, mit der früher empfindliche Möbel auf dem Transport geschützt worden waren. Er nickte, holte eine Tasche aus dem Auto und stellte sie in den Eingang des Büros. Zerstreut wandte er sich den Trümmern auf dem Boden zu. Nach ein paar Minuten meldete sie sich hinter ihm. Sein schwarzes T-Shirt hatte sie in den Hosenbund gesteckt, die Ärmel seiner Leinenjacke umgekrempelt, die ausgewaschenen Jeans hochgestülpt. Dazu trug sie seine verknautschte Kappe, unter der sie ihr Haar versteckte. Sie sah, worum es ging, bückte sich, half ihm und beschwichtigte seine unsicheren Gefühle. Ihr Körper steckte in seiner Kleidung und sie merkte vielleicht, wie es in seiner Haut war. Selbst wenn sie ihm überlegen war, musste sich das nicht gegen ihn wenden. Natürlich rüttelte eine solche Einschätzung an seinem Selbstbild, der schwer gehende Atem zeigte die innere Unruhe. Jedoch die Verwirrung nahm ab, je weiter sie mit der Zuordnung der Bruchstücke vorankamen.

Das Aroma von alten Stoffen, von Wachs und Honig, Kampfer und Lavendel entströmte den Zeugen einer vergangenen Zeit. Farben, lebhaft und zugleich von zarter Zurückhaltung, waren erkennbar, aufleuchtende Rosen und Ranken, die dann wieder abtauchten, verwischt und verwaschen bis zum feinsten Grau.

Plötzlich stieß Claudia in das Plasma seiner Konzentration, schob den Kopf in den Nacken und sah aus schmalen Augen auf ein Stück, das sie mit gestrecktem Arm von sich hielt. Ohne etwas zu sagen deutete sie mit der anderen Hand, er möge es ihr abnehmen. Gerade das suchte er schon die ganze Zeit. Eva stand neben dem Baum, die kräftige Schlange wand sich herum, pendelte von einem Ast und streckte die rote Frucht zwischen den gespreizten Kiefern hin. Der gleiche Schrecken hatte Claudia vor dem Bergfriedhof erfasst. Er hatte die Schlange aus dem Weg geräumt. Wenig später war ihm aufgefallen, dass sie vom Fotografen ein Sommerkleid als Geschenk angenommen hatte. Er nahm das Fragment wortlos entgegen und suchte mit den Augen nach einem anderen Teil. Da lag Adam, und ein Teil des Stammes, und da ein weiteres Stück von der Schlange. Doch als er die Bruchstücke zusammenfügte, fehlte noch immer die Wolke, aus der Gottes Hand tauchte. Die Blicke der beiden tasteten den Boden ab. Auf einmal entdeckten sie gleichzeitig das Fragment. Sie bückten sich danach, stießen in der Bewegung zusammen, so dass sie das Gleichgewicht zu verlieren drohten, ergriffen sich gegenseitig im Aufrichten, sahen sich an und ließen einander los.

Im Hof wirbelte der Wind abgerissene Äste herum und fegte hinter dem Gewitter her. Durch den Ausschnitt des Fensters eilten nebelhafte Wolken. Wenn sie zerschlissen, blitzte der zunehmende Mond schmal wie der Rand einer goldenen Münze im tiefen Himmel.

Als sie im Transporter aus der Stadt fuhren, war die Gewitterfront schon durch, die Häuser standen blind da, ungerührt von den Sternen, die freundlich zu blinken begannen, wenige Autos waren unterwegs, ängstlich fluoreszierend wie Insekten.

„Ich bin", begann Nico, doch Claudia bat: „Sag nichts!" Er wollte etwas Abwertendes über sich vorbringen, aber sie wollte gar nicht wissen, mit wem sie sich nach seiner Meinung eingelassen hatte.

Das Land war in einen Zustand der Stille gesunken, selbst die nachtaktiven Lebewesen waren erschlafft und ruhten, und der Wind, der den Gewitterregen gejagt hatte, war weit fort. Die Wiesen lagen kühl, Dörfer knieten erschöpft an den Hängen, den Kopf zwischen den Schenkeln, und schlummerten, so gut es ging, während die Matten langsam einen silbernen Schimmer annahmen. Auf den Rücken der Hügel saßen die Gebüsche und Wäldchen wie fahle Moospolster und in den Senken dazwischen erschienen die weißen Kalkzacken des Gebirges. Ein Sommermorgen kündigte sich an. Claudia schlief und sank in jeder Rechtskurve ein Stück weiter zur Seite, mit ihrem Kopf, auf dem seine Kappe saß, wühlte sie zwischen seinen Rücken und die Lehne, und er schaute auf ihren Nacken, das dunkle Haar, die schlängelnden Fransen. In den Gegenkurven zog die Fliehkraft sie wieder heraus und sie seufzte leise. Trotz ihrer Erschöpfung ging eine drahtige Sicherheit von ihr aus und er träumte mit offenen Augen davon, dass sie ihm, der bis zum Hals im Sumpf der Selbstzweifel steckte, einen Halt bieten konnte.

Als er von der Straße auf den holprigen Schotterweg abzweigte, der über die moorige Ebene auf den Hügel führte, richtete sie sich auf dem Beifahrersitz auf, rieb die Augen und schaute in die Umgebung. Auf den letzten Metern zur Höhe war die Fahrbahn durch den Gewitterregen so stark ausgewaschen, dass der Transporter wie ein Schiff bei schwerem Seegang schaukelte. Die breite Front des älp-

lerischen Hauses mit der rundbogigen Haustür, der langen
Bank aus Holz neben dem Eingang, dem flachen Giebel aus
Brettern mit kleeblattförmigen Ausnehmungen tauchte vor
ihnen auf. „Hier gibt es kein Licht", erklärte Nico beim Eintreten und zündete das Feuerzeug an. Sie stiegen eine
knarrende Holztreppe hoch, und von da führte Nico sie in
einen Raum, in dem eine Liege, ein Divan sowie Tische und
Stühle abgestellt waren. Der schmale Mond zeichnete die
Gitter der kleinen Fenster weich auf den Boden.

Als Claudia die Augen aufschlug, lag die Sonne wohltuend
auf ihren Armen und weckte die Empfindung, dass sich die
kühlen Finger gerade kribbelnd mit warmem Blut füllten.
Das gleiche Licht umgab den entblößten Körper des
Mannes, der auf dem Divan schlief. Er atmete unregelmäßig, manchmal schnell und hastig, dann holte er tief und
ächzend Luft, darauf schien der nächste Atemzug ganz aus-
zubleiben, bis er plötzlich halb erstickt nach neuem Sauer-
stoff schnappte, als hätte er es sich noch einmal anders überlegt. Sie wunderte sich, dass sie keinen Anstoß zur Flucht
verspürte. Seine Lebensäußerungen beunruhigten sie nicht,
im Gegenteil, sie wirkten sogar entspannend, wenn sie ihm
auch nicht länger dabei zusehen mochte. Ihr Körper streckte sich in der Morgenluft, die durch das vergitterte Fenster
hereinstrich, sie schlug den linken Arm hinter den Kopf und
betrachtete nachdenklich ihre rechte Hand, bis Nico sich
rührte und die Decke über sich zog. Vollends erwachend
schaute er mit offenem Blick nach ihr. Doch seine Augen
füllten sich schnell mit Misstrauen und Argwohn. Gerade
hatte er geträumt, dass Claudia sich hingeben wollte, aber
als er sein Gesicht ihrem Körper näherte, waren darauf
lauter Augen, eines neben dem anderen, die sich glichen
und ihn ansahen, und als er ihre Taille umfasste, hielt er den
muskulösen Leib einer Schlange im Arm, der sich wand und
straffte. Die geschliffene Glätte der Haut schreckte ihn, die

erdige Temperatur, die Dichte und Festigkeit des Fleisches. Der Körper streckte sich unter Zuckungen, die Augen behielten immer die gleiche Form und standen ohne Lidschlag offen, die Bernsteinfarbe, die zwischen Honig und Rost spielte und wechselte, die einfachen Bögen der dunklen Wimpern und der klare Schnitt, der plötzlich verflog, als sich die Lider von den Augenwinkeln her zu einem schmalen Schlitz verengten. Vipernaugen fixierten ihn und mit ein paar kraftvollen Rucken, die er mit aller Kraft zu unterdrücken suchte, entwand sie sich. Die Überraschung kehrte auf sein Gesicht zurück. Dieses Wesen war schwierig zu fassen und unter diesem Vorzeichen war sie von Anfang an in seiner Innenwelt gegenwärtig. Als die Sache mit den Puppen anging, war sie mit dem Konkurrenten vor ihm bekannt gewesen, sie hatte wahrscheinlich den Tipp gegeben, sie war immer vor ihm da und verschwand, bevor sie sich festlegte. Die Nachwirkung des Schlags, mit dem sie seine Annäherung in der Tischlerei ohne Zögern zurückgewiesen hatte, spürte er noch. Dennoch konnte sich die angespannte Zuneigung auch positiv auflösen, wenn er nur wusste, welche Rolle sie in der Verbindung mit dem Fotografen und Heimo Käfer spielte. Er sprang auf, schlang die Decke um die Hüften, ging zu Claudia hinüber und setzte sich mit der Gewissheit auf den Rand der Liege, dass sie die Schlange aus dem Traum war. Sie lächelte zart und unbestimmt.

Als er nach ihrer Hand griff, entzog sie diese und legte sie auf die Brust.

Er würde sie nicht behelligen. Das konnte er versprechen. Für immer. Sie verhielten sich zueinander wie Feuer und Wasser, das könne nicht gut gehen. Allerdings wolle er sie noch etwas fragen, meinte er und lachte mit geschlossenem Mund, so dass es eher wie Schnuppern klang. „Wirst du es mir sagen?"

Die Färbung seiner Stimme zeigte Claudia, dass er ein

ernstes Anliegen vorbringen wollte, doch sie fürchtete sich davor, denn bisher hatten solche Äußerungen noch nie etwas Gutes bewirkt. Deswegen nickte sie nur schwach und langsam.

„Was spielst du für eine Rolle?"

Ihr Gesichtausdruck zeigte sofort, dass sie diese Frage tief enttäuschte und ernüchterte.

Dann musste er sich anders ausdrücken, musste seine Vermutungen preisgeben. „Du hast mir gesagt, dass deine Mutter nicht mehr lebt", sagte er, ohne recht zu wissen warum.

Ihr verständnisloser Blick zwang ihn zu noch konkreteren Aussagen. „Da war doch dieser Fotograf."

Der Fotograf.

„Und die Aufnahmen."

„Und die Probeaufnahmen und das Kleid", setzte Claudia fort und sah ihn verdrossen an.

Nein, er wollte nicht eigentlich auf das Kleid hinaus. „Da gibt es eine Künstlerin, die Tonfiguren macht. Dann gibt es einen Sammler, der Tonfiguren sucht." Er fand einfach keinen harmlosen Zugang, von dem er annehmen konnte, er würde sie nicht erschrecken. „Davon hast du schon gehört."

Sie hatte schon von einer Künstlerin reden gehört, die Tonfiguren machte. Auch davon dass sie sehr gesucht waren.

„Du kennst Heimo Käfer?"

Sie deutete ein Kopfschütteln an.

„Du kennst den Club monetär?"

So etwas beschäftigte sie nicht. Sie hatte jetzt schon so viele Fragen gehört, die immer weniger mit ihr zu tun hatten, dass sie die Geduld verließ. Ihre Augenlider begannen zu zucken. Gleich würde sie aufspringen.

„Wo sind die Puppen?", fragte er hastig.

Sofort schnellte sie hoch und warf ihm einen empörten Blick zu, der sagte: Das ist dein Problem, ich habe damit nichts zu tun. Alles, was damit zusammenhängt, ist mir unbekannt. Anscheinend hast du meine Nähe nur gesucht, weil du gedacht hast, ich könnte dich da weiterbringen. Sie griff nach der Plastiktasche auf dem Boden, nahm ihre feuchten Sachen heraus, zog sie vor seinen Augen an, als wäre er gar nicht da, und lief die klapprige Holztreppe hinunter.

Aus dem Fenster sah er sie unten mit unkontrollierten und aufgelösten Bewegungen weglaufen. Wut kochte bei dem Anblick in ihm hoch: Wut gegen sie, Wut gegen sich selbst, vermischte Wut. Am liebsten wäre er ihr nachgestürzt, um sich zu entschuldigen, aber er hätte nicht genau gewusst wofür; er hatte unter Zwang gehandelt und ihr Weggehen hatte ihm nichts erklärt. Eine Kette von Impulsen hatte ihn gezogen, die in sich schlüssig war. Was die Puppen betraf, was mit diesem missglückten Anfang zu tun hatte, brachte sie beide aus der Fassung. Sie konnte und wollte ihm nicht helfen. Immerhin hatte er ein Exemplar mit eigenen Augen in ihrem Zimmer wiedergesehen. Doch darüber war mit ihr nicht zu reden.

Im Erdgeschoss fand er die Tür zum Speicher, wo seine durch Jahre angehäufte Sammlung lagerte, weit offen stehend. Von allein war sie während der Nacht unmöglich aufgegangen, denn das Türblatt hing so schief in den Angeln, dass es sich nur mit Kraft über den Steinboden ziehen ließ. Zwischen die Sachen, die halsbrecherisch hoch gestapelt waren, tretend stellte er fest, dass jemand darin gestöbert hatte. Er roch das Fremde förmlich und spürte die vorwurfsvoll fragenden Blicke, die ihm die Dinge zuwarfen. Keines seiner Sammlerstücke fehlte. Selbst die bedeutenderen hatten den Eindringling nicht verführt. Er hatte offensichtlich wissen wollen, was es hier gab. Nur einen Moment dachte Nico an Heimo Käfer, den Mann, der moderne Figuren aus Ton suchte und ihn an die Adresse eines Nachtlokals bestellt hatte.

In der Kurve stand der hagere Altbauer an der leer laufenden Mischmaschine und wünschte der Unbekannten, die vorbeistolperte, einen guten Morgen, aber sie sah ihn bloß zerstreut an und ordnete im Laufen das Haar. Claudia wollte in die Stadt zurück, sich in ihrem Zimmer vergraben und die nächste Tour abwarten. Niemand liebte sie wirklich, jeder wollte sie benutzen und sie wollte sich von keinem unterwerfen lassen. Während dem jüngsten Zusammensein mit Nico Landmann war etwas mit ihr vorgegangen, etwas hatte sie weich gemacht und zugleich merkwürdig sicher. Momente lang hatte sie auf ihre abwehrende Haltung vergessen. Ja, sie hatte überhaupt keinen Grund dafür gesehen. Kühnheit und Schwäche hatte sie gleichzeitig in einer Einheit empfunden. Das ärgerte sie nachträglich, denn sie verabscheute solche Vermengungen. Gewöhnlich wehrte sie aufkeimende Gefühle sofort ab; um sich bloß ein wenig zu öffnen, musste sie sich selbst überlisten.

Auf der Straße kamen ihr Kinder entgegen, drängten links und rechts an ihr vorbei, grüßten und lachten, und sie hatte den Eindruck, dass ihr die Knirpse voller Teilnahme ins Gesicht sahen. Am liebsten wäre sie mitgelaufen. Doch kaum waren sie vorbei, hielt ein Auto neben ihr. Einen Moment fühlte sie sich belästigt, dann erkannte sie den Fotografen Brand und hielt das Zusammentreffen für einen willkommenen Zufall. Er stieß die Beifahrertür auf. „Wohin?", fragte er, während er ihre Hand ergriff, sie auf den Sitz neben sich zog und ihre Wange küsste.

„In die Stadt."

„Das trifft sich gut."

Mit den Aufnahmen, die er auf dem Segelboot Romers gemacht hatte, war er erfolgreich. „Das ist dein Verdienst, Claudia", behauptete er, und er sagte es, als hätte er etwas vor mit ihr. „Du bringst mir Glück", beteuerte er und sah sie von der Seite an. „Du hast eine besondere Ausstrahlung. Ein Geheimnis. Ich kenne mich nicht ganz aus damit, aber ich bin überzeugt, dass wir noch viel Gutes zusammen machen werden." Da sie keine Bewegung zeigte, wechselte er das Thema. „Wo kommst du gerade her?"

Das wollte sie für sich behalten.

Gut. Im Augenblick suchte er einen unverbrauchten Typ für eine Fotoserie mit Winterkleidung. Eine junge Frau, die noch nie in den Katalogen war. Das einzige Problem war, das geeignete Model zu finden.

Claudia hörte genau zu.

„Am besten eine, die tanzen kann. Hast du so was gemacht?"

Sie nickte ganz wenig und sah zum Seitenfenster hinaus.

„Siehst du! Ich hab es an deinen Bewegungen gemerkt." Er legte seine Hand freundschaftlich auf ihren Oberschenkel, sie zuckte und bog sich unwillkürlich zur Seite, als wollte sie durch den geschlossenen Wagenschlag davon. Ralf zog seine Hand zurück und legte sie aufs Lenkrad. Sein interessiertes Lächeln galt ihrem Zustand. „Wo warst du?", fragte er. „Deine Kleidung fühlt sich feucht an. Ich komme vom See und habe mich da erholt. Also ich habe dir gesagt, wo ich war. Jetzt bist du dran."

Wenn sie jemand bedrängte, wurde sie schweigsam. Aus dem Augenwinkel sah sie, dass seine kräftigen Kiefer mahlend kreisten. Der Anblick ließ sie an den kräftigen Unterkiefer des Vaters denken, dessen starke Kaumuskulatur unter der Haut in ihrer Bewegung sichtbar war. Auch ihre Schwester Magda trainierte diese Muskeln, ihr Mund wirkte dabei etwas verkniffen.

Ralf setzte ihr weiter zu, nannte Leute, die sie nicht kannte, und fragte schließlich die Kurven in die Stadt hinabziehend: „Ist es dieser Trödler?"

Sie schwieg.

„Du stehst in Kontakt mit dem Verrückten?"

Meinte er ihr Urteil zu beeinflussen, wenn er jemand als verrückt bezeichnete? Wie oft hatte sie gehört, dass ihre Mutter so geschmäht wurde, und gewiss wurde auch von ihr selbst so gesprochen.

„Sag mir, ob du Kontakt zu ihm hast."

„Das ist vorbei."

Sie fühlte sich als Lügnerin, obwohl sie die Wahrheit sagte.

„Glückwunsch! Er ist gefährlich, heißt es. Selbst in seinen zwielichtigen Kreisen traut ihm keiner über den Weg. Wir haben ihn ja kennen gelernt. Du erinnerst dich? Der Mann ist irre. Ein Besessener, wenn es um altes Zeug geht, und unberechenbar. Ich sage: Keine Berührung mit dem, wenn du mit mir arbeiten willst. Und falls nötig, nach Anleitung und genau dosiert."

Er redete und redete und Claudia wusste nicht, warum sie zuhörte. Für sie bedeuteten die Geschäfte Landmanns im Augenblick nichts. Sie wusste nur wenig über seine Branche und seine Kreise und es verlangte sie nicht danach, mehr zu erfahren. Sie war deprimiert, fühlte sich verloren und leer, als hätte es die letzten vierundzwanzig Stunden nicht gegeben. Nicht einmal ein Schnupfen war geblieben.

„Wenn du Interesse hast, probieren wir es", sagte Ralf, während er vor der Einfahrt zu Romers Grundstück hielt.

Sie sah ihm in die Augen, wusste aber nicht, ob sie Interesse hatte.

„Wir treffen uns zu einem Arbeitsessen." Er nannte einen Zeitpunkt und ein Lokal.

Sie sprang aus dem Auto, stellte sich hin, schaute etwas schief ins Innere des Fahrzeugs, sagte: „Also dann!" und warf die Tür zu. Er winkte und fuhr weg.

Der Schnürlregen, der seit dem Mittag vom Himmel fiel, wurde zunehmend stärker. Landmann war mit hoch erhobenem Kopf unterwegs: ein Zeichen dafür, dass er eine Niederlage erlitten hatte. Der Abstand zwischen seinem Adamsapfel und dem Kinn zeigte das Maß seiner Gemütserhitzung, aber wer wollte dessen Größe richtig erkennen? Auf dem Markt trat er an einen Verkaufsstand, bestellte Bier und blickte zur Seite.

„Willst du was essen?", fragte ihn der Verkäufer.

Landmann tat erst, als wäre er taub, schüttelte dann verneinend das feuchte Haar und hob ihm das Glas ein paar Zentimeter entgegen, bevor er trank. „Hast du einen Tipp für mich?", fragte er beiläufig, als er absetzte.

Nun tat der Budenwirt, als hörte er ihn nicht, und wandte sich einer Kundschaft zu.

Landmann nahm es selten gleichgültig hin. Er hatte die Frage eher aus Gewohnheit gestellt, denn seit einiger Zeit war er als Sammler abgesättigt, er verbrachte die Tage bei den lädierten Möbeln in der Tischlerei. Während der Arbeit betrat er gelegentlich eine kleine Hintertreppe, die zu seinem ungeordneten inneren Speicher führte. Eine neue Nachdenklichkeit gestattete ihm, seine wirren Spuren ein Stück in der Vergangenheit zu verfolgen, ohne dass er sie gleich wieder verlor. Er warf den Kopf in den Nacken, während er trank, sein Blick streifte die Menge, die sich durch den Regen schob. Regenschirme, grelle Plastikjacken. Auf einmal setzte er das Glas ab, seine Lippen waren geöffnet, der nervöse Kehlkopf stand still, die Augen weiteten sich und saugten sich an einem Eindruck fest. Er griff in die Taschen seiner Jacke, fingerte nach Geld, legte die Münzen hin und nahm die Verfolgung auf. Ihren Nacken kannte er. Sie trug ein schwarzes Sommerkleid, ein heller Regenschirm schützte sie. Manchmal sah er die hochhackigen roten Schuhe an ihren Füßen, aber nur sekundenweise. Sie bewegte sich geschickt in dem Gewimmel, wurde immer wieder verdeckt und konnte jeden Augenblick ganz verschwinden. Mit den Armen rudernd kämpfte er sich zwischen den Passanten vorwärts, versuchte zu laufen. Er rief nach Claudia, doch die Erregung schnürte seinen Hals zu und machte die Stimme schwach. Sie zögerte, wandte den Kopf unter dem Schirm hin und her und ging weiter. Er rief noch einmal. Da blieb sie stehen, denn irgendwie fühlte sie sich angesprochen. Er torkelte an ihre Seite, schaute in ihr Gesicht und stellte fest, dass sie nicht die Gesuchte war.

„Wer sollte ich sein?", fragte die angestarrte Frau zwanglos und leicht amüsiert.

„Claudia."

Claudia sollte sie sein?

Sie schien überrascht, aber nicht so, als hätte er eine ihr völlig fremde Person genannt. „Ich suche Claudia", erklärte er und lachte in seiner Art.

Sie betrachtete sein nasses Gesicht. Nichts wäre einfacher gewesen, als es bei einer Verwechslung zu belassen, aber sie war ein bisschen neugierig, wer an Claudia so ein starkes Interesse entfalten konnte. „Claudia ist meine Schwester", sagte sie, „stellen wir uns wo unter, bevor wir zertreten werden. Die Bar am Eck?"

Nico schniefte, warf den Kopf zurück und nickte zustimmend.

Beim Eintreten strich er sein nasses Haar nach hinten und beschnupperte die Atmosphäre. Gedämpftes Licht erzeugte eine warme honigfarbene Stimmung. Als er an der Bar neben Claudias Schwester stand, bestätigte ihm ein prüfender Blick eine bemerkenswerte Ähnlichkeit. Ihm war nicht einfach die Fantasie durchgegangen, und vielleicht, wenn es wieder einmal regnete, konnte er die Schwestern ein weiteres Mal verwechseln.

„Nelly", sagte sie und hob ihm das Glas mit Pilsbier entgegen.

„Nico", sagte er und atmete tief.

Nachdem sie beide die Gläser ruckzuck geleert hatten, suchte Nelly den Mann hinter der Bar mit den Augen.

„Das Übliche?", fragte der und hielt eine Flasche Cognac in der Hand.

Sie nickte und lud Landmann ein mitzutrinken.

Nein, er blieb bei Bier.

Nellys Kleid wurde von zwei dünnen Trägern gehalten und betonte ihre erotische Figur, deren Ausstrahlung Nico beunruhigte. Sie bemerkte seine Blicke und sagte lächelnd: „An mir ist alles echt." Er schaute in die wachen Augen der Frau, die ihn ganz ungeniert über ihre Beschaffenheit aufklärte. „Die Nase, der Busen, der Po, alles echt. Du kannst das bestätigen, nicht wahr?", wandte sie sich an den Barmann.

„Das geht den gar nichts an", sagte Nico brüsk und deutete mit dem Kopf auf den Mann hinter dem Theke.

„Oh!", rief Nelly mit gespielter Überraschung, beugte sich vor, zwinkerte ihrem Bekannten zu und zeigte Nico verspielt, dass er sich mehr herausnahm, als ihm zustand. Sie musterte seinen säulenförmigen Hals, während er trinkend den Kopf zurückbog, und fragte neckisch: „Sind wir leicht zu verwechseln?" Ihr Haar war brünett und etwas kraus, wohl von Natur aus, sie trug es aufgesteckt, die Stirn war frei, die Lippen waren dünner. Er setzte das Glas ab und antwortete: „Nur der Rücken."

„Du kennst ihren Rücken?"

Er hob das Kinn und schwieg. Nelly lachte und drehte sich halb herum auf dem Hocker und zeigte ihm die Rückenansicht. „Wenn ich mich umdrehe, hältst du mich für meine kleine Schwester."

Er warf einen Blick auf ihren Rücken und sagte: „Der Regen hat alles unscharf gemacht."

„Sie ist schmäler, willst du sagen."

„Auch das Kleid war schuld", wollte Landmann ausweichen.

„Es hat mich schlanker gemacht!" Sie lachte wieder, denn es gefiel ihr, dass er sich in die Ecke treiben ließ, ohne nach einer Ausflucht zu suchen, wie sie es sonst von den Männern gewohnt war.

„Vielleicht."

„Heißt das, du hast meine Schwester ohne Kleider gesehen?" Nico warf den Kopf zur Seite und machte mit der Hand eine Geste, die zwischen ihrer Neugier und seinem Erlebnis eine entschiedene Grenze zog.

Nelly stichelte: „Bei Claudia ist alles zarter als bei mir." Sie bog sich vor Lachen und schob dem Mann hinter der Bar, der mitlachte, das Glas zum Nachschenken hin.

Nico fühlte sich herausgefordert. „Warum lacht er?"

Nelly sah ihn mit übertriebener Besorgnis an, natürlich kannte sie diesen Ton. „Hör zu, du wirst doch keinen Aufstand machen? Ich kenne den Barmann sehr gut."

„Das spricht nicht für dich!"

„Findest du mich vulgär?", fragte sie entspannt und sah ihn überlegen an.

Da war etwas dran, aber es war nicht klar, warum ihn das stören sollte. Schließlich waren die Späße in der Umgebung der Friseusen auch nicht immer von der dezenten Art, und die missfielen ihm kaum, im Gegenteil, er war dabei selbst kreativ. Am einfachsten wäre er jetzt wieder hinaus in den Regen gegangen, doch die Hoffnung von Claudia zu hören oder von ihr zu sprechen hielt ihn. Wenn er jetzt fortlief und die Begegnung in seinem Speicher verschwinden ließ, zerriss er die Faser, die sich zwischen ihnen spannte, vielleicht für immer und sie hinterließ keine Spur in seinem Innenleben.

„Ich nerve dich", vermutete Nelly, während sie sich selbst eingoss.

„Beruhigen tust du mich nicht gerade."

„Und was macht dich so nervös?"

„Alles."

„Du solltest spielen, das beruhigt. Komm nachher ins Casino."

„Ich bin pleite."

Nelly lachte über diese Auskunft. „Dann geh doch hin, um zu gewinnen", scherzte sie.

Nein, dazu verspürte er keinen Antrieb. Zwar verbrachte er halbe Nächte beim Kartenspiel, und wenn er in seiner Runde spielte, ging es meist gut, aber er war ein Spieler, der nicht gewinnen konnte, er wagte irgendwann so viel, dass er verlor, was schon gewonnen war, und noch mehr. Er glaubte erst an das Glück, wenn es sich gegen ihn entschied. Und dann war es für ihn kein Glück mehr. Nur eine endlose Glückssträhne schien ihm den Namen zu verdienen.

„Und wozu hättest du Lust?"

Nico zögerte. „Du kennst Claudia."

„Was willst du denn hören? Dass sie unruhig ist und mit ruhelosen Leuten durch die Welt fährt? Oder willst du wissen, ob sie eine Beziehung hat? Du bist doch hoffentlich nicht in sie verliebt? Da könnte ich dich nur bedauern. Claudia ist kompliziert gestrickt, damit tut sich jeder schwer. Sie wollte zum Tanz, zeigte sich begabt, gab aber das Ballett sofort auf, als Vater die Fähigkeit zu fördern anfing. Sie wollte nicht, dass er auf sie stolz wäre. Dann machte sie einen Kurs in Selbstverteidigung und seither läuft sie nur mehr vor sich selbst davon. Sie ist einfach zu empfindlich. Sie hasst sich dafür, auch wenn sie die familiäre Vergangenheit vorschiebt. Sie möchte damit zurechtkommen und es besser machen als unsere Mutter. Aber da müsste sie erst die ganze Welt ändern. Die ganze Welt, verstehst du?"

Sie schenkte sich wieder ein und wirkte dabei völlig unberührt von dem, wovon sie sprach. Sie lachte sogar, als sie seine nachdenkliche Miene sah. „Eine Vorbereitung zur Weltverbesserung hat sie schon getroffen. Sie ist eine geschmeidige Kämpferin. Ich hoffe, du hast das noch nicht am eigenen Leib erfahren?" Sie lachte wieder und sah Nico aufmerksam in die Augen.

„Hände hoch!", rief jemand halblaut hinter ihnen und sie fuhren beide herum.

Am liebsten hätte Nico dem Gemütsmenschen, der unbemerkt von hinten herangekommen war, eins auf die Nase gegeben.

„Du Schuft!", rief Nelly und schlug mit ihrer Faust gegen seine Brust.

Der Schuft lachte, strich die Krawatte glatt, legte einen Arm um ihren Nacken und fragte: „Hast du dich gelangweilt?"

„Nicht die Spur", sagte sie und warf Nico einen Blick zu. „Ich habe gerade einen interessanten Mann kennen gelernt."

„Ah", staunte der andere etwas übertrieben und suchte Nico, der sich unfreundlich und heftig atmend abwandte, ins Gesicht zu sehen. „Es bleibt doch bei unserer Verabredung?"

„Aber sicher! Er hat mich ja nur angemacht, weil er mich mit Claudia verwechselt hat."

„O Gott!", sagte der Mann abfällig.

Da erhob sich Nico rasch von seinem Hocker, legte das Geld auf die Theke und flüchtete vor dem Konflikt, den er kommen sah, wenn ein falsches Wort über Claudia fiel.

Große Farbbilder von Meeresküsten, Renaissancevillen und mittelalterlichen Städten vermittelten das Klischee von Süden und Urlaub. An der Tür blieb Claudia stehen und überblickte den Gastraum. Das zurückgekämmte, zum Pferdeschwanz gebundene Haar betonte die feine Kopfform. Nein, sie konnte den Fotografen nicht entdecken. Die dunklen Jeans, die karierte Bluse und die weiche schwarze Jacke machten ihre Erscheinung jungenhaft. Das wurde von der Art unterstrichen, wie sie auf die Armbanduhr sah. Sie dachte schon, sich geirrt zu haben, da trat Ralf Brand, der Fotograf, aus einem Nebenraum. Er lächelte sie breit an und zeigte mit einer beiläufigen Geste auf einen freien Tisch an einem erhöhten Sitzplatz: „Dort sind wir für uns, da stört uns niemand und wir werden gesehen", erklärte er, ergriff ihren Oberarm und führte sie zu ihrem Stuhl. Claudia setzte sich, sie war ein bisschen geschminkt, legte die Unterarme auf die Tischkante, zog das Kinn an den Hals, lächelte ihr Gegenüber an und fragte ohne Zögern: „Habe ich viel zu lernen?"

Er war von der Direktheit überrascht, sah ihr in die Augen und schüttelte langsam den Kopf. „Ich bin ziemlich stolz darauf, dass ich dich entdeckt habe", sagte er, ohne auf ihre Frage einzugehen. Er taxierte sie einige Augenblicke. Gerade so kurz, dass es sie nicht beunruhigte. „Bei dir stimmt alles." Nach dem Bestellen begann der blonde Mann mit den blauen Augen, die Zuversicht verbreiteten, aus seiner Branche zu plaudern, und obwohl die Tochter des Textilhändlers und Bekleidungsherstellers Romer derlei Themen immer um sich gehabt hatte, war sie dagegen stets so verschlossen gewesen, dass sie meinte, zum ersten Mal etwas Wesentliches davon zu hören. Der Fotograf bezog sie in sein Selbstgespräch ein. Es schien, als entstünden seine Gedanken gerade und er ließe die Zuhörerin spontan daran teilhaben. Wiederholt verwies er auf den Auftraggeber, einen außergewöhnlich begabten Designer, mit dem er befreundet war, als die höhere Instanz und auf dessen neueste Kollektion, die Claudia vorführen sollte. Mit der demonstrativen Treue gegenüber seinem Freund weckte er Vertrauen, wenn er auch etwas schwach wirkte neben diesem Könner. „Und du hast dich nie für Mode interessiert?"

„Ich habe das alles abgelehnt."

„Damit warst du isoliert in der Familie?"

Das war ihr damals nur recht.

„Es gab niemand, der dir nahe stand?"

Eine Ausnahme gab es: Tante Lou. Sie lebte durch Jahre mit ihrem Mann in Kanada. Er war Ethnologe und beschäftigte sich mit den indianischen Völkern. Tante Lou setzte sich für Vertriebene rund um die Welt ein.

Ob sie zu der gehen konnte, wenn sie Probleme hatte?

Nein, diese Verwandte sah sie ganz selten. Von ihr und ihrem Mann war stets so gesprochen worden, als gehörten sie einer anderen Art von Mensch an. Leute, deren Leben nicht nach den gewöhnlichen Zielen ausgerichtet war. Sie hatten nichts mit dem üblichen Sinnen und Trachten zu tun. Nichts mit dem täglichen Kampf um die materiellen Dinge. „Seit einigen Monaten ist Tante Lou Witwe. Ihr Mann ist in Nordamerika bei einem Bootsunfall tödlich verunglückt. Sie kommt demnächst hierher, um nach dem zu sehen, was er hinterließ."

Der Fotograf lächelte, als nähme er das Gesagte nicht ganz ernst. „Vermutlich handelt es sich um einen interessanten Besitz?"

„Die Villa Stilling gehört jetzt ihr und ihrem Schwager, der in Dänemark lebt."

Der Fotograf sah sie mit betonter Verwunderung an, als hielte er das für einen weiteren guten Scherz. „Irgendwo in der Einöde vermutlich?"

„Nein, fast in der Stadt."

„Soll sie doch ihren Anteil gleich dir überlassen, dann braucht sie nicht zu überlegen, was sie tun soll mit dem Zeug."

„Und was mache ich damit?"

„Ja, was solltest du mit so etwas!" Brand sah ihr verständnisvoll in die Augen. „Ich hätte da auch ein Problem. So was muss in die richtigen Hände kommen. Im Übrigen habe ich auch eine Verwandtschaft, die mir mit solchen Sorgen auf den Nerv fällt. Aber vielleicht finden wir bei deiner netten Tante einmal ein passendes Ambiente für unsere Aufnahmen." Die Kurve seiner Karriere als Fotograf ging bergauf und verhieß eine angenehme Zukunft, in der er vielleicht so eine Villa brauchen konnte. „Du betreibst Sport?", fragte er ohne Übergang.

Claudia sprach nicht von ihrem Kampfsport, sondern schüttelte automatisch den Kopf, als würde eine übergeordnete Stelle eine aufrichtige Antwort verhindern.

Er ließ seine Augen an ihr auf und ab wandern. „Du hast deinen Körper unter Kontrolle, das ist gut. Weißt du, ich treffe immer wieder auf hübsche Figuren, aber wenn die

nicht posieren können, kannst du die Arbeit vergessen."
Kauend vertiefte er sich in die Großaufnahme eines Wein-
gutes, die hinter Claudia an der Wand hing, und fragte
nebenbei: „Gehst du gerne aus?"
Was spielte es für eine Rolle, ob sie zum Tanzen ging, wenn
eine konkrete Arbeit anstand? Sie zog ihre Füße unter dem
kleinen Tisch hervor. Er sah sie an und fragte mit den
Augen: Warum ziehst du deine Beine zurück? Ihr Gesicht
zeigte Vorbehalte, die ihr selbst nicht ganz klar waren, und
er musste aufpassen, dass sie das Interesse nicht verlor, ehe es
zu einem Abschluss kam. Biegsamkeit war nicht unbedingt
seine Stärke, Zielstrebigkeit ja, er konnte mit vorbereiteten
Argumenten überzeugen. Claudia kam ihm zuvor, schlug
die Beine übereinander, hob den Kopf und fragte genervt
und misstrauisch: „Wann kommen wir zur Arbeit?"
Der Fotograf war überrascht, obwohl er mit einem eigenwil-
ligen und störrischen Wesen gerechnet hatte. „Wir sind
dabei", antwortete er neckisch. Aufgeräumt erzählte er, dass
er nur mehr wenige Tage bliebe, dann führte ihn eine Arbeit
für längere Zeit nach Amsterdam, wo er eine Reihe von
Kunstwerken für einen Katalog aufnehmen würde, lebensgroße Figuren. Er machte eine Pause und sah in ihre Augen,
die genervt flackerten. Dann wollte er helfen, die Plastiken
rund um die Welt zu vermarkten. „Danach werde ich
bodenständig. Das ewige Zigeunerleben stresst manchmal
ganz schön. Und du bleibst hier?"
Sie hatte eine mehrwöchige Tour vor sich.
„Allein?"
Sie begleitete eine Gruppe von Touristen.
„Sonst ist niemand dabei?"
„Ich mache das immer allein."
„Auch nicht dieser Trödler?"
Claudia drehte den Kopf zur Seite. Ihr Blick fiel durch das
Fenster auf die Straße, wo sich zwei etwas abgerissene
Männer gegenüberstanden. Sie fassten sich halb spielerisch,

halb ernst an den Rockaufschlägen, stießen sich weg, schlugen sich mit dem Handrücken gegenseitig an die Brust und maßen einander mit abschätzigen Blicken. Die Haare klebten feucht an ihren Köpfen, obwohl es im Augenblick nicht mehr regnete. Ralf schob ihr ein Glas Wein hin und fragte: „Hast du die braune Puppe noch?" Sie nahm das Glas nicht, sondern wandte ihm ihr Gesicht zu, wobei sie den Kopf zur Schulter neigte. Er hob ihr sein Glas entgegen und nippte. Sie rückte mit dem Stuhl zurück, fasste nach der Sitzfläche, hielt sich daran fest, sackte in sich zusammen und schaute zu Boden. Ihr Gesicht verlor allen Ausdruck, sie wirkte hilflos. Er streckte den Arm über den Tisch zu ihr und flüsterte: „Du gefällst mir sehr gut."

Aber ich hasse mich, sagte ihr Gesicht.

„Ausgezeichnet", sagte er, als hätte er das am liebsten, „die Vorgaben sind prima. Die Arbeit wird dich aufbauen. Wir werden erstklassige Aufnahmen machen und du wirst dich dabei wohl fühlen."

Vielleicht stimmte das. Vielleicht brauchte sie eine Rolle, in der sie aus sich stieg, weg von sich trat, neben sich stand. Und von da konnte sie in ein anderes Milieu wechseln, in eine neue Familie.

„Gehen wir?", fragte er und beugte sich vor, um ihre Hand zu ergreifen.

Doch sie zog sie rasch an sich, hob den Kopf und blickte einige Augenblicke ins Leere. Dann fasste sie sich und gewann ihre Haltung zurück. „Ich muss mir das noch überlegen", sagte sie und stand auf. Ihr Rücken streckte sich durch wie eine Stahlfeder.

Landmann eröffnete der Frau, die neuerdings seinen Laden gelegentlich betreute, dass er endgültig dicht mache. Er hause selber in einem Abbruchobjekt und sehe wenig Licht am Horizont. Dennoch gebe er die Sache mit dem Vorsatz auf, ein Lokal in besserer Lage zu suchen. Sollte ihm dies gelingen, dann – – Er zögerte, bevor er etwas versprach. Da läutete das Telefon. Er fasste nach dem Hörer und meldete sich. Die Mutter.

„Nico, so ein Zufall!" Sie freute sich dass sie ihn im Laden erreichte.

„Richtig, Mama, so ein Zufall!"

Sie wunderten sich über den Zufall, dabei wussten sie, dass sie ständig in Kontakt standen, ob sie telefonierten oder nicht.

„Ich brauche dich dringend. Wir machen einen Ausflug aufs Land. Alle meine Mädchen sind dabei. Es gibt schönes Wetter. Wir grillen und kegeln zusammen."

Er hatte keine Lust.

„Sei nicht langweilig."

„Mich kann nichts mehr reizen."

„Bist du verliebt?"

„Ich hab andere Sorgen und begreife nicht, was dir diese sinnlosen Gelage bringen."

Er wollte die Mutter abschmettern, ja er traf sie, aber sie steckte die Beleidigung weg und sagte: „Wir haben uns doch jedes Mal amüsiert."

Nico schwieg. Er hatte sich immer gut unterhalten, das stimmte.

„Ich bring' dir etwas mit."

„Geld?"

„Du nimmst doch keines mehr."

„Richtig. Aber sonst habe ich eigentlich alles."

Die Mutter zauderte: „Also kommst du?"

Er sagte nichts, sondern begann schwer und rasch zu atmen.

Die Mutter änderte den Ton: „Ich glaube, dir geht es in der Wirklichkeit so, wie es mir oft im Traum geht. Mir kommt dann vor, dass ich ganz nah an etwas herankomme, was ich suche, und kann es einfach nicht ergreifen."

Nico lachte kurz und schniefte, er fühlte sich durchschaut. Einmal mehr hatte er die Mutter unterschätzt und er bedauerte bei sich, dass er sie wegen des Trinkens beleidigt hatte, denn es stimmte so nicht. Sie wirkte auch ohne jedes stimulierende Mittel sehr lebendig.

Der Gebirgsbach neben der Straße floss dem Fahrzeug entgegen, purzelte über Felsstufen, vollführte Rundtänze, taumelte und torkelte zwischen Steinen, fasste sich wieder und strömte zur nächsten Geländestufe. Angesichts der hellen Gischt, die einen zarten Schleier vor den weißen Kalkfels zog, lachte Lotte Landmann. An einem solchen Gewässer hatte sie die Kindheit verlebt, aufwühlende Ereignisse ihrer Jugend standen damit in Verbindung. Weit zurück konnte sie die Spur verfolgen. Die Sonne fiel in das glasklare Wasser, beleuchtete die Steine am Grund, wärmte die Sandkörner der Uferbank, wühlte sich unter die Büsche und Graspolster und trocknete die feuchten Schatten fort. Lotte Landmann saß neben dem Fahrer und manchmal hörte sie die Stimme ihres Jungen hinter sich, die ungewohnt antriebslos klang. „Ich sollte", sagte sie ohne Einleitung zu den Friseusen und schützte dabei ihre Augen mit der Hand, „den Betrieb modernisieren."

„Hast du das gehört?", fragte Rosmarie und suchte den Blickkontakt mit Nico. Er aber schaute nach vorn zwischen Fahrer und Mutter ins Unbestimmte und wirkte abwesend. So verhielt er sich allerdings meist, wenn die Mädchen und seine Mutter über den Laden sprachen, er mischte sich nicht ein, zeigte kein Interesse. „Hast du das mitgekriegt?", setzte Rosmarie nach.

Er warf das Haar mit einer Kopfbewegung in den Nacken und nahm einen Schluck aus der Bierdose. Dann berührte er mit der Hand die Schulter der Mutter und fragte selten ernst: „Hast du das wirklich vor?"

Sie schützte nochmals ihre Augen gegen die Sonne. „Ulrich hat mir einen Unternehmensberater geschickt", sagte sie und sprach vor den Mädchen einen Namen aus, den sie sonst in ihrer Gegenwart vermieden hatte, „aber", besänftigte sie die augenblickliche Beunruhigung der Mitarbeiterinnen, „ich glaube, wir machen weiter wie bisher."

Da begann Rosmarie zu lachen, Martina, Lucia und Brigitte fielen verzögert ein, dann wurde Lotte Landmann von der Heiterkeit angesteckt. Ein Lachanfall, wie er bei den Ausflügen der Friseusen immer wieder einmal vorkam. Die Beteiligten fanden kein Ende, schnappten nach Luft, hielten den Bauch, Tränen liefen über die Wangen und sie baten einander aufzuhören, weil das Zwerchfell schmerzte. Schließlich lachte auch Nico, aber er warf den Kopf nicht in den Nacken, sondern lachte mit geschlossenen Lippen, was wie Schnuppern klang.

Der Kleinbus tauchte in den Schatten der Linde, die ihren grünen Schirm über das Schieferdach des Gasthauses hielt, als wäre sie der Schutzgeist dieses Fleckens. Eine füllige Wirtin stand mit gutmütigem Lächeln im Gesicht vor dem Eingang. Der Türstein aus fleischfarbenem Kalk und die roten Geranien, die aus den Fenstern quollen, steigerten den Eindruck von ländlichem Frieden. „Schön, dass ihr wieder einmal herfindet", begrüßte sie ihre Gäste und schickte sie zur tiefer liegenden Terrasse, deren Längsseite zum Wasser hinuntersah. Zwischen Pfählen, die den kiesbedeckten Platz säumten, baumelten bunte Glühbirnen, in einer Ecke wartete ein Unterstand aus Schilfmatten. Die glühenden Kohlen im vorgeheizten Grill verströmten einen scharfen Duft. Die Wirtin folgte mit Fleisch, Salaten, Gewürzen und Brot und nahm die Getränke auf. Danach drückte sie auf die Starttaste eines Radiorekorders und überließ ihnen wie vereinbart den Grill.

Lotte Landmann sank auf einen grünen Klappsessel und trocknete den Schweiß von der Stirn, während die Mädchen das Grillgut auf den Rost legten. Auf dem eingestellten Sender gab es Schlager aus den frühen sechziger Jahren, für die sie eine Vorliebe hatte. Schöner fremder Mann, du bist lieb zu mir, hieß es. Ihre bewegte Jugendzeit wurde dabei lebendig. Als sie zu trällern begann, bat Nico sie, darauf zu verzichten. Er begoss die brutzelnden und schmurgelnden Koteletts mit Bier, das Zischen und Dampfen hellte seine Laune auf. Die Friseusen scherzten ausgelassen und übertönten kreischend, lachend und schwatzend die Musik, bis sie zu essen begannen.

Später, nachdem die Wirtin Kaffee und Kuchen gebracht hatte, ergriff Lotte den Arm ihres Sohnes und zog ihn neben sich auf einen Stuhl. „Ich wollte warten, bis du danach fragst", sagte sie.

„Ach ja, du wolltest mir etwas geben."

Schweiß trat auf ihre Stirn, während sie einen Umschlag aus der Handtasche zog. Sie entnahm ihm einen Stapel Fotos und drückte ihn Nico in die Hand. Er blätterte die Aufnahmen rasch durch, indem er sie kurz ansah und auf dem Tisch stapelte: Seine Mutter in einem knappen Faschingskostüm als Hula-Hula-Mädchen, mit dem Reifen an der geknickten Hüfte. „Da war ich sechzehn." Die Mutter auf einem Fass reitend, mit einem Sektglas in der erhobenen Hand. „Da bin ich Faschingsprinzessin." Die Friseusen wollten mitschauen, doch sie konnten nur hie und da ein Motiv aufschnappen, und obwohl sie über die Hetze murrten, blieb ihnen nur übrig, den Bildern mit flüchtigen Blicken zu folgen. Lotte Landmann in einem spärlichen Kostüm aus Blumen. „Ich beim Blumenkorso. Da warst du schon auf der Welt." In einer Kleidung, die aussieht wie zweiteilige Unterwäsche. „Bei einer Misswahl. Ich wurde Zweite." Mit nacktem Oberkörper. Nico atmete schwer. „Bei der Vorbereitung einer Modenschau. Ein großer Publikumserfolg. Natürlich in der Stadt." In Tennisdress mit Sonnenbrille und Hut. „Da war ich Aufputz bei einer Autoschau. Ein Jux. Ich war zweiunddreißig und hatte noch nie Tennis gespielt." Ihre Stimme verriet, dass auch sie gern bei den einzelnen Aufnahmen verweilt wäre, überall hätte sie etwas zu erzählen gehabt, und sie hätte es gern getan. Als Nico mit der Durchsicht fertig war, sagte sie: „Gib mir das letzte noch einmal!" Das Bild zeigte sie in einem Sommerkleid. „Damals war ich zwanzig. Da rechts stand dein Kinderwagen, Nico." Sie besaß bereits die Gestalt einer attraktiven Frau. „Wie eine Filmschönheit siehst du aus, hat ein Freund zu mir gesagt, als er mich geknipst hat." Alle sahen sie an, während sie ein bisschen versonnen in die Weite schaute.

„Okay, das war's", sagte Nico knapp, setzte ein kurzes Lachen dahinter, schob die Fotos zusammen, steckte sie in den Umschlag, warf das Päckchen neben sich auf die Bank und strich den Haarschopf zurück.

„Sei nicht böse", bat die Mutter.

„Bin ich ja nicht."

„Aber du siehst so aus."

Sie wirkte ein paar Augenblicke niedergeschlagen. Dann gab sie sich einen Ruck, stand elastisch auf und rief in die Runde: „Tanzen wir!" Ihr geselliges Wesen übertrug sich leicht auf die Umgebung. Die harmonischen Anlagen hatten wieder die Oberhand.

Mit dem Zeitzeichen für neunzehn Uhr ließen sie sich lachend auf die Stühle unter dem Schilfdach fallen, wischten den Schweiß vom Gesicht und griffen nach den Gläsern. Die Chefin atmete tief und lachte angeregt, als sie mit einem Blick feststellte, dass alle gelöst waren. Auch Nico. Ihr Lachen stieg in einem Bogen hoch, schlug eine Volte und sank hernieder, und sie atmete noch einmal tief durch, um es abermals steigen zu lassen. Dann wischte sie den Schweiß vom Gesicht und den Schultern, schob das Haar zurück, trocknete Nacken und Hals und fuhr mit dem Tuch in den Brustausschnitt. Während die Nachrichten aus dem Radio ihren Sohn in den Bürgerkrieg nach Jugoslawien riefen, zu Kaspar, zu den Schießereien, zu den Figuren und den Toten, fixierte er Brigitte mit Blicken. Ihr Gesicht war vom Tanzen erhitzt, die Haut glühte, sie schüttelte das aufgelöste Haar, fasste es zusammen und umwickelte es geschickt mit einem Band, dessen Ende sie mit den Zähnen festhielt. „Gehen wir ins Wasser?", fragte er. Statt einer Antwort ließ sie das Band los, ergriff die hingestreckte Hand und lief mit ihm die Wiesenböschung zum Bach hinunter. Die Friseusen johlten hinter ihnen her und überdeckten das knisternde Geräusch, mit dem ein dunkler Wagen unter die Linde bei der Gaststätte rollte.

Nadia stieß die Beifahrertür auf und sprang heraus, ihr Blick war von Abenteuerlust erfüllt. Ihr Vater ließ sich Zeit, er machte einen besorgten Eindruck.

Die Wirtin stand in der Eingangstür, betrachtete die neuen Gäste und merkte, dass der Mann, den sie nicht kannte, das Haus taxierte. „Viel zu alt!", rief sie und irritierte Witt durch diese Ansprache. „Gibt bald was Schöneres dort, wo Sie parken."

Er wollte weder über bestehende, noch geplante Bauwerke sprechen, sondern etwas fragen. „Sagen Sie, ist bei Ihnen eine Damengruppe abgestiegen?"

„Die Friseurinnen?"

Richtig. Er suchte die Friseusen, jedoch es kostete einige Überwindung, das zu bejahen.

„Sind Sie vielleicht der Direktor?"

„Wie meinen Sie?" Er hatte nicht die Absicht, sich weiter bekannt zu machen.

„Die Ältere hat einmal erzählt, dass sie einen Direktor als Freund hat."

„Der bin ich vermutlich", bekannte Witt säuerlich. Dann beantwortete er gleich noch den fragenden Blick der Wirtin, der auf Nadia übersprang, die mit gekünstelt skeptischer Miene neben ihm stand. „Unsere Tochter", sagte er.

Der Blick der Wirtin verharrte kurz auf der Dreizehnjährigen, dann erklärte sie: „Dort unten sind sie", und zeigte

mit der Hand zur Terrasse hinunter, „man hört sie ohnehin."
Auch ohne diesen Hinweis hätten sie den richtigen Weg
gefunden, denn das vergnügte Treiben auf der Terrasse war
unüberhörbar.
Witt bog um die Ecke der Schilfhütte und blieb betroffen
stehen. Nadia erschien halb hinter ihm und ergriff ratlos
und Hilfe suchend seinen Unterarm.
Sie wurden nicht bemerkt. Die Friseusen tranken sich zu.
Als Rosmarie den Kopf zurückbog, um das Glas bis zur
Neige zu leeren, hielt sie in der Bewegung inne und flüsterte,
wie sie es sonst im Friseurladen tat: „Der Direktor."
Mit dem gekippten Glas vor den Lippen erstarrt flüsterten
sich die Friseusen zu, wer da gekommen war. Völlig über-
rascht hielt Lotte Landmann den Atem an und blieb sitzen.
Sie konnte es nicht fassen. Warum kam er hierher? Warum
brach er die Vereinbarung, die er vorgeschlagen und nie in
Frage gestellt hatte? All die Jahre hätte er sich um ihr Leben
kümmern können, da hätte es manchen Grund zur Unruhe
gegeben, wenn er sich über ihre Probleme gebeugt hätte.
Nach einer peinlichen Weile der Sprachlosigkeit, die das
Radio zudeckte, sagte Witt einfach: „Ich wollte nicht stören."
Weswegen tust du es dann?, fragte Lotte mit den Augen.
„Nadia hat angerufen und mich gebeten, zu dir zu fahren."
Und du fährst gleich los, wenn sie dich anruft?, fragten ihre
zornigen Blicke.
„Sie hat sich Sorgen gemacht."
„Sorgen gemacht?" Lotte Landmann sah ihre Tochter gar
nicht an, sie wusste, dass es um etwas anderes ging: Sie war
neugierig. Sie war auf das Abenteuer aus.
„Du hast etwas eingepackt hast, was sie nicht sehen durfte."
„Und du nimmst das ernst und fährst los, wenn sie dir etwas
zuträgt?" Lotte war einfach enttäuscht. „Du kennst sie doch
und weißt, was für Einfälle sie ständig hat. Außerdem war
abgemacht –"

Rosmarie knipste das Gerät aus.

Plötzlich stand die Auseinandersetzung als Verhandlung da.

„Tut mir Leid, dass wir den falschen Augenblick erwischt haben." Die Stimme des Direktors klang diszipliniert, er zeigte den resignativen Habitus des angestrengten Vielarbeiters. „Als die Kleine anrief, klang sie wirklich verzweifelt."

„Ich war ganz allein", bezeugte Nadia mit kleiner Stimme und ließ den Unterarm ihres Vaters los.

Da hob Lotte Landmann ihre Augen zum Himmel, sie wollte nicht weiter darüber reden. Mit einer Geste forderte sie Ulrich Witt auf zwischen ihren Mitarbeiterinnen Platz zu nehmen.

Die Friseusen sahen den Direktor zum ersten Mal aus solcher Nähe. Die Lage war für sie ungewohnt, sie konnten es kaum unterlassen ihn anzustarren. Es war, als hätte sich ein Phantom, das sie schon oft beobachtet hatten, plötzlich realisiert und zu ihnen an den Tisch gesetzt. Aus Ergebenheit ihrer Chefin gegenüber beteiligten sie sich an einem zähen Gespräch, während Nadia Papier aus dem Abfall in die glosende Asche des Grills warf und darin stocherte. Vom Fluss unten drangen Schreie zwischen Entzücken und Entsetzen herauf, untermalt vom Tosen des Wassers, das über das Wehr stürzte. Nadia trat an den Rand der Terrasse und entdeckte unten zwischen den Bäumen und Gebüschen den Bruder, der im gestauten Bach nackt hinter Brigitte herlief, die hüllenlos vor ihm flüchtete, sich herumwarf und den Verfolger attackierte. Beim spielerischen Kräftemessen lachten und kreischten und schrien sie, bis sie beide das Gleichgewicht verloren, umfielen und untertauchten. Nadia schluckte ein paar Mal, drehte sich um und entdeckte den Umschlag mit den Fotos, den Nico auf einen Sessel gelegt hatte. Sie griff unbeachtet nach dem Päckchen, sah mit einem Blick, dass die attraktive Mama von zwanzig fast nichts anhatte, stellte sich mit dem Rücken zu der

Gruppe, betrachtete die Aufnahmen (die sie offenbar noch nie in Mutters Laden entdeckt hatte) nach der Reihe, bis Ulrich Witt ihren haltlos offen stehenden Mund bemerkte und annahm, dass in dem Kind gerade etwas Aufwühlendes vorging. „Was hast du da?", fragte er.

Jetzt bemerkte Lotte erst die Fotos in der Hand ihrer Tochter und forderte sie mit Panik in der Stimme auf, die Sachen sofort wieder zurückzulegen, sie gehörten Nico.

„Wo hattest du die?", fragte Nadia, die den Aufruhr in der Stimme der Mutter spürte. Mit den Fotos hatte es etwas auf sich, sie mussten gut versteckt gewesen sein, denn sie waren ihrer forschenden Neugier bisher entgangen.

„Gib her!", sagte ihre Mutter scharf und streckte die Hand aus.

Ulrich Witt stellte fest, dass Nadias Mund noch immer offen stand, und streckte auch seine Hand hin und sie legte den Packen hinein. Er bog den Kopf zurück, um die geeignete Zone seiner Brille zu suchen, und erblickte seine Freundin, die in leichtem Kostüm auf einem Weinfass ritt. Mit angeekeltem Ausdruck zog er die Augenbrauen hoch und schob das erste Foto nach unten, während sich Nadia zutraulich neben ihn stellte und die Hand auf seine Schulter legte. Witt blätterte zwischen den Aufnahmen hin und her, seine Tochter schaute mit. Die Friseusen warfen sich fragende Blicke zu, nippten an den Getränken, griffen zu den Soletti. Lotte war peinlich berührt. Sie verstand, dass Ulrich Witt die Fotos anschauen wollte, fand es aber dennoch unsensibel, dass er es tat. Eine eigenartige Gelassenheit breitete sich aus.

Als sich die beiden Badenden ans Ufer setzten, bemerkte Nico, dass es auf der Terrasse oben still geworden war, und das löste bei ihm sofort eine Unruhe aus.

„Die spielen uns einen Streich", vermutete Brigitte, während sie in die Kleider schlüpften.

Er nahm ihre Hand, sie kletterten den Hang hoch und lachten, als sie die schweigenden Friseusen erblickten, denn sie dachten an einen verabredeten Scherz. Doch plötzlich wurde Nico ernst, er begann schwer zu atmen und blieb stehen. Ein Fenster flog in ihm auf, er sah seinen Vater, der mit einem Kescher eine Schlange aus seinem Terrarium fischte, sie in ein Glas stopfte, den Deckel schloss und damit fortging, um sie im Wirtshaus zu verkaufen. Er entriss ihm den Behälter, lief damit in den nahen Wald, ließ die Schlange frei, sah sie zwischen Steinen verschwinden, bevor der Vater ihn einholte und ihm einen Schlag in den Nacken versetzte. Dann trat er auf Witt zu und langte entschieden nach den Fotos.

Natürlich lag es dem Direktor fern, sich um Aufnahmen zu balgen, selbst wenn sie seine Freundin zeigten, aber er vertrug es schlecht, wenn ihm etwas in so einer Weise aus der Hand genommen wurde. „Was erlauben Sie sich?", fragte er und verwendete eine Floskel, die er als Vorgesetzter gegenüber Aufsässigen verwendete.

Da warf Nico den Kopf mit dem nassen Haar zurück, dass die Wassertropfen flogen, schniefte und spürte neuartig gefärbte Aggressionen hochkommen. Nie hatte sich Witt um die alltägliche Verfassung der Mutter gekümmert, während er das immer getan hatte. Was sie und ihn anging, da konnte der Direktor weder etwas erlauben noch verbieten. Nico war dabei gewesen, als diese Aufnahmen gemacht wurden, nicht Witt, wenn er auch nur im Bauch schwamm, als sie auf dem Fass ritt. Freilich, er konnte sich nicht daran erinnern, aber er war sehr vertraut mit dieser Frau, die Witt ganz für sich haben wollte.

„Lotte", sagte Witt, hob seine linke Hand, als würde er einem Publikum eine apfelgroße goldene Kugel auf den Fingerspitzen präsentieren, und sah seine Freundin an. Er wollte eine wichtige Feststellung machen und erwartete Unterstützung, doch Lotte zuckte bloß mit den Schultern und untergrub seinen Schwung. Er ließ die Hand sinken.

In dem Moment wurden oben auf dem Abstellplatz ein paar

Autos scharf abgebremst, Autotüren flogen auf und schlugen zu, junge Burschen redeten lautstark und gingen lärmend Richtung Kegelbahn. Die Friseusen tauschten vielsagende Blicke. Das waren ihre Bekannten, mit denen sie gerne kegelten. Jedes Mal, wenn sie sich bei der Wirtin des Ausflugsgasthauses anmeldeten, verständigte diese die einheimischen Burschen, und nach dem Kegeln saß die ganze Gesellschaft meist noch lange zusammen.

Nico steckte die Fotos in die Hosentasche und warf weggehend Nadia einen Blick zu, der ihr sagen sollte, sie möge ihm ja nicht nachlaufen. Wenig später setzte eine Kugel mit dumpfem Schlag auf dem Pfosten der Kegelstatt auf. Dann rollte sie mit sonorem Geräusch durch das Schweigen, bis sie zwischen die Kegel fuhr, diese klappernd durcheinander warf und die ersten begeisterten Rufe auslöste.

Die Wirtin servierte eine üppig belegte Platte und Wein, die Friseusen nahmen kaum davon, tranken aber ein Gläschen mit und schließlich fragte Rosmarie, ob es etwas ausmachte, wenn sie auch zum Kegeln gingen.

„Geht nur! Das hatten wir doch vor", sagte Lotte Landmann und zwinkerte ihren Mädchen zu.

Der kühle Druck gegen die Fingerspitzen und die Innenfläche der Hand machte Nico gelassen. Er verfügte über einen Gegenstand, dessen Weg er allein bestimmte. Sobald er darauf einwirkte, entschied er über die Folgen. Er lächelte, als er an den Anfang der schmalen Bohle trat. Während er die Unebenheiten des Bodens mit den Füßen abtastete, warf er einen Blick nach vorne, wo das Karo mit den neun Kegeln lag. Das Lächeln auf seinen Lippen und um den Mund verschwand, die Körperhaltung änderte sich, er beugte sich vor (es sah aus, als verneigte er sich), ein Schub ging durch seinen Körper, als drängte ihn etwas voran, während er seine hängende Rechte mit der Kugel nach hinten zog, nicht aggressiv, sondern eher scheu, und dann setzte er sich wie eine Großkatze in Bewegung, wurde rasch, und auf einmal jagte die Kugel davon, während er seinen Schwung stoppend eine leichte Kurve beschrieb, als ob er darauf verzichtete die Aktion mit den Augen zu verfolgen: das Gehör genügte, um die erzielte Wirkung zu registrieren. Er wartete nicht, bis der letzte Kegel gefallen war, sondern drehte sich mit einer stolzen Bewegung zu seinem Team herum. Auf den Gesichtern der vier Friseusen, mit denen er gegen die fünf Burschen aus dem Tal kämpfte, las er den Erfolg ab, er ließ sich mit zurückgeworfenem Kopf dafür beklatschen, wenn auch unter verlegenem Lachen, das fast wie Bellen klang.

Die Schatten schoben ihre kühlen Hände aus dem Wald. Auf der Terrasse saßen Lotte Landmann und Ulrich Witt vor der großen belegten Platte. Entgegen ihren Essgewohnheiten nahmen die beiden immer wieder nach, als bedeutete ihnen viel zu essen ein neu entdecktes Vergnügen. Sie saßen und kauten langsam, als wäre in der Eintracht zwischen ihnen ein explosiver Stoff versteckt. Und sie hoben zwischendurch das Weinglas und blickten trinkend auf die Hänge gegenüber, die noch im Abendlicht glänzten. Ihre Mienen verrieten eine gewisse Unlust. Der anbrechende Abend schien sich mit den Schnippeln zerrissener Pläne zu füllen, die aus dem Rachen eines Reißwolfs stoben. Leere Eisbecher, Waffelpackungen, Soletti- und Erdnuss-Säckchen bedeckten den Boden um Nadias Stuhl. Sie lockte unermüdlich einige Spatzen mit Brotkrümeln zu sich und verscheuchte sie dann durch Klatschen. Als die bunten Glühbirnen angingen, nahm sie eine Packung Chips und verschwand.

Wenig später fühlte Nico sich irritiert, als ein zartes Bein aus dem Winkel ragte, in den sich der Junge, der nach jedem Schub die Kegel neu aufstellte, zum Schutz zurückzog, während die Kugel heranhetzte. Als Nadia mit dem

Kegelbuben aus dem Winkel sprang und mit ihm die Figuren aufstellte, verwünschte er ihre Anwesenheit. Zwischen den Gruppen herrschte Gleichstand und sie wollten den Kegelabend beenden. Nico sollte für sein Team den entscheidenden Schub machen. Brigitte wandte sich ab und blickte auf die seitliche Brüstung gestützt auf das Wasser unterhalb des Wehrs, auf dessen Wellen das blonde Mondlicht tanzte und mit einem kleinen Hopp von einem Wellenrücken auf den nächsten hüpfte. Nadia verschwand hinter der schützenden Planke, alle verstummten, das Rauschen des Wehrs schwoll in der Stille an. Nico wog die Kugel in der Hand, maß die Schritte, suchte den idealen Stand, neigte sich vorwärts, die Kugel pendelte nach hinten, kam wieder nach vorn. Sein Körper wurde rasch, die Kugel zog tief unten an seinem Fuß vorbei, da sprang Nadia aus ihrem Unterstand, sie wollte den ersten Kegel genau ausrichten. Früher als sonst hob Nico den Blick und sah ihren Rücken. Die Kugel war fast so schnell unterwegs wie der Aufschrei, der Nadia zu einem Satz in die Deckung zwang. Schon fegte die Kugel über die Stelle, wo sie gestanden war, schleuderte den ersten Kegel zur Seite, der nicht richtig gestanden war, und riss ein paar andere mit.

Als er mit den Friseusen zur Terrasse zurückkehrte, ergriff Brigitte seine Hand und fragte: „Kommst du zu mir?" Während er überlegte, ob er seine Enttäuschung über den Spielausgang an ihr abreagieren sollte, drängte auf der anderen Seite Nadia heftig an ihn heran. „Tut mir Leid, Nico", sagte sie und fügte nahtlos eine Frage an: „Weißt du, wer heute angerufen hat?"
Von Nadia wollte er jetzt nichts wissen. Er forderte sie auf zu verschwinden und ihn in Ruhe zu lassen.
„Claudia", flüsterte sie, als wüsste sie um die besondere Beziehung Bescheid.
Er entzog Brigitte seine Hand und herrschte die Schwester an: „Was hat sie gesagt?" Nadia machte ein paar hüpfende

Wechselschritte. Nico fasste sie rasch wie eine Schlange am Nacken. „Rede!"

„Dass sie abreist."

„Ist das wahr?", fragte er drohend. Nadia sah ihn von unten an und nickte. Er ließ sie los. Für wie lange, das wusste sie nicht. Oder es war ihr entfallen. Beim besten Willen, sie konnte sich nicht mehr erinnern. Doch gab es den besten Willen Nadias überhaupt, wo sie kaum einmal guten Willen zeigte? „Hat sie zwei Wochen gesagt?"

„Ja, oder drei, oder sechs. Mit Wochen war was, glaub ich."

„Aber sie kommt zurück?"

Selbst daran konnte sie zweifeln. Sie wusste es nicht genau. Vielleicht hatte es sogar geheißen: Er sieht mich nie wieder. „Denk nach", bat Nico und ahnte, dass er damit seine Unsicherheit vertiefte, denn mehr war nicht zu erfahren. Nadia hatte gegeben, woran sie sich erinnerte. Erwartete er mehr, lieferte er sich aus. Dann konnte sie nicht umhin, mit ihm zu spielen. Sie hatte nämlich gar nicht so genau aufgepasst und gerade genug behalten, um ihn aufzustöbern. „Wahrscheinlich hat sie anders geklungen als sonst?", forschte er selbstquälerisch, wusste er doch, dass sie ihre Stimme vorher nie gehört hatte und nicht ahnen konnte, wie Claudia sonst klang.

Etwas abseits der Laube stehend sah ihnen aus dem Halbdunkel Witt entgegen, als sie sich der Terrasse näherten. Zwischen Nadia und ihrem Halbbruder Nico gab es eine Beziehung. Das Mädchen hasste den disziplinlosen Mann nicht nur. Am Ende zog sie sein negatives Vorbild an. Also musste er den jungen Händler einbinden, wenn er eine funktionierende Gruppe aufbauen wollte. Dieser Nico hatte einen guten Brustkorb, war muskulös, wirkte ausgehungert und zugleich kraftvoll; wahrscheinlich spielte das Essen für ihn keine Rolle. „Während meines Studiums habe ich von nichts gelebt", sagte Witt und trat aus dem schummerigen

Zwielicht zu Lotte, sein Blick streifte die Platte auf dem Tisch, die sie fast geleert hatten. „Jeden Herbst, wenn ich die wärmeren Sachen hervorholte, schlotterten sie noch mehr an mir. Ich war von meinem Ehrgeiz so getrieben, dass mir jede Übung und jede Vorlesung wichtiger war als das Essen. So dünn war ich." Er zeigte mit beiden Händen seinen Umfang und lachte ein wenig in sich hinein. Nun, da er ein einträgliches Arbeitsleben voller Erfahrungen hinter sich hatte, wollte er den Traum seiner Jugend mit leichter Hand verwirklichen und den Willen zur Gestaltung seiner Umgebung aufbieten, den er bis zuletzt als technischer Direktor der Firma erfolgreich eingesetzt hatte. Wenn er alles bedachte, musste er mit Unwägbarkeiten rechnen, aber er spürte genug Energien in sich. Und mit dem Kapital, das er besaß, wollte er arbeiten und beweisen, dass er auch davon etwas verstand. Lotte las von seinen Augen ab, wohin seine Gedanken gingen, aber er ließ jetzt nichts heraus. Er schwieg gegenüber seiner Freundin, die er liebte, schließlich hatte er auch mit ihr allerlei Pläne, und wer weiß, ob sie die gleich verstehen würde. „Ich fühle mich ein wenig unwohl", sagte er, „ich habe mich überessen."

„Geht mir auch so", seufzte Lotte und legte ihre Hand an seine Hüfte, „aber so dünn wie du war ich nie."

Er atmete flach und schnell und brachte keine Luft in die Tiefe der Lungen. „Nico, du hechelst", stellte Brigitte fest. Ohne darauf etwas zu sagen griff er in die Kühlbox neben dem Lenker und nahm eine Dose Bier heraus. In der Stadt selbst hatte er keine Unterkunft mehr. Die Mutter würde Witt in die Wohnung mitnehmen; freilich würde ihr Lebensgefährte da nicht schlafen, auf dieses Ambiente hatte er sich nie eingelassen und die Mutter war dabei sich davon zu trennen. Deutlich erinnerte sich seine Wange an die nasse Zunge des Rauhaars und es ärgerte ihn, dass er sie von Wünschen geneckt für die zärtlichen Lippen seiner Mutter gehalten hatte. Der Vorfall lag in seinem Keller in der Abteilung Beschämendes. In der Nähe geisterte auch die Zurückweisung herum, die ihm Claudia im Schuppen zugefügt hatte. Also mochte er auch den Speicher auf dem Land nicht aufsuchen, zu schmerzlich brannte die Wunde, obwohl es ihn zu den Dingen hinzog.

Von dem Ausflug hatte er nichts erwartet und er war entsprechend verlaufen, wenn er auch einräumen musste, dass er sich kaum gelangweilt hatte. Doch dann hatte Nadia den Funken geworfen und in seinem Innern ein Feuerwerk an Gefühlen entflammt. Claudia gab es also noch. Sie hatte wirklich angerufen. Von irgendwo. Zu einer bestimmten Stunde. Das war nicht geträumt. Das war kein Gespinst der Hoffnung. Aber mehr Sicherheit war da nicht zu haben. Er musste warten, den offenen Zeitraum des Bangens ertragen, die Anwesenheit einer verschleierten Zukunft aushalten. Die Aufnahmen, mit denen ihn die Mutter gelockt hatte, drückten gegen den Schenkel. Seine Erinnerung an die frühe Kindheit war so tief unten (von der Szene im Bad abgesehen), dass er zweifelte, ob es sie überhaupt gab. Nur wenn er bedroht wurde, wenn er getreten wurde oder einen Schlag bekam, konnte ein Fenster aufspringen und eine abgeschobene Bildfolge aus der Vergangenheit eindringen. In seinem Gefühl existierte ein unreflektiertes, aber kompaktes Bild der Mutter. Sie hatte ihn mitzukommen beschworen, weil sie ihn beim Kegeln dabeihaben wollte. Doch daraus war für sie nichts geworden, denn sie musste Witt Gesellschaft leisten, und jetzt machte sie sich mit ihm davon, ohne ihn mit den jungen Männern aus dem Tal zu konfrontieren.

„Sie durfte nicht mit uns zurückfahren", behauptete Rosmarie.

Etwas benebelt schmiegte Nico sich an Brigittes Seite. Doch je näher sie an die Stadt kamen, um so mehr verwelkte sein Wunsch in ihrem Zimmer zu nächtigen, wo eine Schlange durch den Spalt im Spiegel kroch und dabei die Duftfläschchen zu Boden streifte. Er spürte keine Lust mehr die Friseuse zu begleiten, ja er hatte Angst davor, wenn er aufrichtig war, denn er ahnte, dass ihm der Anruf Claudias unterkommen würde. Während er sich die Situation ausmalte, wuchs seine üble Laune. Ihm fehle die Lust, sagte er Brigitte beim Aussteigen, sie müsse die Nacht ohne ihn verbringen. Dann warf er das Haar mit einer Kopfbewegung zurück und entfernte sich wütend darüber, dass er sie aus unbestimmter Angst beleidigte.

Die schwache Laterne an der Zufahrt zu Kaspars Wohnturm wies ihm den Weg. Als er den Schweiß von der Stirn wischte, wurde er auf den Duft der gelben Nachtkerzen aufmerksam, die auf der Böschung schimmerten. An die Südseite des Stadtbergs geschmiegt lag das Mauerwerk aus unverputztem Stein im matten Licht des Nachthimmels, der sich mit Wolken überzog. Aus den erleuchteten Fenstertrichtern drangen Fetzen einer lebhaften Unterhaltung in die schwüle Sommernacht. Er schob zwei Finger in den Mund und stieß einen scharfen Pfiff aus. Drinnen rief eine Männerstimme aufgekratzt seinen Namen. Er kletterte die Steinstufen schwer atmend hoch, als hätte er eine Last zu schleppen. Die erste Tür stand auf und die nächste ebenfalls, Licht fiel in den dämmerigen Vorraum und er hörte ein Geräusch, als kratzte ein Nagel über den Steinboden. Da stand die Schäferhündin Nora im Weg und schaute ihn mit gesenktem Kopf von unten an.
„Nora!", rief Kaspar von drinnen.
„Der gehört zu uns!", grölte Thilo, ein Bekannter, der fast jeden Abend im Turm verbrachte und auf ein Kartenspiel wartete. Obwohl Nico öfters daran teilnahm, sah er das nicht so, er fühlte sich nicht dazugehörig. Er sah sich und seine Besuche anders. Das wusste Thilo, und wenn er den Unterschied überging, ärgerte er Landmann. Der pelzige Dämon rührte sich in seinem Brustkorb, als er eintrat. Er

sollte dazugehören, wo er doch bloß als Zaungast im Turm auftauchte, als geschickter und einfallsreicher Spieler, der sonst anderen Dingen nachhing? Das war eine Stichelei. Er war stolz auf das Niveau, zu dem er sich zeitweise aufschwang. Im Moment befand sich seine Persönlichkeit gerade in einem Steigflug und er wollte sich nicht herabziehen lassen. Freilich, die Behauptung, er wäre ein Geschäftsmann, hätte er nur schwer verteidigen können. Ein undeutlicher Mensch war er, eine embryonale Person ohne bestimmte Gruppe, ohne klare Einstellung, ein Spielball des Zufalls, von dem niemand wusste, wo er schließlich zu liegen käme; einer, der in seinen Untergeschossen alles Mögliche verwahrte, ohne damit umgehen zu können. Er kam hierher, ohne ganz zu passen. Aber vielleicht passte er gerade deswegen. Zerstreut zog er einen Stuhl zum Tisch, ließ die Hände auf der Lehne liegen und blieb dahinter stehen. Der bleiche Thilo, der nächtelang auf die ungerechte Welt schimpfte, zog ein Päckchen Spielkarten aus seiner abgetragenen Jacke und knallte es mit der Aufforderung abzuheben auf den Tisch.

Doch Nico Landmann schüttelte verneinend den gesenkten Kopf, das Haar fiel ihm ins Gesicht.

„Setz dich doch, Nico", forderte ihn Rita wohlwollend auf, „und mach ein Spiel mit!"

Doch er reagierte nicht.

„Kannst nicht zahlen? Wäre das erste Mal, dass dich die Mama hängen ließe", stänkerte Thilo und warf seine dürren Beine nervös kichernd unter dem klobigen Tisch herum.

Da stieß Nico Landmann den Stuhl gegen die Tischplatte und beugte sich drohend vor.

„War doch bloß ein Spaß", beschwichtigte Thilo. Er hatte eine Tür zu Landmanns Untergeschossen aufgerissen und wurde mit Beleidigungen überschüttet.

„Ist gut, Landmann", schaltete sich Kaspar ein, „du willst heute kein Spiel machen. Passt schon. Aber ihr müsst euch vertragen hier. Rita mag keine Streitereien."

Da sprang Nora im Vorraum auf. Ein weiterer Gast betrat den Turm. Die Hündin lief vor ihm in den Raum und ging mit scharrenden Pfoten an der gekrümmten Wand entlang. Der Ankömmling begrüßte auf der Schwelle die Anwesenden, streifte dabei die Sandalen ab und trat barfuß ein. Herwig trug ein Turnhemd zu kurzen Hosen und wischte mit einem karierten Tuch den Schweiß von Gesicht und Hals. Landmann mochte den mageren Junggesellen, der bei einem Reinigungsbetrieb arbeitete und von sich behauptete, dass ihm kein Dreck widerstehen könnte.

„Machen wir gleich die Feuerprobe!", spielte Thilo auf die eingeatmeten Dämpfe der Reinigungsmittel an und streckte ihm ein brennendes Feuerzeug entgegen.

„Könnte sein, dass ich in die Luft gehe. Du lieber Himmel, ich hab genug abgekriegt. Wenn ich nicht noch in einen Regen komme, getraue ich mich nicht zu meiner alten Mutter heim, denn die lässt immer eine Kerze für mich brennen." Er lachte ein wenig irre. „Vierzehn Stunden hab ich die Lösungsmittel geschluckt wie ein Vergaser. In der Hitze hab ich die Schwaden stehen gesehen und eingesaugt." Er lachte wieder. Kaspar hielt ihm seine Zigaretten hin. „Nein, ich glaub', wenn ich die anzünden würde, gäb's eine Stichflamme. Ich hab' so schon Kopfweh, da brauche ich keinen weiteren Smog. Aber trinken mag ich."

„Bier?"

„Sag ich nicht nein."

„Musst dir Zeit lassen bei der Arbeit", empfahl Rita, während sie eine Flasche öffnete und vor ihn hinstellte, „es gibt genug Leute, die etwas suchen."

„Danke für deinen Tipp, Rita, du edle Frau vom Falkenturm", scherzte Herwig, „lang sollst du leben!"

„Du auch, Herwig."

„Du arbeitest für zwei, sagt der Chef, aber das musst du auch, denn wenn du wieder einmal ausfällst, dann steht der Betrieb." Wenn es zu trinken gab, war Herwig unterhaltsam,

und solange er trinken konnte, wirkte er auf alle erheiternd, weil er von sich sehr wenig hielt und gern darüber plauderte. Er fühlte sich gar nicht wichtig. So hatte er von vornherein seine Rolle in jeder Runde, er verlangte keinen Respekt für sich und schluckte lachend jede Beleidigung. „Die Leute sind verrückt", verkündete er amüsiert, „wenn die Fremden kommen, muss alles auf die Minute fertig sein. Wird es natürlich nicht. Nichts wird fertig. Ein Erziehungsprozess, sagt der Chef. Er erzieht aber nicht, sondern ich muss das tun, denn er hat ein Gespür für kritische Momente. Wenn eine erbitterte Kundschaft anrückt, ist er weg, und ich hab das Donnerwetter um die Ohren und kriege die Prügel ab."
„Und verdienst dich dumm dabei", ätzte Thilo.
„Oje", schrie Herwig auf.
„Das stimmt schon, Herwig, du wirst immer ein armer Hund bleiben", pflichtete Thilo verständnisvoll bei, „weißt du, einen Laden müsste man haben."
„Ich wüsste einen für dich", scherzte Herwig und wandte sich dann geradezu ernst an Landmann. „Das wäre übrigens was für dich, Nico. August, September steht ein Lokal im Geigerhof leer, ein paar Schritte von den belebtesten Straßen. Ab Oktober kommt eine Galerie hinein. Moderne Plastik. Eine Gruppe von Geldleuten wird das betreiben."
„Warst du dort am Werk?"
„Nur erste Qualität! Einen Auftraggeber hab ich allerdings nie gesehen. Die halten sich bedeckt, sagt der Chef, er hat den Auftrag schriftlich über einen Anwalt gekriegt. Da mussten wir einmal pünktlich sein. Ein Wahnsinn, wenn man denkt, dass die Räume mehr als einen Monat leer stehen."
„Hörst du's, Landmann?", fragte Kaspar.
„Was soll ich dort verkaufen? Vielleicht die Puppen, die uns in der Jagdvilla entgangen sind?"
„Hör auf, das war Pech. Ein dummer Zufall, dass sie der Schnösel für seine Aufnahmen gebraucht hat. Auf einmal

wusste niemand mehr, wo sie hingekommen waren. Ja, du hast was gespürt. Das stimmt schon. Aber auf diese kleinen Fische kommt es nicht an. Und die großen, die uns letztes Mal entwischt sind, holen wir uns." Selten klang Kaspar so engagiert. Er dachte an Jugoslawien. In Landmanns Vorstellung ging ein Fenster auf, Claudia stand auf dem Steg im Bootshafen, und ein weiteres ging auf, da trieben die Soldaten ein Mädchen auf die Brücke, und dann sah er in den Kinosaal, hinter der Leinwand lagen an der unverputzten Ziegelmauer die Toten aufgereiht. Zwischen ihnen im Halbdunkel, wirr über einen Haufen geworfen, die Puppen, und ganz im Dunklen hinten, was war das? Er konnte nichts mehr erkennen.

„Die großen Fische, die uns davon sind, schnappen wir uns noch", wiederholte Kaspar, nahm einen Schluck aus der Flasche und wischte den Mund mit dem Arm ab. „Wir kriegen sie. Dann zeigen wir euch den Haufen Geld, den wir verdient haben."

Von solchen Geschäften hatte Kaspar noch nie gesprochen. Thilo und Herwig sahen ihn verwundert an, er war doch sonst kein Schwadroneur, und Rita sah bei den Versprechungen irgendwie weggetreten aus.

„Wirklich", nahm Herwig den Faden noch einmal auf, „das wäre was für dich, Nico. Du kommst mit guter Kundschaft zusammen und brauchst nichts in die Ausstattung stecken."

Der Vorschlag gefiel Rita noch besser, als die Versprechungen ihres Gefährten, er versetzte sie in eine begeisterte, aufgelöste Stimmung. Halb kreischend und halb lachend ermunterte sie Landmann: „Mach das, Nico!"

„Siehst du", meinte Herwig, „sie ist auch dafür. Wir helfen dir beim Einräumen, und dann gibt es ein Fest zum Einstand."

„Der Zug ist abgefahren", seufzte Landmann und schüttelte den Kopf, dass ihm die Haare vor das Gesicht fielen. „Alles vorüber. Ich bin ein Versager."

Einige Sekunden war es still im Raum. Dann stellte Thilo fest: „Jetzt gehörst du wirklich zu uns." Und da Landmann nicht reagierte, wiederholte er mit feierlichem Spott: „Jetzt gehörst du wirklich zu uns!"

„Sag das noch einmal!", drohte Landmann mit harter Stimme und warf das Haar mit einer aggressiven Bewegung zurück.

Da zuckte ein fahler Blitz durch den Raum und gleich darauf schlug ein Donner gegen das Bauwerk, krachte an den Berg, prallte ab, sprang wieder dagegen und verzog sich dann grollend und rollend in die Ebene hinaus. Weil dieses Ereignis so gut zu der Drohung passte, begann einer nach dem andern in der Runde zu prusten, und schließlich lachten alle.

Auch Nico lachte. „Schaut euch das an!", sagte er, zog einen Packen Fotos aus der Hosentasche und knallte ihn auf den Tisch. Alle warfen zögernde Blicke auf den Stapel in der Tischmitte. Thilo sah ein Pin-up-Girl vor sich und gab einen schmatzenden Laut von sich, während er zugriff. Dann hob er Brauen und Nase in einer lächerlich hochmütigen Art und fingerte ein knapp bekleidetes Mädchen heraus, das auf einem Fass ritt und ein Stängelglas schwenkte. Er warf den Kopf amüsiert in den Nacken. „Eine wilde Braut!", brach es mit Gelächter aus ihm heraus. „Eine wilde Braut!", wiederholte er und gab Herwig, der neben ihm an der Wand saß, einen Stoß in die Seite. „Kennst du die?"

Herwig hielt seine zitternde Hand fest, um die wilde Braut zu betrachten. „Die erinnert mich an jemanden", sagte er. „Sie kommt mir bekannt vor. Aber ich sehe ja schlecht."

Thilo schlug mit der Hand auf seinen Schenkel. „Er sieht schlecht, sagt er!" Er konnte es kaum fassen. Voller Eifer griff er nach einem weiteren Bild. Die junge Frau stand in einem Bikini an einem Meeresstrand, hatte die eine Hand in die Hüfte gestemmt, die andere keck hinters gewellte Haar in den Nacken geschoben, eins ihrer schönen Beine nach vorn gesetzt und lachte. „Schau dir das an, Kaspar!" Er hielt ihm das Bild hin. Eine Aufnahme von einem Blumenkorso. Die Schöne saß mit leichtem Trikot und Höschen bekleidet auf der blumengeschmückten Motorhaube eines Kabrios und winkte mit gestrecktem Arm den Zuschauern zu. Rita kam wie eine wilde Katze herbei, nahm das Foto, warf einen Blick darauf, fuhr mit der anderen Hand in den Haufen auf dem Tisch und wischte die Bilder auseinander. „He, du zerstörst die Spannung!", rief Thilo.

„Da ist doch immer die gleiche drauf", behauptete Rita.

„Mir kommt die auch bekannt vor. Ganz bekannt kommt mir die vor. Die Aufnahmen sind schon älter."

„Mindestens zwanzig Jahre, das da", stellte Kaspar fest und fragte Landmann: „Hast du irgendwo besenrein entrümpelt?"

„Besenrein entrümpelt", sagte Landmann nachdenklich und sah aus dem Fenster in die bedrohlich finstere Stimmung. Warum war der Großvater nie zu sehen? Und der Vater auch nicht? Spielten die keine Rolle oder hatte sie die Fotos herausgesucht, die nur sie darstellten, ohne andere, als wäre sie allein für ihn da gewesen? Eine Drohung schwebte als schwarze Faust in nächster Nähe, und auf einmal fuhren Funken daraus hervor, so rasch, so plötzlich, so vielfach, dass der Himmel vom bebenden Lichtbogen eines Schweißapparates erleuchtet schien, aus dem sich unentwegt Blitze lösten, die in alle Richtungen fuhren und stoben, prallten und bohrten, schnitten, schremmten und furchten. Die Donner gingen ineinander über und verschmolzen zu berstenden Klanghaufen.

„Kennst du die, Nico?", fragte Rita mit erhobener Stimme. In ihrer Hand befand sich ein Foto, auf dem die Frau als Bauchtänzerin auf einem Tisch agierte. Ein Kostümball wahrscheinlich. Nico zuckte die Schultern. Da hielt sie das Bild Herwig vor die Augen. Eine Bewegung ging über sein Gesicht. Er ahnte plötzlich, wer die Frau war, sah Land-

mann an und vermutete: „Du müsstest sie kennen, Nico."
Nach einem nahen Donnerschlag, der die Flaschen auf dem
Tisch beben ließ, schwiegen alle einen Augenblick. Ein
orkanartiger Windstoß fuhr kräftig durch die Fensteröff-
nungen in den Turm, dass das Bauwerk aufheulte wie eine
riesige Flöte. Thilo stieß einen spitzen, hysterischen Schrei
aus, riss die Arme hoch, als der Luftstrom die Fotos packte
und mit wütender Hand vom Tisch wischte, dass sie wie
Flocken durch den Raum stoben, und schrie: „Die Landmann!", während er seine Hände auf den Tisch sausen ließ,
als wollte er die Bilder festhalten.

Mit einem winselnden Laut sprang die Hündin auf und lief
jaulend hinter Rita her, die sich schwankend und mit erhobenen Armen zum Fenster schob, als bewegte sie sich auf
dem Deck eines Schiffes im Sturm, ihr dünnes Kleidchen
flatterte wie eine Fahne, nur mit Anstrengung gelang es ihr
die Flügel zu schließen. „Die Landmann!", brüllte Thilo
noch einmal begeistert, als hätte er ein großes Rätsel gelöst.
Die Hündin tappte über die Bilder, die auf dem Boden ver-
streut lagen, drehte jaulend eine Runde an der Mauer entlang, kam zu Nico, ließ sich schnell vor ihm nieder, legte die
Schnauze auf seinen Fuß und winselte, wobei sie ihn von
unten ansah. Am liebsten hätte er sich von den Fotos getrennt. Die Landmann! Der Direktor sollte sie nicht sehen.
Er fuhr mit der Hand über die feuchte Stirn. Im gleichen
Augenblick erhellte ein greller Funkenregen den Raum, in
dessen Mitte eine Pulverladung zu explodieren schien. Alle
fuhren zusammen, das Licht erlosch, Nora sprang auf, man
hörte das Scharren ihrer Krallen, und Nico schob in der
Dunkelheit die Fotos zusammen.

In der Halle der Tischlerei stand er in einer Szenerie, die mit
Artilleriefeuer untermalt war. Da war das Fragment mit der
Schlange, die den roten Apfel mit dem Maul anbot, und da
hob Eva die Hand, um nach der Frucht zu greifen. Da ging

sie schon aus dem Garten Eden fort und bedeckte beschämt die Augen. Kain schwang mit jedem zuckenden Lichtbündel, das durch die Fenster flammte, seine tödliche Keule über dem Haupt des Bruders. Die Blitze zuckten wie Mündungsfeuer auf und zerschnitten das Dunkel gleich Diamantscheiben, die rasend hin und her schnellten. Die Haut der Nacht kam kaum mehr dazu sich zu schließen. Der Gewittersturm krümmte die Bäume und Sträucher, als hätten sie etwas verbrochen; er fasste sie mit wütender Faust am Schopf, schüttelte sie, ohne dass seine Erbitterung abkühlte, und zog sie vor ein Tribunal. Der mildernde Regen fehlte und die donnernden Stimmen der Ankläger klangen hart. Bedrohliche Flammen sprangen aus der Tiefe des Himmels hervor und zuckten in ein unerreichbares Versteck zurück. Nico warf den Kopf in den Nacken, wenn ihn die Helle eines Lichtbogens blendete, der Donner den Boden unter seinen Füßen schüttelte und eine Druckwelle die Haut presste. Er wollte mit geweiteten Augen sehen, wie die glühenden Schwerter auf die Welt einschlugen.

Dann prasselte der Regen auf das Dach. Im Raum wurde es finster, die Schauer, die der Wind umtrieb, klatschten gegen die Scheiben. In der Dunkelheit schloss Nico die Augen und die Stücke standen vor ihm, die Truhe, der Tisch, das Schränkchen. Als er nach dem Lichtschalter tastete, stand sein Entschluss fest. Bruchstück für Bruchstück fügte und leimte er zusammen. Er bewahrte die Spuren der Verletzung. Narben über Narben. Bilder von einem Verbandplatz. Der Schrecken in den Augen der naiven Krieger, die versehrt waren. Ein Strich durch die Rechnung. Der Ungültig-Stempel auf das schön geschriebene Manifest der Hoffnung. Das sprachlose Bedauern über die verlorene körperliche Selbstverständlichkeit. Das Gesicht voller Bewusstsein, während aus einer zerrissenen Ader das Leben davonlief. Wenn der Soldat von der Bahre genommen wurde und Medikamente bekam, die ihn still machten. Die Zunge machte einen schnalzenden Laut, ein stechender Schmerz durchdrang den Körper, danach glückliche Nerven, die erregte Muskulatur zog sich im Mund zusammen. Das Gehirn war noch erfüllt von Schreien voller Sinnenlust. Die Scham über die Banalität der Wunden. Ein Mensch, von verbotenen Geschossen in ein grauenerregendes Kunstwerk verwandelt. Der Hass als Gestalter abstoßender Skulpturen. Der Tod spielte eine untergeordnete Rolle. Ein Toter war für den wütenden Aggressor ein verlorenes Subjekt. Besser das Objekt stöhnte und ächzte und seine Umgebung seufzte mit. Leid erzeugen, das war es. Und sich daran weiden.

Aus dem prallen Sommerlicht der belebten Gasse tauchte Landmann in die schattige Passage zum Geigerhof, der von mehrstöckigen Altstadthäusern gebildet wurde. Unter den Arkaden des Durchgangs waren Vitrinen in die Wand eingelassen, die Werbung eines Reiseunternehmens zeigten. Gegenüber war der Schauraum mit flachem Dach in den Hof gesetzt. Die Tür in der Glasfront stand offen und Nico Landmann betrat das leere Lokal. Der Spannteppich war von zartem Grau, die Wände erstrahlten in frischem Weiß. In der dämmerigen Türöffnung im Hintergrund erschien ein stattlicher Herr mit einem runden Kopf auf kurzem Hals. Er strich mit beiden Händen über seinen schütteren Scheitel, ließ die Arme sinken, drehte die Handflächen nach vorn und forderte Landmann mit einem nervösen Klappen der Finger zum Nähertreten auf. Die Verbindung bestand auf der Stelle, Heimo Käfer veranlasste Landmann in den Ring zu treten. Auf welche Art von Kampf nach welchen Regeln er sich einstellen musste, war noch unbekannt. Natürlich hing das auch von ihm ab, sein Interesse am Laden war durch den Gedanken an Claudia eingefärbt. Der Ausdruck um Käfers Augen schwankte zwischen Ernst und spöttischer Heiterkeit. Also eine neue Nuance des rätselhaften Menschen, dem Landmann diesmal auf Grund eines auch von wirtschaftlichen Motiven gesteuerten Zufalls wieder begegnete. Käfer trug einen eleganten Anzug, eine brillant-besetzte Krawatte signalisierte den starken Anspruch auf Reichtum, die Arme mit den geöffneten Händen standen vom Körper etwas zur Seite, als rechnete er im nächsten Moment mit einem Angriff. „Was suchen Sie diesmal?", fragte er und vermittelte mit ein paar raschen Schritten nach vorn den Eindruck, dass er wenig Zeit hatte und davon ausging, dass sie schon miteinander zu tun gehabt hatten, und zwar nicht nur einmal. Es stimmte, diesmal suchte Landmann etwas, was der andere zu bieten hatte; und möglicherweise suchte Käfer noch immer nach Skulpturen, die er von ihm zu bekommen hoffte. Ein mittelgroßer Mann mit Lockenkopf, der einen Aktenkoffer trug, folgte in seinem Schatten.

„Ich brauche einen Laden", sagte Landmann und grinste, obwohl er einen seriösen Ausdruck zeigen wollte.

„Sparte?"

„Alte Sachen", erklärte Landmann, „leider keine modernen Skulpturen." Er schickte dem Satz ein kurzes Lachen hinterher. Dann straffte er seinen Körper, warf den Kopf mit der Mähne zurück und erklärte sein Anliegen.

„Nennen Sie einen Zeitraum, und ich sage Ihnen, was das kostet."

August und September.

Da konnte ihm der Geschäftsmann, der selbst Sammler war, entgegenkommen. Er und sein Anwalt, wollten alles formlos abwickeln. Das entsprach durchaus Landmanns Naturell. Die Vereinbarung wurde mit einem Handschlag besiegelt. „Nehmen Sie die Schlüssel gleich an sich, sie stecken an der Tür. Ich habe noch tausend andere Geschäfte zu erledigen."

Im Weggehen legte Käfer seine Hand auf Landmanns Unterarm, die Finger an der breiten Tatze waren stark und der Goldring schwer, und da war der leichte Druck, der für einen Klettverschluss reichte, als er vertraulich fragte:

„Kennen Sie Direktor Witt?"

Landmann war überrascht, er hatte einen Verweis auf die bisherigen Kontakte erwartet und fragte: „Spielt das eine Rolle?"

Doch Käfer beantwortete keine Fragen, solange seine offen waren. Er fand die Gegenfrage sogar geschmacklos. „War nur eine Gedanke, weil ich mit ihm in Verhandlung bin wegen meiner technischen Schiene. Er hat sich als Berater angeboten, aber er ist mir noch zu teuer. Nebenbei habe ich ihm von diesem Laden erzählt und ihm meine Überlegungen anvertraut." Er ließ Landmann sehen, dass er um seinen Lebenshintergrund wusste, ließ ihn aber nicht nachhaken, sondern zwang ihm einen neuen Gedankengang auf. „Im Herbst, auf Weihnacht zu, da kaufen die Leute Kunst, um etwas Ausgefallenes zu schenken. Dann kann ich mir seine guten Dienste leisten, wenn ich noch da bin." Käfer sah plötzlich misstrauisch aus. „Wer hat Ihnen von dem Laden erzählt?", fragte er mit schmalen Augen.

Von wem die Information stammte, sollte Heimo Käfer gleichgültig sein, schließlich hatte er auch mit Landmann Katz und Maus gespielt, als er ihn zu der Adresse des Nachtlokals bestellt hatte. Jedoch von einem inneren Anstoß überrumpelt sagte der Antiquitätenhändler: „Denken Sie nicht, ich hätte mein Wissen von Direktor Witt. Von ihm habe ich gar nichts. Ich weiß es vom Raumpfleger."

„Vom Raumpfleger?" Käfer lächelte wieder. „Von ihm haben Sie's? Der plaudert also. Das sollte er lassen, aber man kann niemand zum Schweigen zwingen, oder? Ich staune, dass jemand wie Sie auf die Auskünfte einer Hilfskraft angewiesen ist, wo Sie doch so nahe an der Quelle sitzen." Käfer lachte offen im Wissen, damit den unsicheren Landmann zu treffen, und rührte sadistisch an seine dünne Haut. Weggehend winkte er den gelockten Anwalt hinter sich her und verschwand scheinbar aufgeräumt mit dem Begleiter zwischen den Menschen in der Passage.

Vom Morgen an stand Nico Landmann in seinem Laden auf dem grauen Teppich, die Arme vor der Brust verschränkt, er belastete das eine Bein und entlastete das andere, er kreuzte das Spielbein über das Standbein und stellte die Spitze des unbelasteten Fußes locker an der Außenseite des tragenden Fußes hin. Dabei zeigte sein Gesicht einen ernsten, beinahe abweisenden Ausdruck, der sich im Lauf der Stunden nicht änderte. Die Passanten waren in Eile, liefen einer Aufgabe nach oder hasteten einfach durch die Stadt, auf zufälligen Wegen, an Schaufenstern und Lokalen vorbei. Nur gelegentlich warf jemand einen Blick nach dem Geschäft, registrierte die Branche, Einheimische zögerten kurz, weil sie etwas Ungewohntes bemerkten. Ein paar Neugierige blieben irritiert vor der Glasfront stehen, betrachteten die ausgefallene Ware und den unbekannten Händler. Sein Blick streifte immer wieder unbestimmt die Bilder in den Vitrinen der Passage, eine griechische Kirche, gelbe Wanderdünen, tiefe Fjorde, feine Strandlinien in der Südsee. Die Augen beschäftigten sich damit und seine Vorstellungen wechselten den Schauplatz, wie sie wollten. Einmal sah er Claudia vor der Kirche, einmal in den Dünen, dann in den Fjorden, dann am weißen Strand. Ihre imaginäre Anwesenheit bewirkte, dass ihn die Personen, die vorbeikamen, kaum ablenkten, von links nach rechts, von rechts nach links, aus der Passage heraus unter den Arkaden hin und wieder hinein in den Durchgang. Darunter auffallende Erscheinungen, die ihn sonst unwillkürlich beschäftigt hätten. Statt dessen ruhten seine Blicke auf den Schaukästen. Er war besetzt, wenn er das auch nicht wahrhaben wollte, ja er war besessen, obwohl er sich unabhängig fühlte.

Ulrich Witt kam, um rasch etwas zu besprechen. Seit der Zeitpunkt feststand, zu dem seine Freundin die abgenutzte Behausung verlassen sollte, wirkte er in ihrer Wohnung nicht mehr so ratlos und es machte ihm ein wenig Vergnügen, hier über Dinge zu reden, die sich in der Zukunft an einem schöneren Ort abspielen sollten. Das konnte sogar einen gewissen Schauder erzeugen. „Ich mache mir mehr Gedanken wegen der Feier als du", meinte er.

Lotte lachte und meinte, sie feiere, dass sie lebe, und nicht, dass sie älter werde. Das werde sie ohnehin von selbst.

„Du bist nicht allein. Die Gäste sollen deine Umgebung kennen lernen." Er war geübt, sich so zu artikulieren, dass er überzeugte, jedoch bei diesem Thema wurde er kaum angehört, geschweige denn ernst genommen. Lotte zuckte nur mit den Schultern und wühlte geräuschvoll in ihrer Handtasche. „Was soll schief gehen? Lustig wird es bestimmt und alles andere ist egal."

Der Hund sprang aus dem Korb und lief an den beiden vorbei zur Tür, schnupperte und trappelte nervös herum, als ob er darauf wartete, dass die Tür aufging.

„Der Flur ist so schmal bei euch, das macht mich flattrig", sagte Witt. Vor der Eingangstür hörte man ein leises Pfeifen. „Was ist das?"

Benny knurrte, bellte und sprang an der Tür hoch. Lotte griff nach der Klinke, machte auf und sagte vorwurfsvoll: „Nadia, du machst den Hund ganz verrückt!"

Das Mädchen sah treuherzig von einem zum andern. Sie war im Freibad gewesen und vom Radfahren erhitzt. Ihr unfrisiertes Haar hing wirr ins Gesicht. Gedrückt ging sie in ihr Zimmer, ließ die Tür offen stehen, rollte sich auf ihrem Bett zusammen und lockte den Hund zu sich, um zu signalisieren, dass er das einzige Wesen war, das sie verstand. Benny vergnügte dieses Verhalten, er sprang zu ihr auf die Decke, legte sich hin und ließ sich kraulen.

„Gehen wir in die Küche", schlug Lotte vor.

Witt wollte sich nicht setzen und erklärte, er habe es eilig, sie solle ihm doch endlich zuhören, dann wäre er gleich fertig und sie könne sich ihren Aufgaben widmen. „Es ist ein besonderer Geburtstag, das wollen wir nicht vergessen." Er begann zu schwitzen. „Das Leben verläuft in Wellen; die meisten verlaufen unbemerkt, aber manchmal kommt eine größere, da wirst du hochgehoben und siehst, was du erreicht hast und was für Niederungen du hinter dir gelassen hast. Darauf hast du Anspruch."

Bevor Lotte über den Anspruch nachdenken konnte, kam Nadia aus dem Zimmer und forderte mit lauter Stimme Eis mit Schlag.

Blitzartig verlor die Mutter ihre Haltung und fuhr sie an: „Siehst du nicht, dass wir etwas zu besprechen haben? Hol dir, was du willst, und lass mich in Frieden!"

„Wir haben über die neue Wohnung zu reden", sagte Witt mit bestimmter Stimme und in dieser Hinsicht schätzte er sein Töchterchen richtig ein. Die neue Wohnung war etwas, was sie interessierte, denn sie fand die gegenwärtige Unterkunft unerfreulich und mochte keine Freundinnen hierher einladen. Sie wollte die Brauen zusammenziehen, spannte aber nur die Haut auf der runden Stirn. Da sah sie ihrem Vater sehr ähnlich.

„Darf er mit?", fragte sie mit frommer Miene und deutete mit dem Kopf auf ihr Zimmer. Sie wusste, dass ihr Vater nichts für Tiere übrig hatte.

„Nein", antwortete er prompt.

„Warum nicht?"

„Das ist ausgeschlossen."

„Dann bleib' ich auch hier", erklärte sie trotzig.

„Das reicht jetzt", sagte er mit energischer Stimme. „Ich lasse mich nicht zum Narren machen. Verstanden?"

Die Belehrung wirkte wie ein plötzlich am Himmel auftauchendes Zeichen voll drohender Bedeutung. Nadia war so betroffen, dass sie leise „Ja" sagte. Sie hatte den Eindruck, etwas Künstlichem zu begegnen, das sie unterhielt, nervte und erschreckte.

Ihre Mutter sah darin die Drohung, sie beide aus den problemlosen Bereichen ihres bisherigen Lebens zu vertreiben.

Sie fasste sich mit der Hand an den Kopf und zog sich gleichsam geblendet in die Küche zurück. Beim Tisch ließ sie sich auf einen Stuhl fallen. Eigentlich wollte sie weinen, aber es zog sich in ihrer Brust alles so zusammen, dass sie nur einen scharf brennenden Schmerz spürte, der ihren Atem blockierte. Auch wenn Nadia eindeutig Ja sagte, hieß dies nicht, dass sie den Ton verkraftete. Sie stand noch wie angewurzelt vor dem Vater, ihre Oberlippe hob sich, so dass die Zähne sichtbar wurden, und ihre Nasenflügel bebten, als würde sie einen üblen Geruch wahrnehmen. Dann tat sie einen Schritt zurück, ohne ihn aus den Augen zu lassen, und noch einen, dann schlüpfte sie in ihr Zimmer, schnappte den Hund, drückte ihn an die Brust und stellte sich in die offene Tür.

Ihr Vater wollte seine Hände in die Taschen seines Arbeitsmantels stecken, den er in der Aufregung anzuhaben meinte, doch als seine Hände ins Leere fuhren, rieb er sie an den Schößen seiner Jacke, wobei er sich umdrehte und in die Küche zu Lotte trat. „Du weißt, dass ich dich schätze", sagte er ruhig und räusperte sich. Dann wiederholte er die Aussage ein paar Mal, sagte aber nicht, warum er sie schätzte. In Lottes Gesicht stand, dass sie an dem, was er vorbrachte, nicht zweifelte. Eine Starre bemächtigte sich ihres Blickes. Weshalb betonte er das so? Das wunderte sie, jedoch im selben Augenblick war sie seiner Beteuerungen überdrüssig. Ihr Gesicht veränderte sich wie eine Pflanze, deren Zelldruck nachlässt. Unter den Augen schimmerten blaue Ringe durch die Haut. Fleckige Reste der Sommerfarbe waren da, aber auch Falten der Anstrengung. Er wolle sie nicht ermüden, beteuerte er, obwohl er sah, dass sie müde war, und versuchte die Gunst des schwachen Augenblicks zu nutzen, um möglichst viel zu erreichen. „Diesmal werden wir deine Mitarbeiterinnen heraushalten." Überrascht und unangenehm berührt überlegte Lotte eine Weile, bevor sie mit bitterem Ausdruck fragte: „Warum sagst du wir?"

Doch darauf ging Ulrich Witt nicht ein; er erwartete, dass auch sie so entscheiden würde, und das musste sie wissen. „Deinem Sohn nehmen wir das Versprechen ab, dass er die Konvention beachtet", setzte er fort. „Wenn er verkauft, kann er sich etwas Ordentliches zum Anziehen anschaffen. Und ich werde dafür sorgen, dass er verkauft. Was ist ihm da bloß eingefallen, diese geflickten Sachen in den feinen Laden zu stellen? Du sagtest, er hätte schöne Dinge."

Sie sah auf ihre bleiche Hand, deren Finger auf den Tisch trommelten, und ärgerte sich, weil sie im Moment einfach zu schwach war ihren Standpunkt zu vertreten. Sie konnte nicht erklären, was sie an Nico schätzte und weshalb sie überzeugt war, dass seine Angebote interessant waren, denn ihre Argumente zählten ohne besonderen Nachdruck nicht mehr.

„Was ich höre", sagte er, „kommt alles auf das Gleiche heraus. Er hat nur solche Dinge dort, die für einen vernünftigen Käufer eine Zumutung sind. Dennoch stellt er sie an dem teuren Platz zur Schau. Eine vertane Chance. Jeder tippt auf Unfähigkeit."

„Von wem hörst du so viel?"

„Von meinen Freunden im Club."

Witt drehte sich erschrocken um.

Nadia stand in der Wohnungstür und hielt den winselnden Hund im Arm. „Ich gehe noch ein wenig raus", sagte sie zur Mutter, ignorierte den Vater und verließ mit Benny die Wohnung.

Festspielbesucher zogen als Boten einer exklusiven Welt vorbei. Daneben liefen bunte Allerweltstouristen, vermischt mit Einheimischen, die erschöpft wirkten, als hätte sie eine fünfte Jahreszeit überrascht, deren Ende sie unter Anspannung erwarteten. Nur um die Ecke und fünfzig Meter weiter und er wäre in einer Ausschank gewesen. Nico holte zu einem Fausthieb auf die Truhe mit den Szenen aus dem

Paradies aus, doch mitten in der Bewegung stoppte er den Schlag und legte seine Hand auf den Deckel. Wärme ging von dem Holz aus, das schon viel ertragen hatte. Um sechs schloss er die Tür von innen und setzte sich in den kleinen Nebenraum, den Blick auf seine Objekte gerichtet, die Gedanken liefen in ihm fort, ohne dass er merkte, wie die Zeit verflog. Das Getrappel der Passanten und ihre Stimmen bildeten ein Geräusch, das ihn schläfrig machte. Ermüdet streifte er die Schuhe ab, legte die Füße auf den zweiten Stuhl und nickte ein. Er zuckte, erwachte und meinte einen Moment geschlafen zu haben. Aber der Blick in den Laden zeigte graue Dämmerung. Er war von Stille umgeben. Die Uhr stand auf fünf. Er streckte sich, trat in den Verkaufsraum und blickte in den Hof. Neben dem Eingang der Passage schwebte in der milchigen Substanz des Morgens ein menschlicher Torso, der Hals, die Schultern, der Nacken, die erhobenen Oberarme. Die Beine einer Frau, die ein dunkles Kleid trug, das über den Kniekehlen anfing und Rücken und Schultern freiließ. Sie stand auf den Zehen, streckte den Hals und hob das Gesicht. Dabei verdeckte sie einen dunkel gekleideten Mann, dessen Hände auf ihren Hüften lagen. Ihre Arme umschlangen seinen Nacken. Aus den kräftigen Händen, die sich wie helle Handschuhe gegen den schwarzen Stoff abzeichneten, kippte sie auf die Fersen zurück, wurde kürzer, sank zusammen, während er sich umdrehte und im Durchgang verschwand. Sie blieb, wo sie stand, ihr Rücken krümmte sich und wurde von Stößen erschüttert. Als Nico die Ladentür aufschloss, zuckte sie zusammen und fuhr herum. Die andere Romer, die er schon einmal mit Claudia verwechselt hatte, stand mit nass glänzendem Gesicht im Hof. „Nelly?", fragte er ungläubig.
Sein Gesichtsausdruck erschien der Frau durch die Tränen hindurch so komisch, dass sie kicherte, während sie mit dem Handrücken über die Augen wischte. „Du?", fragte sie, fuhr

mit dem ganzen Arm übers Gesicht, schniefte und machte ein paar Schritte auf ihn zu. Sie hatte die Traurigkeit schnell hinter sich und fragte erheitert, was er da mache. Altes Zeug sammeln oder was? Da könne er sie gleich dazu stellen.

„Mein Laden. Komm herein."

„Was? Um die Zeit geöffnet? Fleißig, fleißig!" Sie gluckste und betrat leicht schwankend den Laden.

„Entschuldige, dass ich in den Socken herumlaufe, aber ich bin einfach eingenickt."

Natürlich kicherte Nelly, als sie hörte, dass er das Geschäft schlafend betreute. „Hast du wenigstens frischen Kaffee in deinem Schuppen?"

„Die Bäckerei nebenan macht gleich auf. Setz dich doch!" Sie sah sich in der kleinen Kammer um. „Kaffee wäre fein. Wie heißt du wieder?"

„Nico."

„Ach ja, Nico." Sie ließ sich auf den Stuhl fallen, auf dem er eben gedöst hatte. „Entschuldige", sagte sie etwas lallend und hauchig und zog den schmalen Träger ihres Abendkleids hoch, der sofort wieder von den Schultern glitt. „Warum bin ich hier?", fragte sie verwundert. „Eigentlich wollte ich zum Taxi. Ich war mit dem Kerl im Kasino. Du weißt schon, der uns in der Bar erschreckt hat. Wir trennen uns gewöhnlich im Hof und gehen zu verschiedenen Standplätzen. Er ist nämlich – – du weißt schon." Sie gluckste wieder. „Aber das stört mich nicht. Mir ist das sogar egal, verstehst du? Hast du mich heulen gesehen?" Sie schaute Nico ins Gesicht, fixierte seinen haltlos fleischigen Mund. „Ich wünsche mir nichts weniger als einen Ehemann. Damit haben meine Tränen nichts zu tun. Und dennoch, es überkommt mich manchmal einfach. Je lustiger es war, um so stärker ist es hinterher, eben das Gefühl, dass immer ein Rest bleibt, der zum Heulen ist. Ich muss das loswerden, bevor ich mich schlafen lege. Vielleicht verausgabe ich mich zu sehr, aber was soll ich machen?" Sie krümmte sich einen

Augenblick kichernd. „Schau mein Make-up nicht an!" Sie hob die Hände vors Gesicht, ließ sie aber gleich wieder sinken. „Da müssen richtige Muren abgegangen sein. Nein, ich bin gleich weg. Du hast ja doch keinen Kaffee. Vielleicht bring ich dir eine Kaffeemaschine, wenn ich wieder einmal vorbeikomme. Aber vergiss es! Ich halte nie, was ich verspreche. Bloß im Augenblick fühle ich mich schwer wie Blei, ich kann nicht aufstehen. Und du schlaf nur. Kannst ruhig weiterschlafen. Wahrscheinlich habe ich dich mit meinem Gewinsel geweckt. Hast du meinetwegen aufgeschlossen?" Sie blickte ihn auf einmal wieder ganz gerade an. Landmann fühlte sich gestellt, hatte er doch gerade ihre Ohren betrachtet. Nellys waren kleiner und fast durchsichtig. „Nein", sagte er zögernd.

„Schon wieder! Claudias wegen. Die Nelly hättest du ungerührt heulen lassen."

Er atmete angestrengt.

„Vielleicht hat mich meine Mutter hergelotst. Vielleicht", sie lächelte über die augenblickliche Hingabe an abergläubische Vorstellungen, „will sie nicht, dass es mir so geht wie ihr. Deswegen hat sie mich nicht auf den Stadtberg geführt, sondern hierher. Ich habe mich als Kind nie mit ihr verstanden. Darum habe ich mich wohl so konträr entwickelt. Du weißt", sagte sie und seufzte, „dass sie in der Nacht ausgeglitten ist. Ein Unfall, glauben wir. Aber es war kein einfacher Spaziergang, wie es heißt. Sie wollte ihre Spannung loswerden und das konnte sie nur, indem sie ihr Leben los wurde. Sie lief weg um einen Schlussstrich unter eine unerträgliche Situation zu setzen. Vorher gab es wie so oft einen erbitterten Streit zwischen Vater und ihr. Sie verschwand im Nebel. Auf dem steilen Steig sah sie das nasse Laub glänzen und ergriff das Verhängnis am Schopf." Da war das Mädchen auf der abgebrochenen Brücke. In Nellys Version schimmerte eine Ausweglosigkeit durch. „Vater wird zu Stein, wenn die Sprache darauf kommt."

Aber er hatte das Foto in Claudias Zimmer bereitwillig kommentiert.

„Claudia war erst zwölf. Sie hat das Drama vergessen, wiederholt aber ihren Krimi immer wieder und glaubt, dass sie sich wirklich erinnert. Ich fühle mich von der Geschichte nicht weiter belastet. Wir waren an jenem Abend jedenfalls alle drei zu Hause, als sie ausging. Alles ist verwischt. Solange wir klein waren, schob uns die Mutter ins Kinderzimmer, wenn es Streit gab. Wir spielten dort mit großer Hingabe, um uns abzulenken. Während sie stritten, machten wir ein Rollenspiel, das immer gleich ablief: Magda war der Vater, ich war die Mutter und Claudia verkörperte den Sohn, den es in der Familie nicht gab. Ich glaube, sie war ganz gut darin. Als letzter Fehlversuch fühlte sie sich besonders misslungen. Mit wachen Ohren hörte sie: Wenn wir einen Jungen hätten. Eines Tages mochten wir das Spiel nicht mehr und setzten uns lieber ins Wohnzimmer vor den Fernseher, wenn es Streit gab. Ich höre noch die Stimme des Vaters, wie er die Mutter böse, fast auf Knien bittet, zum Teufel zu gehen, während sie ihren Mantel nimmt. Dann läuft sie durch das Zimmer. Das ist der Abschied. Wir spüren das sofort. Die Auseinandersetzung davor hörte sich gar nicht so schlimm an. Nein, sagte die Mutter, dann mache ich lieber, was ich will, durchquerte mit dem Mantel unseren Fernsehfilm und war weg."

Er hörte die Worte Nellys, die beiläufig aus ihr flossen wie aus einem übervollen Schwamm, und war außer Stande, ihren Inhalt abzuwägen. Dazu hätte es einer Energie bedurft, die ihm gerade fehlte, aber sein Seelenspeicher schluckte die Schilderung ohne Widerstand. Selbst ein Getriebener war er unfähig auf das Schicksal anderer einzugehen. Er war auf sich bezogen und hätte dennoch Claudia gern bei sich gehabt. Sie war der Brückenkopf, von dem aus er in frei schwebender Bauweise eine Konstruktion in die Zukunft führen wollte, mit vollem Risiko, nur durch eigene Wahrnehmungen und Wünsche gehalten, durch die Instrumente der inneren Gesetzmäßigkeit geleitet.

„Er brauchte einen männlichen Erben, das hatte ihm sein Vater eingeimpft", knurrte Nelly erschlafft und bitter. „Einen Sohn wollte er, der die Firma weiterführt. Die Firma ist eine Frau, die von einem Mann geführt werden muss. Archaisch. Wir waren weniger wert als die Männer. Das wurde uns in allen Spielarten vorgehalten. Ich habe mich bald darüber lustig gemacht, aber verstört hat es mich doch. Jede von uns dreien hat einen Tick. Eigentlich müsste ich dich warnen vor uns, tue es aber nicht, denn ich denke, das kümmert dich nicht." Nellys Körper sackte auf dem Stuhl zusammen, sie legte die Arme auf den Tisch, ihr Kopf sank nach vorne. Zugegeben, die Warnung schreckte ihn nicht, schließlich enthielt sie auch Claudia. So ein Satz benetzte die Oberfläche seines erregten Bewusstseins, versickerte darin und nährte dessen Wurzeln. Auch er legte die Arme auf den Tisch, der Kopf fiel herunter und war unter den Haaren begraben. Im Traum stieg er eine Leiter hoch, die nirgends angelehnt war, und sah aus der Höhe bis auf den Boden eines Turms. Ein Ingenieur in einem weißen Kittel hielt ihm eine große Schere aus filigranen Stangen entgegen und stützte damit die Leiter. Er aber griff nach einem unscheinbaren Häkchen, das in einen Balken des Turms geschraubt war, denn er traute dem schwachen Ding mehr, als dem Hilfsmittel des älteren Herrn, das technisch nicht befriedigend funktionieren konnte. Ein neuer Blick in die Tiefe zeigte ihm nun eine Stelle aus seiner Kindheit: Der Winkel, wo der Abwasserkanal in den Gebirgsbach floss, in dem er Teile von Pflanzen und Tieren treiben sah.

Gegen neun Uhr kam Brigitte um einen Briefumschlag abzugeben. Sie fand die Tür zum Geschäft unverschlossen. Da aber niemand darin war, ging sie in den Nebenraum, wo sie Geräusche hörte, und erschrak, als sie Nico neben einer Frau erblickte, die ihr fremd war. Jedes von beiden lungerte auf einem Stuhl und ruhte vornüber gebeugt mit dem Oberkörper auf dem Tisch. Alles, was sie an ähnlichen Situationen aus Krimis kannte, durchzuckte ihren Kopf. Sie blieb wie gebannt stehen, bis Nico die Luft prustend ausblies. Nun fiel ihr auf, wie viel nackte Haut die Frau zeigte. Die Träger waren von den Schultern gerutscht. Wut und Neid überschwemmten ihr Gemüt. Sie gab ein raues, ungeduldiges Räuspern von sich. Die zwei zuckten und fuhren wie auf ein vereinbartes Zeichen hoch.

„Bist du wahnsinnig, mich so zu erschrecken?", schimpfte Nico sofort und sah sie zwischen den herabhängenden Haaren an.

„Ich wollte nicht stören", sagte sie schnippisch und sah ihn durchtrieben und beleidigt an.

Er besann sich eine Weile. „Du störst nicht", sagte er dann und schob das Haar mit der rechten Hand hinters Ohr, „das ist Claudia – nein, Nelly."

Die tapfere Miene, die Nelly zeigen wollte, misslang, sie war zu dieser Stunde noch zu verstört, um ordentlich zu lächeln. Blinzelnd und mit den Augen zwinkernd rappelte sie sich hoch und richtete ihr Kleid. „Ich sollte gar nicht hier sein", sagte sie trocken.

„Bleib noch", bat er und warf einen Blick auf den Umschlag in Brigittes Hand. „Ich hole sofort Kaffee. Dauert bloß fünf Minuten. Das verspreche ich." Nelly ließ sich wieder auf den Stuhl fallen.

Brigitte war gereizt, Nico behandelte sie oberflächlich und nachlässig, obwohl es gar nicht lange her war, dass sie vergnügt im Bach geplanscht hatten. Jedoch mehr als die anwesende Frau störte sie der Name Claudia. Den hatte sie nach dem Kegeln von Nadia gehört und miterlebt, wie alarmiert Nico darauf reagiert hatte. Sie war sauer, zog eine Schnute und hielt ihm den Umschlag mit einer aggressiven Bewegung aus dem Handgelenk hin. Er nahm das Kuvert und zögerte einen Moment, bevor er es aufmachte. „Geburtstag. Das wird wohl wieder so ein Gelage, was meinst du?" Darauf ging Brigitte nicht ein. Ihr Auftrag war zu fragen, ob er komme. „Auf diesem retuschierten Foto da" (das Bild der Mutter war von einem ovalen Kranz aus Rosen eingefasst) „sieht sie ja aus wie eine Gymnasiastin. Wenn ihr Name nicht hier stünde, könnte ich sie nicht einmal identifizieren. Findest du nicht auch, dass sie sich in letzter Zeit stark verändert hat?" Brigitte zuckte mit den Schultern und warf einen schmollenden Blick nach der Frau beim Tisch, die mit dem Kopf in den Händen abwesend vor sich hinstierte. „Im Zeichen der Jungfrau geboren", las Nico laut, „mit einem aszendenten Löwen. Als ob wir in der Serengeti lebten. Zum Lachen, nicht?" Brigitte lachte nicht. Sie wollte vor der unbekannten Frau nicht aus sich herausgehen. Außerdem hatte sie im Moment für Nico gar nichts übrig. „Was soll ich sagen?", fragte sie.

„Ja, was sollst du sagen? Du bedrängst mich. Hast du Eile? Wie viele Minuten hat dir Mama gegeben?"

Statt einer Antwort warf ihm Brigitte einen verächtlichen Blick zu, während ihr Gesicht einen gekränkten Ausdruck annahm. Nico war des Geplänkels eigentlich auch überdrüssig. Er griff nach einem Kugelschreiber und malte NEIN auf die Einladung. „Keine Garderobe", sagte er müde grinsend. Dann stand er auf, fuhr sich mit einer Hand durch die Haare und hielt ihr die Karte hin. Böse schnappte sie mit der Hand danach. „Du verstehst doch?" Er ergriff ihren Arm. „Ich habe nichts zum Anziehen." Sie machte sich mit einem unbestimmten Lächeln los, das ihm sagte: Du bist abstoßend.

Nachdem sie gegangen war, blieb Nico noch einige Augenblicke im Eingang zum Nebenraum stehen. Er wollte die innere Falltür öffnen und die Begegnung wegkippen. Doch irgendetwas klemmte da. Ärgerlich darüber, dass die Stippvisite der Friseuse nicht so einfach wegzuschieben war, wandte er sich zu Nelly um, die ihn verloren ansah. Da erinnerte er sich, dass er Kaffee versprochen hatte, griff sich an den Kopf und machte sich auf den Weg.

In jeder Hand eine Tasse mit dem heißen Getränk auf einer Untertasse balancierend kam er nach ein paar Minuten zurück. Claudia habe sie geschickt, erklärte er in den Nebenraum tretend, da wäre er nun ganz sicher. Dass er den Kaffee geholt hatte, nahm zwar Nelly für ihn ein, sie mochte sich aber nicht vorstellen, dass ihre Schwester sie zu ihm geschickt hätte, glaubte sie doch, dass Claudia sie für oberflächlich und vergnügungssüchtig hielt, und damit lag die kleine Schwester nicht gerade falsch. Nein, für Claudia gab es keinen Grund, jemand, dem sie Gutes tun wollte, in ihre Nähe zu wünschen. „Übrigens kommt sie heute zurück, da kannst du sie fragen." Seine Hände begannen zu zittern, dass die Tassen auf den Untertassen klapperten. „Es gibt die Cosi fan tutte im Opernhaus. Da wird sie zuhören. Ich kann dir eine Karte verschaffen."

Eine Oper zu besuchen fiel ihm Jahr und Tag nicht ein. Das war ein fremdes Gebiet für ihn. Aber er war im Augenblick zu jeder Unternehmung bereit, wenn er damit vermeiden konnte, dass sie wieder verreiste, bevor er sie zu Gesicht bekam.

„Also besorge ich eine Karte."

Während Nico sich mit der Vorstellung beschäftigte, wie er in Claudias Nähe einer Musik folgen würde, von der er kaum eine Ahnung hatte, richtete Nelly mit Hilfe eines Taschenspiegels ihr Make-up. Ihr Weggehen bemerkte er gar nicht richtig.

Schließlich trat er in den Verkaufsraum und nahm hungrig seinen Posten ein. Wenn er den Laden betreiben wollte, hieß es ausharren. Er stand zwischen den Ausstellungsstücken. So viele Menschen schwirrten durch die Passage, dass es absurd schien, sich um Klienten zu sorgen. Jedoch sein Angebot hatte ein von weitem erkennbares Stigma. Wer dennoch an das Schaufenster trat, schien befremdet. Kaum jemand kam über die Schwelle, und wer es tat, ging bald wieder. Ungehemmt breitete sich unterdessen in Nico Landmanns Gemüt die Zuversicht aus, dass er am Abend Claudia treffen würde.

Kurz vor Mittag erschien ein junger Mann mit einer großen Papiertasche, auf der der Name eines bekannten Textilgeschäftes stand. In die Tasche war ein Paket, darauf lag eine kleine Karte, auf der in der Handschrift seiner Mutter geschrieben stand: „Ohne dich macht es keinen Spaß." Er riss das Papier ein Stück auf und sah gleich, dass es Kleidung für einen festlichen Anlass war. Stellte sie sich vor, dass er in diesem Anzug zu ihrer Geburtstagsfeier ging? Oder ahnte sie, dass er solche Kleider brauchte, um Claudia zu treffen?

Er schien ein eleganter Festspielbesucher zu sein, innerlich aber befand er sich in einem unfeierlich aufgewühlten und wüsten Zustand. Da glich er einem hechelnden Hund, der über Felder hetzte, ohne Rücksicht auf seine Haut ins Unterholz kroch und in jede Ecke stöberte, um das Wild, dessen Witterung ihn als Botschaft und Herausforderung erreichte, aufzuspüren. Er mischte sich unter die Besucher, ging zwischen sie, als stiege er in ein Wasser, während sie wie eine anschwellende Flut an ihn herandrängten, ihr Strom umschloss ihn, er tauchte ein und unter bis zu den Lippen. Wie auf der Oberfläche tanzende Bälle erschienen ihm die Köpfe, sie hoben und senkten sich, tanzten im Vorwärtsgehen, sie ähnelten einander, nur er fand sich dazwischen als fremder, schwer atmender, keuchender Körper, der den Kopf in den Nacken warf und damit rechnete unterzugehen und nichts anderes im Sinn hatte, als nach einem anderen Treibgut auszuspähen, von dem er inständig hoffte, dass es mit der gleichen Strömung reiste. Vom Hauptstrom trennten sich Nebenarme, die nach verschiedenen Seiten abzweigten, die große Menge aber stieg gleich einem die Treppen hochlaufenden Wasserfall nach oben. Auf einmal stieß ihn die

Flut an Land. Das Rauschen war fort, er hörte nur mehr ein Summen. Ein Platzanweiser, der seinen ratlosen Blick auf die Eintrittskarte auffing, führte ihn zur Mitteltüre des ersten Rangs und wies nach der vordersten Reihe rechts vom Gang. Zwei junge Frauen standen an der Brüstung und sahen ins Parterre. Claudia schien doppelt da zu sein: Einmal trug sie ein rückenfreies Kleid, das andere Mal ein hochgeschlossenes, an einem Ohr sah er einen Klips mit einer tropfenförmigen Perle, eine Perlenkette lag um den Hals; im Ohr der anderen steckte ein goldener Ohrring, um den schmalen Nacken lief ein goldenes Kettchen. Ein scheuer Blick wandte sich ihm mit einer Drehung des Kopfes zu. Der zurückhaltende und zugleich brennende Ausdruck machte ihm heiß und kalt. Er suchte darin ein Lächeln, fand aber keines. Dafür lächelte Nelly verschmitzt, als sie einen Moment später umsah, und winkte ihm zu. Während sie ihm die Hand reichte, sagte sie: „Es war gar nicht leicht, noch eine Karte zu kriegen, aber ein alter Freund hat es geschafft. Dafür muss ich mich jetzt neben ihn und seine Frau setzen. Lustig, ich kenne sie gar nicht und muss so tun, als würde ich ihn auch nicht kennen. Doch dich kann ich nicht hinlassen, weil der untreue Mann seinerseits auf seine Frau eifersüchtig ist. Ja, alles gibt es. Ich lasse euch jetzt allein." Claudia, die schon Platz genommen hatte, sah unter zusammengezogenen Brauen zu ihr hoch. „Vielleicht sehen wir uns in der Pause", sagte Nelly noch, blickte von einem zum andern und forderte Nico mit einer kleinen Bewegung auf Platz zu nehmen.
Das Neapel des 18. Jahrhunderts sah auf der Bühne nicht viel anders aus als das am Ende des 20. Jahrhunderts. Viel Tourismus anscheinend, eine Bar an einem Allerweltsstrand, gestylte Sitzgelegenheiten, und über allem die Behauptung, dass „alle Frauen es so machen". Da lachten die zwei Paare auf der Bühne und sangen sich gegenseitig an, beflissen, während Claudia Romer und Nico Landmann Schulter an Schulter saßen und sprachlos waren.

Claudia hatte seit den frühen Kindestagen in der Tanzausbildung ein genaues Ohr entwickelt, Nico, der sich lächerlich vorkam, weil er fand, dass er in seiner ungewohnten Ausstattung wie ein Tollpatsch wirkte (was nicht stimmte, seine kräftige Ungeschliffenheit strahlte im Gegenteil einen gewissen Zauber aus), versuchte der Handlung zu folgen. Er hörte die Gesänge und ihre Begleitung als lebendige Steigerung der Verwicklungen, die ganz heiter begannen, sich aber fortschreitend komplizierter gestalteten. Wenn er auch nur wenig von dem verstand, was da gesungen wurde, erlebte er augenscheinlich mit, dass zwei Paare, die mit ungeeigneten Einsätzen spielten, auf die Probe gestellt wurden. Durch die Musik hindurch berührte ihn der Geist der Liebe, ihr Schwung und ihre Schwermut, und wiederholt überliefen Schauer seinen Rücken.

In der Pause erzählte Claudia, wohin die Reise der Gruppe gegangen war, die sie in den letzten Wochen begleitet hatte. Sie wirkte völlig sicher in dem Milieu und er fürchtete, dass sie nur aus Gewohnheit in der Vorstellungspause ihrem Begleiter gegenüber vertraut tat und mit ihm plauderte, weil es sich so gehörte, während ihre Augen herumgehende Paare begleiteten. Schließlich fragte sie ihn: „Gefällt es dir?"

Er lachte kurz und schaute sie flüchtig an. Er war von der Geschichte, von der Situation verwirrt und hoffte, dass wenigstens eine von den beiden Protagonistinnen sich standhaft zeigen würde. In seinem Kopf herrschte ein Durcheinander, das Mozarts Klänge, die Stimmen der Sänger, die Darstellung der Fabel, das Publikum, seine Sitznachbarin und seine Gefühle zu einem totalen Theater verschmelzen ließ.

„Verdammte Despina!", entfuhr es ihm, als nicht mehr zu verkennen war, dass das gekaufte Kammermädchen bei Dorabella erste Erfolge erzielte. Wie konnte sie von dem verkleideten Guglielmo das goldene Herzchen entgegennehmen und dafür das Abbild ihres Ferrando hergeben? Und Fiordiligi, würde sie auch nachgeben? Schon flatterte das Wort Hochzeit durch den Raum. Es war Landmann, der nie besonders über die Treue von Frauen nachgedacht hatte, als würde seine Haut durch die vorausweisende Melodik mit Raspeln und seine Beinhaut mit Schleifpapier behandelt; Wogen bitterer, herber und schmerzlicher Schauer liefen durch seinen Organismus.

Am Morgen brachte Claudia einen Strauß frischer Blumen und arrangierte sie in einer Vase auf dem Tisch. Dann nahm sie im Hintergrund des Verkaufsraumes Aufstellung. Das schwarze Leibchen, die engen Jeans und die weichen Schuhe an ihren Füßen ließen an eine Tänzerin denken. Mit leicht angehobenem Kinn sah sie dem Kommenden entgegen. Im Nebenraum beugte sich Nico über ein Schild, das im Schaufenster Aufmerksamkeit erregen sollte. Mehrere Versuche lagen auf dem Boden. Er streifte einen weiteren Karton vom Tisch und spähte in den Laden. Der gesammelte Ernst betörte ihn, bis zur Selbstvergessenheit hätte er Claudia anstarren können, er musste aber seine Gefühle niederhalten, wie sie auch drängten, um ihr nicht lästig zu werden. Gleich bei der ersten Begegnung in der Tischlerei hatte sie erkannt, dass den Gegenständen eine eigene Bedeutung zukam. Wenn sie verkauft wurden, sollte das jedem Besitzer bewusst sein. Sie hatte den zerstörten Zustand gesehen, hatte beim Suchen und Ordnen geholfen und war mit manchem Detail besonders vertraut. „Immer steht zu viel da", fand Nico und nahm einen neuen Karton. Er probierte Formulierungen, aber keine passte. Nach einer Weile riss er das Ergebnis mittendurch und knirschte mit den Zähnen. Claudia schüttelte ihn durch bis in die Grundfesten, aber natürlich sollte sie bleiben. Mit einem Stöhnlaut ließ er sich auf einen Stuhl fallen, zündete eine Zigarette an, zog heftig daran und verzerrte das Gesicht angewidert. Sogar an diesem Genussmittel hatte er den Geschmack verloren.

Plötzlich stand ein älterer Herr im Laden, der sich von der Begegnung mit den Dingen berührt zeigte. Seine Familie kam aus der Voivodina, erzählte er Claudia und klang dabei ganz offen, dadurch hatten die Objekte für ihn etwas Vertrautes. Als Jugendlicher war er mit den Eltern von dort abgesiedelt worden. Die Eindrücke stammten aus seinen frühen Lebensjahren. Die Truhe mit den Szenen aus dem Paradies sprach ihn besonders an. Er vermutete, dass das alte Stück aus einem der Schlösser der Region stammte. „Ich habe noch eine Frage", meinte er schließlich. Er wollte wissen, was den Sachen zugestoßen war und weshalb sie in dieser Weise hergerichtet waren.

Claudias Antwort gefiel ihm. „Schön gesagt, das von den Zeugen. Sie sind sehr klug."

Claudia schwieg dazu, ihr Gesicht war freundlich und entspannt.

Ein beißendes Wölkchen stieg Nico von der Zigarette in die Augen. Was wollte der Mann, der ganz zwanglos mit der Verkäuferin über den Gegenstand seines Kaufinteresses plauderte? Seine Stimme klang ruhig, beinahe vertraulich, Claudia hörte mit seitlich geneigtem Kopf zu. Er wollte Sicherheiten? Die konnte er haben, erklärte sie, es gäbe eine Bescheinigung.

Nicos Gesichtsausdruck wurde spöttisch. Hätte er selbst verhandelt, wäre die Begeisterung des Interessenten spätestens hier durch eine verletzende Äußerung beschädigt worden und die Verhandlung ohne Abschluss geblieben. Im Moment überfiel ihn eine starke Eifersucht auf Claudias Geschick, er fühlte sich getrieben hervorzutreten und ihren Erfolg zu zerstören. Freilich, ihre Wahrheit war einfach: davon, dass die Möbel kurz nach der Abwicklung eines Transports von Kriegsmaterial erworben worden waren, wusste sie als gutgläubige Verkäuferin nichts.

Der Kunde wollte die Unterlagen am nächsten Tag abholen, dann konnte die Truhe zugestellt werden.

Kaum war er draußen, trat Nico zu seiner Verkäuferin, fasste sie an den Händen, beglückwünschte sie und tanzte mit ihr durch den Raum. Sie wurde von dem Gefühlsausbruch mitgerissen, lachte und hüpfte mit Nico herum, bis sie plötzlich eine andere Stimmung überfiel. Ihre Muskeln wurden hart, Schwung und Leichtigkeit wichen aus ihren Gliedern. „Genug", rief sie, „ich mag nicht mehr!" Schwer atmend presste sie die Fäuste gegen seine Brust und drückte ihn weg. Er hob nur die Brauen und zog sich in den Nebenraum zurück. Seine Empfindungen und Leidenschaften waren erstaunlich schnell wieder unter Verschluss. Er beugte sich neuerlich über einen Karton, um das Hinweisschild fertig zu stellen, und war noch gar nicht richtig zu Atem gekommen, da klingelte im Raum ein Telefon. Es war das erste Mal, seit er sich hier eingemietet hatte, der Anschluss lief auf Heimo Käfer.

„Das Telefon läutet", sagte Claudia in seine Richtung, als er nicht abhob.

Nico atmete ein paar Mal flach, ehe er erklärte: „Das ist nicht mein Telefon. Ich kenne nicht einmal die Nummer."

„Aber es ruft jemand an."

„Er meint nicht mich."

„Dann hör dir an, was er zu sagen hat."

Aus.

„Erledigt", sagte er.

„Finde ich nicht. Du bist doch verantwortlich für alles, was mit dem Laden zusammenhängt. Du hast ihn gemietet."

„Da kann ich mich ja gleich um die ganze Welt kümmern."

„Warum nicht?"

„Deine Moral ist schrecklich."

Claudia zog die Brauen zusammen.

Da klingelte das Telefon schon wieder. Nico sah, dass sie seine Art kaum ertrug. Er wollte sie nicht verlieren, und obwohl in ihm Zorneswolken aufstiegen wegen des Starrsinns dieser Frau, die seinen Charakter nicht akzeptierte und ihn vor sich hertrieb, sagte er: „Bleib!", ging in die Ecke, wo das Gerät am Fußboden unter einem Haufen leerer Kartons schrillte, wühlte es mit seinen Händen frei und hob ab.

„Kommst du heute Abend?" Das war die Stimme der Mutter. Sie rief aus dem Betrieb an. In der Nähe rauschte ein Föhngerät.

„Hast du meine Antwort nicht gekriegt?", fragte er.

„Du warst wieder einmal betrunken."

Das reizte ihn. „Hat Brigitte gesagt, dass ich betrunken war?"

„Sie hat nur geschildert, wie sie dich angetroffen hat, aber weshalb kommst du nicht?"

„Weil ich nicht will", antwortete Nico grob.

Da schwieg die Mutter. Arbeitsgeräusche im Hintergrund.

„Wie kommst du an diese Nummer?", fragte er nach einer Pause kalt. Auch darauf antwortete niemand.

„Was ist, Nico?", fragte plötzlich eine andere Stimme. Das verwirrte ihn. „Woher habt ihr meine Nummer?"

Da wurden die Geräusche stumpf, als legte auf der anderen Seite jemand eine Hand auf den Hörer. „Ist doch kein Geheimnis, dass du das Geschäft im Geigerhof hast", erklärte nach einer Weile die Stimme.

„Sprichst du da, Rosmarie?"

„Erraten."

„Was ist mit Mama?"

Rosmarie zögerte und räusperte sich, ehe sie sagte: „Die musste zur Kassa."

„Das nehme ich dir nicht ab."

„Wenn du es wirklich wissen willst: Ich glaube, ihr ist wegen deiner Grobheiten übel geworden."

„Du kannst ihr sagen, dass sie das Geld für den Anzug bekommt."

„Warum bist du so verletzend?", fragte Rosmarie.

„Sie wollen ihr Liebesglück vorführen und das interessiert mich überhaupt nicht."

„Deine Eltern?"

„Meine Eltern, Rosmarie!" Seine Hand zitterte, als er nach einer Zigarette griff. Wenn er Liebesglück sagte, war damit absichtlich einiges verdreht. Das war gemein, gleichwohl entlastend. Aber seine Eltern? Klar, dass Rosmarie dazu nichts zu sagen wusste. Gern hätte er ihr das Herz ausgeschüttet, doch musste er selbst den Kopf darüber schütteln, dass er mit beißenden Worten eine Stimmung des Vertrauens herstellen wollte. Abschließend schickte er ein abgehacktes Lachen hinterher, das aus Verlegenheit, Kühnheit und Aufrichtigkeit gemischt war. Er legte auf.

Über Claudias Augen zogen sich die Brauen zusammen, dass sie einen waagrechten dunklen Strich bildeten. Nach einer Weile sagte sie deutlich: „Wenn dort meine Mutter wäre, würde ich hingehen."

Er atmete schwer, drückte die Zigarette aus und fuhr mit den Händen in seine Mähne. In solche Entscheidungen brauchte sie sich wirklich nicht einzumischen. Nach der Geschichte, die Nelly angedeutet hatte, wäre verständlich, dass sie hingehen würde. Vermutlich hielt sie ihn für gefühlskalt. Das konnte ihm gleichgültig sein. Dennoch bedauerte er plötzlich das eigene Verhalten gegenüber der Mutter, es reute ihn. Verwirrt und unregelmäßig atmend blickte er um sich, als suchte er nach einem geeigneten Mittel, seinen Fehler gut zu machen und die Mutter zu versöhnen. Sein Blick blieb an der Truhe mit den biblischen Szenen hängen. Hatte er nicht von Anfang an dabei an seine Mutter gedacht? Er sah kurz nach Claudia und fing einen vielsagenden Gesichtsausdruck auf, den er nicht beachten wollte, obwohl er das Signal erkannte. Das war eine Warnung. Sie hatte mit dem Kunden, der aus der Voivodina stammte, einen Vertrag abgeschlossen und er war eben im Begriff ihn zu zerreißen. Aber hatte er sich nicht seinerseits schon früher gebunden? Durch einen Vertrag, der viel tiefer ging? Er griff zum Telefon.

„Nico?", fragte Rosmarie im Frisierladen. Sie nahm ihre Stimme zurück und fürchtete Unerfreuliches weitergeben zu müssen. Doch als er sagte: „Ich habe es mir anders überlegt, ich komme", gluckste sie begeistert. Sein Blick fiel auf den Anzug, den ihm seine Mutter geschickt hatte. Das Kleidungsstück hing über der Lehne, das Hemd lag auf der Sitzfläche des Stuhls, er war schon darauf gesessen, und die Krawatte – er beugte sich vor –, die lag auf dem Boden.

Gewöhnlich verbarg Witt seine Gefühle gut. Wenn er aber auf Lotte traf, büßte er diese Fähigkeit teilweise ein, er zeigte Bewegung, nicht nur im Gesicht, der ganze Mann spielte mit, sie belebte seine Person als frische Brise, die hin und wieder zu ungestümen und ruppigen Böen anwuchs. Dann traten Turbulenzen auf und Spannungen, die ihn erweckten. Jetzt zog er auf Dauer in die Nähe ihres optimistischen Herzens. Er konnte sie sehen, wann immer ihn danach verlangte, und einen Einfluss auf sie ausüben. Das war ein alter Wunsch, eine im Kopf ergraute Idee. Er war zuversichtlich und suchte den Weg über die Rolle des Gebers, denn er wünschte eine unterlegene Person vor sich zu haben. Manchmal ließ ihn das Selbstbild vom Gönner auch da nach unten schauen, wo er aufschauen hätte können. Er mochte nicht einräumen, dass er bei ihr etwas suchte, wovon er ahnte, dass es ihm fehlte und dass es gar mehr war als alles, was er selbst besaß.
„Das ist befremdlich, dass du noch im Betrieb bist", sagte er am Telefon zu Lotte, „statt mit mir zum Empfang in den Club zu gehen."
„Was soll ich machen? Gerade heute lief das Geschäft recht gut und du hättest dort ohnehin keine Zeit für mich."
„Wenn ich dich gedrängt hätte, hättest du dir Zeit genommen?"
Sie summte unbestimmt. Für Gedankenspiele hatte sie nicht viel übrig.

„Du bist nachdenklich, stimmt′s?"

„In Hinkunft wirst du nicht mehr so geheimnisvoll mit deinem Wagen vor die Tür rollen, um mich abzuholen. Und die Mädchen werden nicht mehr flüstern: Der Direktor! Mir hat das Spiel gefallen."

„Es war romantisch."

„Ja."

„Jetzt laufe ich den ganzen Tag zwischen Behörden hin und her. Der Papierkram lähmt noch einmal alles. Zum Glück habe ich kürzlich den Chef unseres Clubs näher kennen gelernt. Er fühlt sich durch meine Mitgliedschaft geehrt. Heimo Käfer ist ein exzellenter Finanzfachmann, der seinesgleichen sucht. Er verhandelt so geschickt für unsere Immobiliengesellschaft, dass ihn alle bewundern. Meine finanziellen Ambitionen gefallen ihm gut. Er meint, ich hätte einen Durchblick wie selten jemand und wäre leider bislang nie in die Lage gekommen, meine Ideen umzusetzen. Das stimmt. Ich habe ihm von meinem Bruder erzählt und er hat gelacht. Wir haben uns so gut verstanden, dass er mich in den Vorstand holen will. Da wird mein Bruder staunen. Käfer will da nur Leute sehen, die Vermögen einbringen. Das verbindet mehr als tausend Verträge, meint er. Im Übrigen verwaltet die Gruppe auch den Laden im Geigerhof."

„Und was sagt er zu den Ideen von Nico?"

„Soll er davon begeistert sein? Was der Junge da anbietet, kann man doch niemand als interessant verkaufen. Was verfolgt er denn damit? Ein Antiquitätenhändler wird er so nicht. Soviel ich weiß, ist schon eine Lösung des Problems in Vorbereitung. Soll nicht zum Nachteil deines Sohnes sein, soviel ich höre. Nun ja", stockte Witt, „entschuldige, ich sehe, da kommt eben ein Anruf, auf den ich warte."

Am Stadtrand errichtete seine Gesellschaft Wohnungen. Da er mit einer überschaubaren Geldmenge eingetreten war (so hätte vermutlich sein Bruder gesagt), genoss er neben der Aussicht auf eine lenkende Rolle im Vorstand beim Erwerb einer Wohnung eine Reihe von Sonderkonditionen, worüber er sich freute, ohne groß davon zu reden. Selbst gegenüber Lotte äußerte er sich bloß andeutend und hoffte dafür etwas zu bekommen, das die einfache Anerkennung überstieg. Er hoffte bewundert zu werden. Und obwohl Lotte Landmann wusste, dass es nichts geschenkt gab, sagte sie: „Das hast du gut gemacht", weil sie sich nicht in seine Sachen mischen wollte und sah, dass er überzeugt war von dem, was er tat. Wie eine elegante Treppe stieg die Anlage an einem auslaufenden Hang hoch, jede Etage war stufenförmig zurückgesetzt, so dass davor eine geräumige Terrasse entstand. Lottes Appartement lag auf der zweiten von insgesamt vier Stufen, was Witt ein wenig störte, ihr aber gleichgültig war. Sie hatte noch nie Zeit zum Wohnen gehabt und fürchtete keine Nachbarn. Ihr Phlegma in der Sache irritierte Witt, er hätte sie am liebsten ganz oben gesehen, um niemand über sich ertragen zu müssen. Eine Vorstellung, die Lotte nichts bedeutete.

Von einem Sträßchen an der Flanke der Anlage kam man vor den Eingang und die Zufahrt zur Garage. Die Stützmauer war mit einem Klettergerüst versehen und die Fläche davor mit Rosen bepflanzt. An der Böschung blühten gelbe, blaue und rote Blumen. Auch ein Wunsch Witts, Lotte sollte das Geschenk in einem schmucken Ambiente vorfinden. Er zeigte einen zunehmenden Hang zur Darstellung seiner neuen Erfolge und bemühte sich um deren Inszenierung. Der lässige Verlauf des Alltags wurde ihm mehr und mehr suspekt. Er fürchtete daran das Gleitende, mit dem er sich ein Berufsleben lang abgefunden hatte: das Entgleitende. Darum strebte er nun, Ereignisse, die ihm wichtig waren, in einen Rahmen zu setzen und so zu lenken, dass sie seine Handschrift zeigten und auf ihn verwiesen. Er wollte von dem Glanz, den er entfachte, selbst angestrahlt werden. Das erwartete er auch hier, allerdings mit vagen Gefühlen, nachdem es zwischen ihm und Lotte bis zuletzt ernsthafte Debatten gegeben hatte. Nein, nicht wegen der Wohnung, sondern wegen ihrer Gästeliste, bis er resignierend zur Kenntnis genommen hatte, dass sie auch zum Fünfzigsten keine anderen Menschen sehen wollte als die gewohnten. Er hatte einem Kompromiss zugestimmt. Freilich hatte auch Lotte nachgeben müssen: die Freunde der Friseusen, die sie seit ein paar Jahren dabeigehabt hatten, mussten draußen bleiben.

Bislang waren die Bereiche, wo er und Lotte gleichzeitig agierten, abgegrenzt und eingespielt, so dass es selten Reibungen gab. Unaufdringlich versüßte ihm die Friseuse das Leben. Wie sie dabei vorging, fand er immer angenehm: Um die Gestaltung der gemeinsamen Freizeit machte er sich nie Gedanken, es genügte, sich an ihre Vorschläge zu halten. Wann immer er die Geliebte traf, war er von Begierde nach ihrem Wesen erfüllt. Ihre offene Zuneigung schmeichelte seinem Stolz und sie befriedigte seinen Wunsch nach ein wenig Verständnis durch mehr als zehn Jahre. Anfangs fürchtete er, sie würde irgendwann durch ihr entspanntes, lockeres Wesen einen großen Fehler machen, eine Dummheit begehen, bis er sah, dass das Risiko eher bei ihm lag, weil er sich gelegentlich außergewöhnlich glücklich fühlte und das zeigen wollte. Alles ging nach seinen Wünschen, und wo er glaubte der Freundin Opfer abzuverlangen, kam ihr die Lösung entgegen. Sie verzichtete auf gemeinsame Auftritte in der Öffentlichkeit und auf ein Zusammenleben. Wie ideal die Situation für sie war, zeigte ihre anhaltende Ausgeglichenheit. Vielleicht bekam sie Angst vor einer Veränderung, als er anfing eine feste Form der Beziehung zu fordern, denn nun erst begegnete sie seiner ganzen Erwartung und damit dem Teil der Person, den sie bisher ausblenden konnte. Er spürte mehr und mehr, dass er mit einer selbständigen Person zu tun hatte, mit der er nicht so umgehen konnte, wie er als Mann in leitender Position mit den Mitarbeitern umzugehen gewohnt war. Allerdings dachte er nicht viel darüber nach, denn im Augenblick konzentrierte er seine Gedanken auf komplexe Finanzpläne, die seine wirtschaftliche Zukunft spannend strukturieren und sein Geschick optimal entfalten sollten, und er zweifelte nicht, dass er Lotte noch dafür gewinnen würde. Seinen Willen wollte er ihr keineswegs aufzwingen. Genug, dass er in seiner ersten Ehe damit gescheitert war. Damals hatte er keine Zeit für eingehende Überzeugungsarbeit gehabt. Auch seine Tochter Nadia würde er in den Griff bekommen. Vielleicht musste er die härtesten Verstrebungen ihres Charakters brechen, vielleicht die zähesten Fasern ihres Willens zerreißen, damit sie seine Spielregeln annahm, die letztlich auch auf ihr Glück zielten.

In Wahrheit betraten sie alle drei eine neue Szenerie. Sie mussten die alten Rollen abgeben und andere versuchen. Er wollte das Kapital, das er aus der Firma bekam, zu seinem Vorteil agieren lassen: er wollte damit spielen, wie er scherzend gegenüber dem faszinierenden Heimo Käfer im Club monetär erklärte, der ihm darauf versicherte: „Wenn Sie Ihr Geld in Ruhe arbeiten lassen, haben Sie für den Rest des Lebens ausgesorgt." Die Wendung vom „Rest des Lebens" missfiel ihm zwar, besagte sie doch, dass ihm für die Verwirklichung seiner Pläne nur mehr begrenzt Zeit zur Verfügung stand. Die Metapher trieb ihn zur Eile an. Er wollte spielen, denn was das anbelangte, hatte er seit eh und je ein Defizit gehabt. Das organisch wachsende Kapital sollte nicht die erste Option für sein Geld sein. In Zukunft musste der riskante Einsatz seine Mittel mehren und einträglicher sein als der tägliche Kampf auf einem festen Platz. Er spürte Kraft übrig in sich, obwohl ihm viel abverlangt worden war, und sein Wille zum Wagnis, dem bislang der Bruder im Weg gestanden war, lockte zu faszinierenden Ufern. Dort lag das Feld, wo er seinen bohrenden, lange unterdrückten Ehrgeiz befriedigen konnte. Heimo Käfer war sein Geburtshelfer, er hatte ihm ganz nebenbei die Augen geöffnet. Jetzt wollte er sein Vermögen geschickt und mit Eleganz vervielfachen, indem er von vorneweg nur die höchsten Erträge ansteuerte.

Wie stark er in Lottes Leben eingriff, war eine andere Frage. Sie würde einen Frisiersalon mit Schönheitspflege betreiben, der die wohlhabende Gesellschaft anzog, und diese Klientel sollte wiederum für den Club monetär und verschiedene Anlageprojekte, darunter eine Wellness-Anlage mit Schönheitschirurgie, gewonnen werden. Das Projekt war schon gestartet. Eine Lokalität in günstiger Lage hatte Witt gemietet, ohne Lotte lang zu befragen. Der Salon wurde bereits gestaltet, und sobald die Hochzeit vorbei war, würde er seiner Frau überschrieben. Das war seine Vorstellung, obwohl Käfer von einer Überschreibung abriet. Besser er, Ulrich Witt, behielt alles in seiner Hand, meinte er, doch in dem Punkt war der Direktor nicht umzustimmen. Vielleicht deshalb, weil er diese Frau wirklich liebte, wie Käfer behauptete. Wohl hatte er Lotte mit den Plänen bereits bekannt gemacht, aber sie stellte sich ihre Aufgabe in neuen Räumen genau so vor wie in den alten.

Die Kapitalanlage- und Investitionsgesellschaft, die sich im Umfeld der Stadt rasch durchsetzte, besaß Liegenschaften und Geschäftslokale, Gastwirtschaften und Hotels; vor allem sanierungsbedürftige Objekte, die, wie Heimo Käfer stets versicherte, laut Meinung von Sachverständigen bald Gewinn einbringen und Geld abwerfen würden, sowie eine Wohnbaufirma, und Käfers Fachleute rieten ihm dringend, sein Geld auch in Termin- und Optionsgeschäfte zu investieren, wo der Trend extrem günstig war. Witt sah bereits auf ganz erkleckliche Zuwächse, wenn er die Zahlen, die die Auszüge fortlaufend auswiesen, mit den Summen verglich, die er eingesetzt hatte. Nach anfänglichem Zögern bemächtigte sich seiner eine zunehmende Kühnheit, er verspürte eine körperliche Lust an den Erträgen, die wahrhaftig wie Spielgewinne aussahen, und steigerte die Einsätze, die offenbar weniger Risiko bargen als jede simple Wette. Sicherlich besaß er Talent auf dem Gebiet, das bekräftigte auch der zunehmende Spaß an der Sache, wie ihm die Freunde im Club bestätigten. Nachts konnte er nicht mehr richtig schlafen vor Ungeduld, die neu aufgelaufenen Zuwächse zu betrachten.

Zügig nahm Witt die Auffahrt und hielt vor der Garage. Er trug einen hellblauen Anzug und warf beim Aussteigen einen Blick zum Himmel. Dabei zog er in der für ihn typischen Weise die Brauen zusammen, seine Haut war über der Stirn zu glatt gespannt, als dass sich richtige Falten bildeten. Gleich darauf bog eine dunkle Limousine zum Abstellplatz, ein kurzer Blick auf die Uhr zeigte dem Direktor, dass die Herrschaften pünktlich waren. Heimo Käfer verließ das Auto mit einer Behändigkeit, als wäre er auf der Flucht, sein eilfertiger Fotograf, den er mit einem Klappen der Finger gegen die Innenhand hinter sich herwinkte, suchte auf gleiche Höhe zu kommen. Während des Händeschüttelns fragte Käfer, wer alles erwartet werde, und Witt zählte ihm die Personen auf: seine Lebensgefährtin Lotte Landmann, seine Tochter Nadia und ein paar Friseusen, die im Betrieb seiner künftigen Frau arbeiteten; womöglich auch der Antiquitätenhändler Landmann, der Sohn Lottes aus erster Ehe. „Aber es ist ungewiss, ob er kommt." Darauf strich Käfer mit beiden Händen über das schüttere Haar auf seinem Kopf und erklärte, er könne nur wenig Zeit erübrigen und wäre eigentlich gar nicht da. „Wo bleibt die Dame, für die ich den guten Onkel spiele?", erkundigte er sich sarkastisch, sah um sich und zeigte eine starke Ungeduld, die er nicht beherrschen wollte.
Mit Mühe hatte Ulrich Witt den Vorsitzenden für diesen Auftritt gewonnen, denn Heimo Käfer scheute jede Art von

Dokumentation, da sie ihm nur wertvolle Zeit wegnahm. „Sie hätte da zu sein!", erklärte Witt, im Ton zwischen Vorwurf, Beunruhigung und Nachdruck schwankend. „Seit wir uns kennen, hat sie noch nie einen Termin vernachlässigt." „Vielleicht nimmt Ihre Auserwählte diesen Anlass nicht so ernst", spöttelte Heimo Käfer. „Sie wollten unbedingt, dass die Wohnung nur ihr gehört. Ich habe Sie gewarnt. Schon tanzt sie auf Ihrer Nase herum. Wir kennen doch die Frauen: Was sie bekommen, nehmen sie als wohlverdienten Lohn und in einem Jahr haben sie den Spaß daran verloren und verkaufen das Ganze."

Die Bemerkung fand Witt zu allgemein und unangebracht. „Lotte denkt erst an das Kind", wandte er ein.

Da streckte ihm Käfer seine Rechte wie eine Schaufel hin: „Ich lasse Herrn Brand da. Der versteht sich darauf zu warten, bis alles stimmt!" Dann lachte er und schlug dem Fotografen, ohne ihn anzusehen, mit der Hand gegen die Schulter. „Tut mir Leid, dass Ihnen der Schatz auf der Nase rumtanzt, Herr Witt, aber ich komme sonst mit meinen tausend Dingen nicht zu Rande. Vielleicht sollten Sie nicht zu viel in diese Frau investieren, sondern andere Anlageformen vorziehen. Übrigens, die Sache mit dem Salon ist vorverhandelt. Das wird funktionieren. Wir haben die nötigen Personen. Also viel Vergnügen dann."

Mit seinen tausend Dingen nicht zu Rande zu kommen war Käfers stehende Wendung; welche Sachen das waren, ließ er nicht wirklich sehen. Der Fotograf lief und schnappte noch rasch sein Blouson aus dem anfahrenden Auto. Während er zurückkam, brummte er bewundernd: „Knochenhart."

„Sie kennen Käfer gut, Herr Brand?", fragte Witt und tupfte mit einem Taschentuch den Schweiß fort, der ihm plötzlich auf die Stirn trat.

„Ich bin da, wenn er mich braucht", antwortete der Fotograf und schaute mit zweideutigem Lächeln in die Gegend. „Ein echter Profi. Lässt nichts anbrennen. Sie wissen wohl mehr von ihm als ich, denn er mag nur die reichen Leute." Er spürte etwas unter der Schuhsohle: Ein scharfkantiger Splitt lag auf dem Vorplatz. „So ein Schlimmer", sagte er und schnippte den Stein mit dem Fuß zwischen die Blumen.

Lotte glänzte vor guter Laune. Lucia, die Friseuse mit den schrägen Augen eines weiblichen Fauns, warf Blicke voller Lust in die Umgebung. Martina trug einen ungetrübten Lebenshunger zur Schau. Die langbeinige Rosmarie war aufgeräumt und ziemlich neugierig auf das, was sie erwartete. Hinter ihr verließ Brigitte das Taxi, sie trug ein kräftiges Rot auf ihren sinnlichen Lippen und wirkte schrill. Rosmarie legte eine Hand auf ihre Schulter und betrachtete bewundernd das blondierte Haar und den lebendigen Teint. Zwischen den beiden schlüpfte Nadia hindurch. Seit ihre Namensänderung auf Nadia Witt amtlich beschlossen war, trug sie zeitweise einen ernsten Ausdruck zur Schau, der ziemlich aufgesetzt wirkte. Da sie eher klein und schmächtig war, verschwand sie im Augenblick in der Frauengruppe ebenso wie das Rauhaar Benny, das erregt und angesteckt von der erwartungsvollen Anspannung herumlief. Lotte lachte nur, als Ulrich Witt mit säuerlicher Miene auf die Uhr sah, statt sich zu rechtfertigen: das schien ihm lieblos. Er wartete, um ihr zum Geburtstag ein ungewöhnlich großes Geschenk zu übergeben, sie jedoch war von der eigenen Stimmung so getragen, dass sie weder seine getrübte Laune an sich heranließ, noch seinen Vorwurf ernst nahm, sondern blind darüber wegging und glaubte, niemand könne ihr etwas übel nehmen. Sie wollte sich keine Vorstellung davon machen, wie sie auf ihn wirkte, wenn sie ihm inmitten ihrer vertrauten Frauengruppe entgegentrat, und übersah die ersten Anzeichen ihrer eigenen Gegenwehr, als sie zuerst dem Fotografen mit offenem Blick die Hand hinstreckte. Dafür sah Nadia ihrem Vater ins Gesicht, sprang ihn wortlos an, zog ihn zu sich herab und küsste ihn auf die

Wange. Dann ließ sie los und schaute ihn mit einem fragenden Ausdruck an. Er glaubte an einen komischen Einfall und blickte verlegen um sich. Die Friseusen zeigten den Respekt der Angestellten, das fand er korrekt, nur die Frau, auf die es ankam, nahm alles sehr leicht. „Käfer konnte nicht länger warten", erklärte er mit vorwurfsvollem Unterton. Nun würde der Fotograf, den er zurückgelassen hatte, gleich eine Aufnahme machen, die dann für die Werbetätigkeit der Gesellschaft zur Verfügung stand. Lotte und Nadia sollten vor dem Eingang posieren und er würde die Schlüssel überreichen. „In dem Moment drückt Herr Brand ab."

Ganz nahe vor den Augen Nadias pendelten sie in der Hand des Vaters, und wäre es nicht so ein wichtiger Moment gewesen, hätte sie danach geschnappt wie nach einem angebotenen Happen. Mit einem kurzen Bellen setzte sich Benny vor seine kleine Herrin. Die Friseusen stießen sich an, auch das Rauhaar folgte den Schlüsseln mit aufmerksamen Blicken. Der Fotograf sah durch den Sucher. Er wollte es nicht kompliziert machen. Die Frau in dem roten Kleid mit den großen Blumen darin und dem kastanienbraunen Haar nahm sich schick aus vor dem getrübten Glas der Eingangstür, doch plötzlich rief sie: „Mädchen, kommt! Ich möchte, dass ihr auch drauf seid."

Ulrich Witt versuchte eine scharfe Stirnfalte, aber vergebens, die Haut blieb glatt. Da sich ihm dieses mimische Signal verweigerte, wollte er es auf eine verbale Auseinandersetzung nicht ankommen lassen.

Brand postierte die Mitarbeiterinnen an die Seite der Chefin. Schief lächelnd sah Nadia in die Kamera, ihre Finger glitten über Bennys Kopf, der sich völlig untertan gab. Lotte Landmann wirkte zufrieden, als sie die geöffnete Hand hinhielt. Witt hob die Schlüssel und ließ sie – Achtung! – fallen.

Auf dem hellen Granitboden lag ein grauer Perser aus Seide, ein paar helle Tupfen leuchteten darin. Die Wände waren gespachtelt, mit Glasfasermaterial beklebt und hochglänzend lackiert, sie reflektierten mit ihrer Glätte das rötliche Licht der tiefstehenden Sonne, das durch die Glasfront zur Terrasse in den Raum flutete.

Witt nahm zwei Gläser von einem Tablett, mit dem eine junge Kellnerin zu ihm trat, eines reichte er Lotte, das andere hob er ihr entgegen, um mit ihr anzustoßen, doch mit einer kleinen Geste lud sie ihre Mädchen ein, auch ein Glas zu nehmen, Nadia drückte sie selbst eins in die Hand und mahnte: „Nicht austrinken!"

Die bewundernden Seufzer der Friseusen erfüllten den Raum. Während sie an den Gläsern nippten, bis Rosmarie rief: „Wir gratulieren!" Flugs leerten sie die Gläser. „Ein Luxus wie in einer Bank", stellte Lucia nach dem Absetzen fest. „Und kühl wie ein Drink", lachte Rosmarie und drückte die Augen zu. „Da werden wir schon noch einheizen", meinte Martina mit rauchiger Stimme.

Die kalte Atmosphäre hatte Lotte Landmann bei der Vorbesichtigung weh getan, doch waren die Pläne des Innenarchitekten unverrückbar gewesen. Erst hatte Ulrich sich bemüht, ihre Wünsche zu unterstützen, aber sobald der Name Heimo Käfer gefallen war, hatte er sich seltsam nachgiebig gezeigt. Da hatte er gewirkt, als wäre er gebunden und müsse und wolle jeden Vorschlag annehmen.

„Der Abendhimmel, kommt!", sagte die Chefin zu den Friseusen und ging auf die offene Terrassentür zu, als wäre sie auf der Suche nach einem Rest von Wärme. Über den nahen Bergen ließ die breitgehämmerte Scheibe der Sonne den Himmel bis zum Zenit in Feuerfarben glühen. Die Gesteinsmassen hatten ihre Körperlichkeit verloren, schwebten als zartblaue Seidenpapiere in der Luft und zerfielen unter der Lohe des Abends zu taubengrauer Asche.

„Wo liegt der neue Salon?", fragte Brigitte.

Die Chefin deutete nach Westen und nannte den Namen der Straße. Die Friseusen suchten mit den Augen die Gegend und zeigten auf den Straßenzug. Dann standen sie eine Weile schweigend an der Ummauerung der Terrasse, als erfassten sie Gefühle, die ihre rührigen Muskeln steif werden ließen. Plötzlich fegte Benny über die Terrasse, bohrte seinen Kopf in einen bepflanzten Trog, fuhr wie ein Pflug mit seiner viereckigen Schnauze durch den lockeren Torfmull und warf mit einer Kopfbewegung eine Menge davon auf die Steinfliesen. Dann kehrte er, von den aufgeregten Rufen der Frauen verstört, in die Wohnung zurück, wobei ihm der Efeu, den er entwurzelt hatte, wie ein aufgelöster Siegeskranz um den Hals hing. Die Friseusen schafften allen Mist auf der Stelle in den Trog zurück und säuberten den Boden, und als Witt heraustrat und meinte, sie sollten das lassen, das werde die Bedienung am nächsten Morgen in Ordnung bringen, waren die Spuren bereits beseitigt. Inzwischen war die Sonne schon am Erkalten, sie färbte sich karminrot, und das dunklere Rotblau eines abtrocknenden Rosenblattes breitete sich über alles.

Der Tisch war festlich gedeckt, Blumenarrangements standen an den Enden. Die Tischplatte bildete eine glasklare Plexiglasplatte. Brigitte ließ die Krabben aus dem Cocktail mit Vergnügen zwischen ihren intensiv roten Lippen verschwinden, Lucia genoss die Delikatesse mit glühenden Augen, und beide hänselten sie Rosmarie, die Meeresfrüchte verabscheute. Da drohte sie ihnen flüsternd: „Ihr werdet ordentlich fett werden, wenn ihr so viel von diesen Sachen esst!"

„So schnell geht das nicht", sagte Witt, der den Satz aufgeschnappt hatte, „aber", nutzte er den Anlass zu einer Einmischung, „Sie sollten die Beine nicht so übereinander schlagen. Wissen Sie, warum?"

Rosmarie sah den Direktor an, der offenbar ihre Beinhaltung begutachtete, und schüttelte barsch den Kopf. Sie stellte ihre Beine nebeneinander, zog das Minikleid, dessen unterer Teil in ein helles Rosa getaucht war, in Richtung Knie und knabberte an ihrem Weißbrot.

„Sie riskieren Krampfadern. Da sind Sie in Ihrem Beruf ohnehin gefährdet. Sie stehen den ganzen Tag bei der Arbeit und haben später mit den Venen zu tun."

Die Friseusen schauten den Direktor an.

Er legte den Besteck weg, wischte sich mit der Serviette den Mund und setzte zur Erläuterung eines kosmetischen Problems an, doch da kam ein Lastauto unter anhaltendem Hupen die Auffahrt hoch.

„Das sind sie", meinte Rosmarie begeistert wie ein Teenager, sprang auf und lief zur offenen Terrassentür. Ihre Kolleginnen drängten hinter ihr ins Freie.

Drei Männer kletterten im Schein der Straßenlampe aus Kaspars Laster. Zwei suchten das Licht der Laterne und schwankten in deren hellem Kegel, während Kaspar, der Lenker, die Plane zurückschlug und die Bordwand öffnete.

„Nico!", rief Rosmarie von der Höhe der Terrasse hinüber. Nico schlug die Hände vors Gesicht, senkte den Kopf, so dass seine Haare nach vorn fielen, und versuchte stillzustehen. Dann drehte er den Kopf, lugte durch den Vorhang seiner Mähne und winkte den Friseusen zu. Hierauf griff er nach dem Laternenpfahl, an dem Herwig, der Raumpfleger, schon lehnte. Kaspar zog ein Möbel an die Kante der Ladefläche und forderte die alkoholisierten Kumpane auf zuzupacken. Zögernd näherten sich Herwig und Nico, hoben die Truhe herunter, hielten sie stöhnend fest und gingen dann Schritt für Schritt auf die Eingangstür zu, die Lotte Landmann gerade von innen aufmachte. Ihr Ausdruck war besorgt, sie fürchtete um den Abend und suchte nach einem Weg Schlimmes zu vermeiden. Wohl trug ihr Sohn den Anzug, den sie ihm geschickt hatte, aber in welchem Zustand befand er sich! Zerknittert und lädiert, anscheinend war Nico gestürzt. Er blieb stehen, atmete stark und stierte zu Boden. Da wurde ihr klar, dass er mit einem Geschenk ankam. Aber was war das für ein Geschenk! Sie wollte ihn trotzdem dabei haben und fasste seinen Arm. „Das ist mein erster Abend in dieser Wohnung", sagte sie, „und ich möchte, dass es ein netter Abend wird und keine Katastrophe. Denk daran und versprich mir dich zu bemühen!" Sie sah ihn von der Seite an. Doch da er nichts versprechen konnte, zog sie ihn mit den Worten „Na, komm schon!" weiter. Ein fremder Ton war in ihrer Stimme. Ihre freimütige Seele stand unter Druck. Er wollte sich bemühen nicht zu lachen. „Du weißt ja, wie du mich behandeln musst", murmelte er undeutlich.

Doch da war sie sich leider nicht mehr sicher.

Er und Herwig jonglierten die Truhe mit den Reliefs, die handfeste Spuren der Zerstörung erkennen ließen, durch die Tür und blieben im Wohnraum stehen. Schweiß stand auf ihrer Stirn.

„Wohin?" Herwigs Stimme klang gepresst vor Anstrengung. Neugierig drängten die Mädchen von der Terrasse herein. Der Direktor trat näher, taxierte das Geschenk mit einem raschen Blick und erschrak sichtbar.

„Wohin?", wiederholte Herwig keuchend und bekam wieder keine Antwort. Da gab er selbst das Kommando: „Abstellen!" Auf den letzten Zentimetern entglitt das Möbel den Händen der Träger und fiel mit einem Plumps, der von spitzen Schreien begleitet wurde, auf den Steinboden.

„Für dich", erklärte Nico mit übertrieben großer Geste und näherte sich seiner Mutter unsicher, „alles Gute zum Geburtstag!"

Die ausgefransten Hölzer weckten unwillkürlich Angst vor Verletzung, wehrten ab, machten Zuneigung schwer. Alle starrten auf den Gegenstand, der wohl einst als alter Besitz einer Adelsfamilie in eines der Schlösser Slawoniens gekommen war und in seinem aktuellen Zustand einen ungünstigen Eindruck machte. Zu weit wich das Geschenk von dem ab, was üblicherweise als schön galt, und was konnte Witt, der den Anblick in Zukunft auch zu ertragen haben würde, als Liebhaber erlesener Werkstoffe an diesem geflickten Möbel mit erkennbaren Einschusslöchern und Ausschussöffnungen finden? Die Beschenkte selbst war überrascht von den üppigen Ausmaßen und deutete sie als Zeichen guten Willens, doch die Gabe selbst ließ ihr Herz nicht höher schlagen.

„Dieses Stück da kommt aus dem Krieg. Leider wurde es bei einem Feuerüberfall beschädigt", erklärte Nico lallend. „Hätte mir Kaspar nicht die Beine weggezogen, wäre ich genauso durchlöchert. Als Andenken wäre ich vielleicht für dich berührender als das Ding da, Mutter."

Sie wusste Bescheid, denn er hatte sie schon während der Haarwäsche eingeweiht, und fürchtete, nun käme eine wirre Widmung. Diese Verlegenheit wollte sie sich und allen Anwesenden ersparen und im Programm weitermachen. Hastig sagte sie zu Herwig, der sich zurückziehen wollte: „Bitte bleiben Sie!"

Aber Herwig drehte sich kichernd um, klatschte mit seinen Sandalen kopfschüttelnd zum Ausgang, rammte den Türrahmen und schwankte auf die Straße hinaus. Der aufgeregte Haufen war ihm zu viel. Witt legte seine Hand auf Lottes Unterarm und verzog den Mund, so gut es ging, um auszudrücken: Den vermissen wir nicht. Da presste sie die Lippen aufeinander, dass nur ein Strich übrig blieb, und machte sich unwirsch los. Alle standen wie erstarrt da, bis sie hörten, dass die Tür des Lkw zuschlug und das Auto wegfuhr.

Die Friseusen wollten Nico zu den Köstlichkeiten der Tafel locken, doch er erklärte, er sei völlig fertig und müsse an die Luft. In schlaffer Haltung schlüpfte er auf die Terrasse hinaus in die Dämmerung. Wie sollte er sich, nachdem er dieses Geschenk gemacht hatte, an die Tafel setzen und so tun, als verliefe alles wie üblich? Er fiel auf einen Gartenstuhl und schlief in der abgekühlten Septemberluft ein. Be-

sorgt sah Lotte Landmann in die Dunkelheit hinaus und
hoffte, er werde nach einer kleinen Rast erträglicher sein,
denn im augenblicklichen Zustand war er nach ihrer Erfahrung unberechenbar. Schließlich ging sie mit einer
Decke hinaus und warf sie ihm über. Zurückkehrend fasste
sie Nadia, die die Gesellschaft aufmerksam beobachtete, an
der Hand und sagte: „Du musst jetzt ins Bett."

Die ersten Flammen im Kamin flackerten von krachenden
Geräuschen begleitet. Eine Atmosphäre von eigener
Spannung baute sich auf. Alle standen um das lebhaft
werdende Feuer und verfolgten die Premiere aufmerksam.
Vorläufig wollte sich kein Gefühl des Behagens einstellen.
Lotte wünschte immer wieder die ungezwungene Unter-
haltung früherer Feste herbei. Sie legte eine Hand um Ulrichs
Schultern und zog ihn an ihre Seite. Er legte seinen Arm um
ihre Hüften. Die Vorführung ihrer Zuneigung gefiel ihm, er
sah sie lächelnd an. Dann ließ er sie wieder los, ergriff den
Schürhaken und begann in der Glut zu stöbern.
Auf einmal schob Nico die Terrassentür von außen auf. Die
Decke eng um den Körper gewickelt machte er eine kleine
Verbeugung und warf seinen Kopf mit dem Haarschopf zurück. Die Mädchen erheiterten sich, als sie seinen
mumienhaften Aufzug bemerkten. Offensichtlich war er erfrischt und ernüchtert.
„Wo warst du denn?", fragte Rosmarie, während er eintrat.
Er lächelte abwesend und antwortete: „Ich habe geträumt
und bin im Traum gereist, aber ich weiß nicht wohin. Es
war ein fremdes Land und alles war dort anders. Ich war
sehr beeindruckt und habe gespürt" – er legte seine Hand
auf die Brust –, „dass sich hier etwas veränderte. Aber ich
weiß nicht was."
„Hast du dich verliebt?", fragte Rosmarie scherzhaft.
Brigittes Augen suchten seine. Dich hat es echt erwischt!,
sagten ihre Blicke.

Er verstand, wusste aber nicht, ob die Behauptung stimmte, und drehte sich zur Terrasse um. Trotz des Lichts, das hinausfiel, stand die Nacht ganz in der Nähe. Er war in ein Gespinst verstrickt. Ein forderndes, überzeugendes Wesen hatte ihn berührt, erzählte er, und auf unerklärbare Weise von ihm Besitz ergriffen. Eine Art gegenstandsloser Partner hatte sich seiner bemächtigt und sich in den Bau seiner Person eingenistet. Nun kam er sich verwandelt vor, sagte er, als hätte er ein besonderes Mittel eingenommen, das sich in die abgelegensten Winkel seines Organismus ergoss. „Ich war hundemüde vorhin und auf einmal ist das alles verflogen. Jetzt fühle mich ganz leicht, schwerelos und schwebend."

Die Friseusen sahen sich verwundert an. Sie waren an solche Offenbarungen nicht gewöhnt und schielten nach der Chefin, doch auch sie schien angesichts solcher Aussagen ratlos.

„Vergeht wieder", gab sich Martina schließlich mit rauer Stimme zuversichtlich und stopfte ein Bonbon in den Mund.

„Spätestens in der Ehe", erklärte der Direktor auf eine Weise, die gedankenlos und banal wirkte. Er stand dem Kamin zugewandt und schlug mit dem Schürhaken auf ein Holzstück. So eine oberflächliche Äußerung stand ihm nicht besonders gut an, jedoch niemand von den Anwesenden wunderte sich weiter darüber. Die Friseusen wussten aus ihrer Berufserfahrung, dass es meist nur einer kleinen Verschiebung bedurfte, damit jemand eine unerwartet gewöhnliche Weltsicht offenbarte, und Nico Landmann lehnte es ohnehin ab, sich näher mit Ulrich Witt und seinem Charakter zu beschäftigen. Dennoch fing er den Satz auf, der für seine Mutter eine prophetische Warnung enthielt, falls sie sich vorstellte, bald in ein fein gebautes Beziehungsgebäude einzuziehen: das würde dann schnell zerbrechen. Er machte ein paar Schritte auf die Truhe zu, beugte sich zu dem Paar im Paradies hinunter und wurde von einem Schwindelgefühl überrascht. Er kauerte sich nieder. Was er sah, wurde lebendig: der Baum war ein Kirschbaum, die Schlange ein Wunsch, ein glatter Gedanke, eine perfekte Lösung, und der Engel, der im linken Feld mit wildem Blick auftauchte, erinnerte ihn an seine Verkäuferin Claudia, der er in den Rücken fiel, indem er das bereits verkaufte Objekt der Mutter schenkte. Die Mutter nahm die Frucht in die Hand, obwohl Gott in der Wolke finster dreinschaute und eine Stirnfalte machen wollte. „Der Direktor", sagte er leise und warf den Kopf mit der Mähne zurück. Dann lachte er sein bellendes Lachen. Er lachte, bis er nur noch flach nach Luft schnappte, zog die Decke, die er noch um sich geschlagen trug, über den Kopf, krümmte sich zusammen und machte schnuppernde Geräusche, die immer leiser wurden.

„Hysterie", konstatierte Ulrich Witt und suchte die Augen Lottes. Auf ihrem Gesicht lag der Schimmer eines mädchenhaft verwegenen Lächelns. Sie kannte das Herz ihres Jungen und wusste, was hinter seinen Stimmungsumschwüngen stand. Deshalb erschrak sie auch am wenigsten, als er plötzlich die Decke von sich warf und aufsprang. Rosmarie, die sich ihm gerade nähern wollte, schrie auf. Die Friseusen kreischten. Witt wich einige Schritt zurück. Die Mutter deutete erleichtert auf den Tisch vor dem Kamin, auf dem Gläser und eingekühlter Sekt standen. Ihr Sohn hatte gerade die Tür zu den Kellergeschossen zugeworfen und wollte sich nun unterhalten. Er schnappte eine Flasche und sprang mit einem Satz auf die Truhe, die unter ihm ächzte. Während er an dem Flaschenverschluss nestelte, sprach er: „Ist das ein Einfall! Den fünfzigsten Geburtstag mit einer Einstandsparty in der neuen Wohnung zu verbinden! So eine Freude, Mama! Dann treibst du auch noch einmal in den Hafen der Ehe. Du weißt ja, was dich erwartet. Bist ja nicht unerfahren. Ich will nicht weiter davon reden, sonst beginne ich dich zu beneiden." Der

Korken lockerte sich. „Ich wünsche dir alles Gute und ewige Jugend!" Mit einem Knall schoss der Pfropfen gegen die Decke. Nico fuhr mit der Flasche über die hochgehaltenen Sektkelche hinweg, besprühte dabei die erhobenen Gesichter, die Schulter der Mutter (sie nahm den kalten Guss mit Lachen), sowie den Scheitel des Direktors (er fuhr mit der flachen Hand darüber, während er trank), und leerte den Rest in seinen Mund.

Lotte stellte das Glas weg, klatschte in die Hände und rief: „Jetzt geht es los!" Die Atmosphäre der neuen Wohnung sollte mit Gefühlen und Empfindungen erwärmt, mit Musik und Alkohol, mit Witzen und Scherzen, mit Einfällen und Späßen aufgeheizt werden.

Von da beobachtete Ulrich Witt die zwei jungen Frauen vom Service, die flink und unauffällig arbeiteten, mit sichtbarer Hingabe. Sie waren ständig aufmerksam, das war nach seinem Geschmack. Zu Lotte verhielt er sich, als wäre sie für ihn eine zufällige Bekannte. Er wollte Gefühle der Eifersucht wecken. Sie sollte erkennen, dass sie ihn vernachlässigte. Jedoch Lotte ging nicht auf sein Verhalten ein. Sie ignorierte es nicht einmal, sondern übersah es, während sie mit den Mädchen und ihrem Sohn herumalberte. Schließlich ergriff er ihre Hand und zog sie in den hinteren Teil der Wohnung. „Ich muss dir etwas sagen", erklärte er und führte sie durch einen kleinen Vorraum ins Schlafzimmer. Über dem breiten Bett schwebte, von vier Balustersäulen getragen, ein freundlicher Himmel. „Ich kann es nicht vor allen ausbreiten, Lotte."

„Aber geh, Ulrich!" Sie konnte sich nicht vorstellen, dass er bei der gelösten Stimmung draußen nicht alles sagen konnte; er konnte dort sagen, was er wollte; niemand würde sich an irgendetwas stoßen, meinte sie und lachte ihr perlendes Lachen, von ganz unten kletterte es hoch und fiel dann in einer Schleife herab. Sie fühlte sich so locker und ungefährdet, ja unfähig in schlechte Laune zu schlittern und wurde mit ihrer Gelassenheit dem Freund unheimlich, weil sie ihn auf Teile ihrer Persönlichkeit stieß, die er bisher noch nicht gesehen hatte. Offenbar war er kein Menschenkenner; nur wenn er über eine Eigenschaft beim Andern stolperte, nahm er sie wahr.

„Nein, so geht es nicht", sagte er mit besorgter Miene, während er sich auf einen der beiden Stühle niederließ. Er legte die Hand auf den Kopf einer schwarz-weißen Katze aus Keramik, die neben der Lampe und dem Telefon auf dem Nachtkästchen saß. „Ich kann nicht mit diesen Leuten!"

Lotte setzte sich aufs Bett, streichelte mit den Händen die Decke und wollte ihn reden lassen.

„Du hast mich ja um mein Einverständnis gebeten wegen deiner Mädchen, wie du diese Frauen nennst. Ja, sie sind deine Mitarbeiterinnen, und du verstehst dich gut mit ihnen, und wahrscheinlich hat sich das bis jetzt sogar bezahlt gemacht für dich." Er sah sie an, Lotte erwiderte seinen Blick gleichmütig. Solche Gedanken störten sie nicht, auch wenn sie selbst nicht so dachte. Das ging sie ja nichts an, wie jemand anderer das anschaute. „Dann kam dein Sohn dazu."

„Ihr mögt euch nicht, aber du verstehst, dass ich mich freue, wenn mein Junge dabei ist?"

„Es ist dein Tag. Darauf haben wir uns ja geeinigt. Du hast eingeladen. Ich frage mich, ob du die Gesellschaft solcher Elemente wirklich nötig hast."

Lotte sah scharf nach ihm, aber er betrachtete gerade seine Fingernägel. „Welche Elemente meinst du? Ist etwas verdächtig an meinen Bekannten?"

„Du kennst sie doch nicht wirklich."

„Warum sagst du so etwas? Kennst du sie etwa besser als ich? Oder fürchtest du dich vor ihnen?"

„Das weiß ich nicht. Jedenfalls räume ich gerne ein, dass ich mit einer bestimmten Sorte Mensch nicht umgehen kann."

Er wandte ihr das Gesicht zu.

Aus dem Wohnbereich drang deutlich die Tanzmusik in den Raum. Lotte ließ sich nach hinten auf den Rücken sinken, zog die Beine aufs Bett und streckte sich. Nach einer Weile des Schweigens begann sie ruhig gegen den Himmel über sich blickend zu reden: „Ich will mich angenehm unterhalten und Spaß haben. Und ich wüsste nicht, warum die Mädchen oder Nico dazu nicht recht sein sollten. Das sind lauter Leute, die nicht sonderlich berechnend sind. Sie freuen sich mit mir über kleine Abwechslungen und es fällt mir leicht ihnen etwas nachzusehen. Was ich tue, tue ich mit Begeisterung. Das war immer so. Ich habe meinen Job stets mit einer gewissen Leichtigkeit gemacht, das weißt du. Und wenn ich mich mit dir getroffen habe, bin ich dir nie zur Last gefallen, weil mir das nicht liegt, und das kam dir auch entgegen." Er nickte und beobachtete seine Freundin abwartend, als ahnte er, dass sie mehr und anderes sagen würde, wenn er sie ließe. Und er ließ sie, weil er im Augenblick zweifelte, ob er sie richtig einschätzte. Da sie ehrlich war (daran zu zweifeln gab es keinen Anlass), würde sie sich offenbaren. Sie würde auf Dinge zu sprechen kommen, die ihn beschäftigen mussten, obwohl sie ihn eigentlich nicht interessierten. „Durch all die Jahre habe ich mein Leben so eingeteilt, dass ich für dich da war, wann immer es dir passte. Aber ich lebte auch in der übrigen Zeit."

„Ich habe nie danach gefragt. Das war unser Abkommen, und deshalb interessiert es mich auch jetzt nur bedingt, was du gemacht hast."

„Wann immer ich mich mit meinen Mädchen vergnügte, waren Männer dabei. Oft waren es die Freunde meiner Mitarbeiterinnen. Wenn eine Beziehung sich lockerte, habe ich manchmal die Männer übernommen. Von störrischen Zicken weich geknetet waren sie für eine friedliche Begegnung dankbar. Ich habe sie ein wenig ausgenützt, ohne besondere Absicht, und manchen habe ich auch ein wenig aufgerichtet. Diese Männer waren bereit, mein Leben in Ruhe zu lassen, selbst wenn sie mich ehrlich zu lieben meinten. Sie ließen so lange mit sich reden, bis sie glaubten, dass ich nichts für eine feste Bindung bin, und früher oder später sind sie draufgekommen, dass sie selbst auch nichts dafür waren."

Nach einer Pause sagte Witt: „Wie ist das jetzt?"

„Anders."

„Und später?"

„Du fragst mich etwas Schwieriges, aber eigentlich wolltest du mir etwas sagen."

„Wegen deiner Gäste. Das ist erledigt."

Lotte erhob sich entschlossen. Sie wollte das Schlafzimmer mit raschen Schritten verlassen. Doch als sie die Tür aufdrückte, stieß sie gegen einen Widerstand und hörte einen Schmerzenslaut.

Nadia stand da und rieb ihre Stirn. Mit der andern Hand hielt sie ihren Hund, der im Pyjamajäckchen verstaut war, so dass nur seine Schnauze aus dem Halsausschnitt sah. „Was machst du denn da, Nadia? Du wirst doch nicht lauschen?"

Nachdem die zwei Angestellten des Servicedienstes gegangen waren, ließ sich der Direktor von Rosmarie einen Cocktail reichen, den sie für ihn gemixt hatte. Er versuchte auf die ausgelassenen Mädchen einzugehen. Besonders gern plauderte er mit Lucia, deren rassige Augen einen Nerv in ihm trafen und ihm ein Kompliment eigener Art entlockten: „Sie hätte ich gern als Mitarbeiterin in der Firma gehabt." Er öffnete sich für die lärmende, enthemmte Gruppe, obwohl er mit sich nicht im Reinen war, trank den Mädchen zu und überließ sich ein wenig dem Sog der Stimmung. „Entschuldige", sagte er zu Lotte, als er mit ihr tanzte, „auch ich lebte, wenn wir nicht zusammen waren. Ich weiß, das ist dir gleichgültig. Aber ich erinnere mich daran, wenn ich mich hier umsehe, und merke, dass ich mich dann wohler fühle." Ziemlich unbeholfen erklärte er, dass sie mit den Eindrücken verschmolz, die er von seinen Erlebnissen im Gedächtnis hatte. „Ich sehe dann in dir auch nichts anderes als eine flüchtige Bekannte, bei der ich mich entspanne."

Vielleicht wollte er sie damit kränken, aber da traf er bei ihr kein Ziel. Es störte sie nicht, wenn er sie mit seinem bisherigen Dasein vermengte. Was an ihrer Beziehung echt war, blieb ja in jedem Fall erhalten.

„Ich habe zu schnell geurteilt", sagte er, „deine Friseusen sind doch nett."

„Finde ich auch", sagte Lotte zufrieden.

Im Kamin glomm noch die Glut, die Reste der Scheiter knisterten und knackten beim Auskühlen.

„Das sind in der Tat perfekte Augen", stellte Ulrich Witt fest, der Lucias Katzenaugen noch einmal genauer betrachtete, „selten perfekt. Und das war, Sie erlauben die Frage, das war schon immer so?"

„Wie?" Lucia verstand nicht. Wollte er sie auf den Arm nehmen?

„Ich meine, das hat kein Arzt gemacht?"

Nun lachte sie amüsiert. „Das könnte ich mir nicht leisten."

„Ein echtes Geschenk der Natur also", staunte er.

Als er seine Aufmerksamkeit von der Betrachtung der naturgegebenen Schönheit Lucias löste und sich umsah, begegnete er Lottes übermütigem Blick. „Spielen wir etwas?", fragte sie und er nickte.

Die Friseusen liebten eine eigene Variante des Blinde-Kuh-Spiels. Wer jemanden erhaschte, musste die Binde über den Augen behalten und durch bloßes Betasten erkennen, wen er erwischt hatte. Wer dabei nicht auf Anhieb erriet, wen er festhielt, musste weiter suchen, identifizierte er jedoch die gefasste Person, musste ihm diese einen Wunsch erfüllen und dann die Augenbinde übernehmen. Witt bewegte sich nicht sehr geschickt im Raum, und wenn er flüchtete, wurde er leicht erwischt und ebenso sicher erkannt, denn mit seiner Figur war er in der Runde allein. „Herr Witt, Sie sind es!", rief Rosmarie entzückt.

„Ja, ich bin es. Was wünschen Sie?"

Als blinder Fänger orientierte er sich, indem er seine Hände öffnete und hob. Auf den Innenflächen spürte er, auch aus größerem Abstand, wo der Kamin war. Beim Suchen war er geschickter als beim Ausweichen, beim Erkennen unterliefen ihm jedoch einige Fehler. Erst meinte er das Gesicht Lottes abzutasten, als er Lucia ertappt hatte. Dann meinte er mit seinen Fingerkuppen am Arm seiner Freundin entlangzufahren, als er den von Rosmarie hielt. Zuletzt, als Lotte vom vielen Lachen wegen seiner Irrtümer erschöpft mit übereinander geschlagenen Beinen auf einem Stuhl saß, hielt er ihren Unterschenkel, gegen den er stieß, für den ihres Sohnes Nico. „Ich dachte, du pflegst deine Beine, meine Liebe. Das ist ja, nun ja, die vielen Haare", sagte er, gab ihr einen Kuss zur Entschuldigung, wie sie es verlangte, und suchte weiter. Sie aber war etwas betroffen, weil er sie so falsch identifizierte, und als wenig später Martina ihr Gesicht abtastete und sie ohne Zögern erkannte, dankte sie der Mitarbeiterin gerührt.

Früher hatte Nico oft und voller Hingabe bei diesem Spiel mitgemacht, jedoch diesmal konnte er überhaupt keine Begeisterung aufbringen. Er fühlte sich in der Gesellschaft allein und versank in einer dumpfen Betäubung. Als ihm Brigitte die Augen verband, wollte er sich an ihre Schultern hängen, glitt aber an ihr zu Boden. Auf allen Vieren kroch er zwischen den Friseusen herum, die sich ihm kreischend entzogen, bis er einen Unterschenkel zu fassen bekam. Er befühlte die Wade, warf den Kopf zurück, hob das Gesicht, das von der Binde verhüllt war, und fragte: „Claudia?"

„Aber Nico!" Die Mutter fuhr ihm über den Kopf. „Eine Claudia ist doch gar nicht hier."

Er riss die Binde von den Augen und schaute fassungslos um sich. Die Friseusen lachten erst, weil sie an einen Scherz glaubten, wurden aber teilnehmend, als sie merkten, dass er ernstlich verwirrt war. Witt stand abseits und schüttelte den Kopf über den Zustand des Betrunkenen. Auch seine Mutter konnte das nicht mehr lustig finden, er tat ihr Leid. Sie nahm seine Hand, die noch immer ihren Unterschenkel umklammert hielt, und sagte, um ihn zu schonen und das Spiel ruhig zu beenden: „Was wünscht du dir von mir?"

Er schaute überlegend hoch. Dann fragte er aufgeregt: „Kann ich die Truhe wieder haben?"

Im Hintergrund machte Witt mit den Händen Zeichen, sie solle die Gelegenheit ergreifen und das fragwürdige Geschenk auf der Stelle loswerden. Doch Lotte achtete nicht darauf, sondern sagte nur: „Du kannst sie jederzeit haben."

Ungestüme Windstöße durchfuhren den kühlen Septembermorgen. Sie trafen seine müde Haut wie kalte Güsse. Die Vorfälle der vergangenen Nacht umschwirrten ihn in aufdringlichen Bildern, vermischt mit losen Sätzen aus den jüngsten Aufzeichnungen seiner Schmach. Passagen, die aus dem vollgestopften Arsenal der abgeschobenen Erinnerungen quollen, gerieten dazwischen. Jede Strebe der Brückenkonstruktion schirmte ihn einen Augenblick ab, dann stieß der eisige Atem neuerlich in sein Ohr. Die Situation, in der seine Mutter künftig lebte, konnte er nicht begrüßen. Dabei gab es keinen guten Einwand gegen das Appartement, im Gegenteil, so eine Wohnung stand ihr nach ihrer Lebensleistung zu. Damit war er einverstanden. Aber sie verließ ihn, wenn sie die gewohnten Räume, die vertrauten Dinge aufgab; verließ seine Kindheit, seine Jugend. Sie beugte sich den Vorstellungen eines anderen und folgte einem Willen, der nicht der ihre war. Die Darstellung der Versuchung hatte ihn auf die Idee gebracht, ihr dieses Möbel zu schenken. Und dann forderte Claudia mitten im Spiel die

Truhe zurück, die sie verkauft hatte. Am liebsten wäre er gleich umgekehrt und hätte das Stück auf den Rücken gepackt. Jedoch im Augenblick machte es ihm genug Mühe, seinen Körper von der neuen Wohnanlage in die Innenstadt zu schleppen. Um seine Unruhe zu entkräften redete er laut mit sich, gestikulierte für imaginäre Zuhörer, lachte kurz und lief gegen Menschen, die ihm entgegenkamen. Seine Mutter saß dort in kühlen Räumen gegen ihren Willen fest und war ihm durch die neue Umgebung entfremdet. Das Kleid der Vertrautheit hatte sie abgestreift. Die aufwändigen Hüllen der Wohnung verbargen sie, die Materialien fingen seine Stimme ab, wenn er nach ihr rief. Aber auch seine Freudenschreie, das Entzücken, das ihn überkam, wenn ihn etwas beglückte, entgingen ihr in Hinkunft.

Als er in die Passage bog, blies ihm verbrauchte Luft wie aus einem kalten Küchenabzug entgegen. Matt schimmerte die Glasfront seines Ladens im Morgenlicht, das mit der Beleuchtung des Fußgängerdurchgangs gemischt war. Mit einem Blick sah er das Loch, das im Arrangement der „Zeugen" durch das Fehlen der Truhe klaffte.

Beim Eintreten fiel ihm ein Strauß Blumen ins Auge, der auf dem Tisch lag. Ein Strauß, wie ihn Claudia öfters gebracht hatte. Aber sie hatte keine Vase gesucht, hatte ihn nur abgelegt, hatte sich umgesehen und bemerkt, dass er die Truhe mit den Szenen aus dem Paradies weggegeben hatte. Jetzt wusste sie genug über ihn, eine weitere Tätigkeit in diesem Laden hätte sie nicht ertragen. Er stand da und verfiel in ein Grübeln, dem der Gegenstand verloren ging. Dabei ruhten seine Blicke auf den Blumen. Plötzlich setzte er sich in Bewegung und ging in den Nebenraum. Dort nahm er die Vase, betrat den kleinen Toiletteraum und füllte Wasser ein. Beim Wegziehen stieß er gegen den Hahn und von der Keramik splitterte ein Stück ab. Er achtete nicht darauf, sondern steckte im Verkaufsraum die Blumen ins Wasser, stellte die Vase auf den Tisch und setzte sich daran. Während er die Mähne mit einer Bewegung zurück-warf, schmerzte der Kopf, und als er sich durch das Haar fuhr, merkte er, dass seine Hand klebte. Er hielt sie vor die Augen: ja, er hatte sich wieder einmal geschnitten. Das mochte als Ausgleich für die Verletzungen durchgehen, die er ständig austeilte. Sein Blick fiel auf die Vitrine in der Passage. Statt der Palmenlandschaft war jetzt eine Gletscherregion zu sehen. Eis, Sonne, Kälte, Einsamkeit. Er legte seinen Arm auf den Tisch, ließ den Kopf darauf sinken, die Berge marschierten näher, kippten auf ihn zu und drückten ihn nieder.

Ein Geräusch in der Nähe ließ ihn aufschrecken. Der Gletscher war noch in der Vitrine. Er warf das Haar zurück. Ein älterer Herr stand im Raum und sah sich um. Bei seinem Anblick flammten feindliche Gefühle in Nico Land-mann auf. Er rappelte sich hoch. Diesen Menschen sollte er kennen. Übel gelaunt warf er den Kopf zurück. Leider merkte er sich Personen schlecht, die nichts mit seiner Sammelleidenschaft zu tun hatten, für sie war kein Platz in seinem egozentrischen Gedächtnis. Sollten ihn die andern doch um Himmels willen auch vergessen. Doch der Mann grüßte und fragte, während er mit den Augen den Raum ab-suchte: „Wo ist meine Verkäuferin?"

„Ihre Verkäuferin?", fragte Landmann und machte seinem Ärger Luft, indem er spöttisch um sich sah. Er hatte ja eben die ganze Zeit an sie gedacht. Aber sie fehlte.

„Die nette Frau, mit der ich gestern verhandelt habe."

„Eine nette Frau? Scheint nicht hier zu sein." Landmann grinste böse. „Wie Sie sehen, hat sich hier einiges geändert."

„Meine Truhe ist nicht mehr hier."

„Ihre Verkäuferin ist fort? Ihre Truhe verschwunden?"

Der Mann deutete auf den leeren Platz. „Sie stand hier. Die mit dem Relief."

Natürlich sollte die Truhe hier sein.

„Ich habe mit der jungen Frau vereinbart, dass ich heute das Möbel mit den Unterlagen abhole. Wann kommt sie?"

Landmann zuckte die Schultern.

Der Kunde war betroffen. „Es war abgemacht, dass sie das Stück nicht weggibt. Sie hat es versprochen und schien mir zuverlässig."

„Wie Sie sehen, sind beide fort: sie und die Truhe."

„Was ist passiert?"

Dazu schwieg Landmann.

„Hören Sie, die Verkäuferin war mir im Wort und sie hat nicht so gewirkt, als würde sie eine Vereinbarung leichtfertig brechen. Ich hätte das Stück so gern gehabt. Mir hat die Art gefallen, wie das gerichtet war. So sollte es gemacht werden. Aber die meisten wollen die Spuren der Geschichte gar nicht sehen, da ist zu viel Prophetie drin."

Das fand Landmann auch. Diese Argumentation erreichte seine tieferen Schichten. Bedauerlicherweise war das Objekt nicht hier. „Der Fehler liegt bei mir", gestand er nach einer Weile und wandte sich dem Kunden zu. „Ich hole das Stück zurück und bringe es Ihnen."

Der Mann war über die Wendung erfreut.

„Zahlen Sie, wenn Sie die Ware haben. Ich traue mir selbst nicht und Sie sollten es auch nicht tun."

Der Kunde fasste das als weiteren überflüssigen Scherz auf und lächelte ein wenig. „Wenn Sie meinen", sagte er.

Kaum war er draußen, fiel Landmanns Blick auf den Blumenstrauß. Darunter hatte sich eine Wasserlache auf dem Tisch gebildet. Offenbar war das Gefäß durch die Beschädigung undicht geworden. Er ergriff die Vase mit den Blumen, ging in den Waschraum, schüttete das restliche Wasser fort und warf das Gefäß samt dem Strauß in den Müll. Hierauf suchte er das Telefon unter den Kartons. Der Mutter etwas zu geben, was einem anderen gehörte, war eine Schändlichkeit, aber von ihr konnte er das Geschenk zurückholen, das hatte sie bei seinem ersten Anflug von Reue eingeräumt. Nach dem Blinde-Kuh-Spiel gehörte es ihm schon wieder, er musste es nur abholen und dem Käufer zustellen.

200

Claudia war keine Frau, mit der er umspringen konnte. Mit so einem Typus hatte er nie umgehen gelernt. Wenn ihm Frauen dieses Schlags begegnet waren, hatte er sich über sie lustig gemacht. Eigentlich wollte er gegenüber Claudia das gleiche Verhalten zeigen. Doch die Erfahrung stand auf dem Kopf und seine aggressive Spottlust wurde zum Bumerang. Was er verächtlich wegwerfen wollte, kam zurück und traf ihn selbst.

„Romer."
Diese weibliche Stimme hatte er schon gehört, er erinnerte sich, sie gehörte keinesfalls Claudia. Im Hintergrund bellte ein großer Hund.
„Romer", wiederholte die Stimme.
Er wollte Claudia sprechen.
„Ich bin Eva", erklärte die Frau. „Claudia ist nicht zu Hause. Sie ist gar nicht heimgekommen. Zur Zeit arbeitet sie für einen durchgedrehten Trödler."
„Der ist hier am Apparat."
Das machte Eva nicht verlegen. „Ist sie nicht bei Ihnen?", fragte sie.
„Würde ich dann nach ihr suchen?"
„Vergessen Sie's", sagte sie gleichgültig, „das kommt öfters vor, dass sie verschwindet. Keiner weiß, wo sie sich aufhält. Ehrlich gesagt, hier im Haus fragt auch keiner danach." Eva wirkte kühl und ausgeglichen.
„Kann sie bei Verwandten sein?"
„Glaube ich nicht. Die Kleine ist mit allen überworfen, mit ihrem Vater, mit Magda und mit sich selbst."
Mit allen. Und mit sich selbst. Nichts hätte Landmann besser verstanden. Er warf den Kopf zurück. „Wo ist sie? Eine Ahnung müssen Sie doch haben, wenn sie das öfters macht", bäumte er sich auf.
„Weshalb sollte ich Ihnen etwas verschweigen? Vielleicht sind Sie jemand, für den sie mehr empfindet als – nichts.

Das wäre sehr ungewöhnlich bei ihr. Vielleicht haben Sie in
ihr etwas geweckt oder eine empfindliche Stelle gefunden.
Ich würde ihr das gönnen. Sie ist so absolut hart gegen alle,
die ihr nahe stehen. Außer mir unterlässt hier im Haus jeder
den Versuch ihr näher zu kommen. Sie geht als lebender
Vorwurf herum, und wir müssen das ansehen."
„Wo könnte sie jetzt sein?"
Eva hatte keine Ahnung. „Vielleicht kämpft sie in Bosnien."
„Sie kämpft in Bosnien?", rief Landmann erregt.
„Nein, ich bitte Sie! Ich will nur sagen, dass sie einen über-
triebenen Gerechtigkeitssinn hat. Sie möchte die Bösen ent-
waffnen, wer immer das ist. Sie ist einfach ein wenig überge-
schnappt."
Landmann brach das Telefonat ab.
Wenn sie irgendwo für die Gerechtigkeit kämpfte, konnte
sie mit ihm rechnen, jederzeit. Für eine Urlaubsreise hätte er
weder Zeit noch Geld gehabt. Und keinen Geist. Er wollte
wichtige Sachen unterstützen, war aber durch die
ermüdende Abwehr der Attacken aus dem Unbewussten be-
ansprucht und in Hinblick auf andere Dinge nachlässig und
geschwächt. Sie reagierte auf seine Art zu impulsiv. Zu stark.
Zu heftig. Zu extrem. Sie durfte nicht jedes seiner Worte auf
die Waagschale legen. Er stand neben dem Telefon, erschöpft, und meinte Brust an Brust mit Claudia zu stehen
und durch ein dichtes Spinnengewebe, das zwischen ihr und
ihm gesponnen war, an sie gebunden zu sein. Die Webe war
ganz frisch. Erst freute er sich, dann bekam er Angst, sie
könnte mit heftiger Abwehr auf die Verbindung reagieren,
fuhr mit der Hand von oben nach unten durch das Gespinst
und machte einen Schritt zurück.
Da hörte er, dass jemand den Laden betrat, vorsichtig, mit
überlegten Schritten, um Geräusche zu vermeiden, und
doch knisterte es jedes Mal, wenn ein Schuh auf den Boden
gesetzt wurde. Jemand machte sich an den Möbeln zu
schaffen. Die Schranktür ging auf und wurde wieder ge-

schlossen. Eine Lade wurde aus der Kommode gezogen und wieder hineingeschoben. Er drehte den Kopf. Eine junge Frau hielt sich draußen im Laden auf. Das graublaue Kleid ließ viel von ihrer hellen Haut sehen. Darauf lag ein wenig Goldschmuck, ein schmaler Armreif, Ohrringe, ein Halskettchen. Sie trug das blonde Haar schulterlang und offen. Instinktiv fuhr er mit den Händen durch sein wirres Haar, atmete hörbar, strich über seine dunklen Bartstoppeln und suchte die knitterige Kleidung zu glätten. Dann betrat er den Schauraum und grüßte die Frau, die in seinem Alter sein mochte.

Blaue Augen blickten ihm ruhig und freundlich entgegen. Der Mund lächelte fein, verschwiegen, taktvoll, diskret in seine Verwirrung, und dieses absichtslose, willenlose, ergebene Lächeln wirkte, als würden seine Wunden gestreichelt. Ein frischer Ausdruck überflog sein Gesicht. Sie betrachtete ihn geradezu nachsichtig, er tat ihr fast Leid, ohne dass sie weiter darauf achtete, in welchem Zustand er sich befand. „Haben Sie antike Vasen?", fragte sie.

Sie hatte sich schon umgesehen und konnte kaum annehmen, er habe antike Stücke in seinem Laden. Aber sie fragte so zwanglos und sah ihm dabei so frei in die Augen, dass er gar nicht anders konnte, als ihre Frage ernst zu nehmen. „Leider nein", sagte er, hob das Kinn und lachte kurz. Dann atmete er flach und schnell aus Angst, sie würde ihn gleich wieder verlassen.

„Könnten Sie mir welche besorgen?"

Er dachte an Verbindungen, die er in eine solche Richtung besaß. „Ich kenne Leute, die mit klassischer Antike handeln, aber die meisten sind im Ausland, und wenn ich etwas besorgen soll, müssten Sie mir die Sicherheit geben, dass Sie ernsthaft interessiert sind."

„Die gebe ich Ihnen."

„Ich müsste mich natürlich bei Fachleuten umsehen. Das heißt, ich müsste reisen."

„Tun Sie das!"

„Ich kann mir nicht vorstellen, dass Sie kaufen, ohne gesehen zu haben."

„Sobald Sie fündig sind, sehe ich mir die Sachen an."

„Sie verstehen etwas davon?"

„Sie helfen mir?"

Er schaute der Frau ins Gesicht, die es verstand, diese Frage so entspannt und ungezwungen auszusprechen, als fände sie ihn absolut vertrauenswürdig, und er klinkte in ihre bezaubernde Erwartung ein. Er wollte sie begleiten, wenn sie das wünschte und so unkompliziert war, wie sie sich gab. Eine Sekunde musste er dazu sogar lachen, bevor er fragte: „Sie wollen etwas Hochwertiges?"

Sie nickte.

„Erste Wahl?"

Sie nickte wieder.

„Offen gesagt: Ich verfüge im Moment über gar keine finanziellen Mittel und muss mir etwas überlegen. Wie kann ich Sie benachrichtigen, falls ich einen Weg finde?"

„Am besten treffen Sie mich im Kasino. Fragen Sie nach Billy. Ich bin jeden Abend dort."

Sie nickte ihm freundlich zu und ging weg. Er blickte ihr nach. Sie trug weiße Leinenschuhe. Flüchtig berührten ihre Füße den Boden. Jemand im Kasino zu treffen war für ihn ein ungewohnter Gedanke. Er hatte dort noch nie ernsthaft gespielt, obwohl er eine Spielernatur besaß. Nächtelang schlugen er und seine Kumpane im Falkenturm die Karten, aber die Verlockung das Spielkasino zu betreten, an dessen Eingang er täglich vorbeikam, erreichte ihn nicht. Das breite Tor verschluckte vermögende Leute, eine Treppe beförderte sie in das Innere, wo sie sich dann ihren Leidenschaften hingaben. Er neigte in diese Richtung, verfügte aber über keine Mittel, die er riskieren und unter Schauern und Nervenfieber verlieren hätte können. In der Runde mit Thilo, Herwig und Kaspar gewann und verspielte er, und jedes neu gemischte Blatt ließ eine Hoffnung aufflackern, jedoch nur ein großer Wechsel des Glücks konnte ihm jetzt helfen. Hatte ihn sonst das Bitten und Betteln bei seiner Mutter höchstens ein wenig verlegen gemacht (ein kurzes Lachen hatte genügt, um die Spannung zu beheben), musste er sich nun der Willkür einer überlegenen Glücksgöttin ausliefern. Die Wahrscheinlichkeit, dass in den letzten Tagen seiner Anwesenheit im Geigerhof ein ernster Käufer erschiene, war gleich null, der Hauptstrom der Fremden war weitergereist. Dennoch hoffte er. Seine Seele bebte, eine vitale Kraft zog den Karren vorwärts und seine Lust am Leben, sein Hunger danach trieb seine Spekulation voran.

Herwig kauerte am Boden, der Teppich sollte gereinigt werden. Bei ihm stand Nico, schaute auf seine nackten Füße und sagte: „Benny, der Hund meiner Schwester, hat den meisten Mist gemacht. Beinahe täglich hat er mich besucht, als würde er sich Sorgen um mich machen. Aber tu dir nicht zu viel an, in ein paar Tagen ist mein Gastspiel hier vorbei." „Ich weiß", sagte Herwig und nickte mehrmals, während er den Teppich kritisch betrachtete und einige verschmutzte Stellen mit einem Reinigungsmittel besprühte. „Nichts ist für die Ewigkeit, und das da schon gar nicht. Dauert nicht lang, dann hocke ich wieder da und schrubbe für einen neuen Mieter. Der Chef hat den Auftrag schon. Darfst aber nichts sagen, sonst verjagt mich der Boss endgültig. Er hat einen richtigen Bammel vor den Leuten, denen der Laden gehört. Das habe ich bei ihm noch nie erlebt. Wird übrigens eine Konkurrenz für dich, Nico."
Nico Landmann warf den Kopf in den Nacken und sah Herwig mit einem Ausdruck an, der sagte: Wie kommst du dazu zu denken, jemand könnte mir Konkurrenz machen? Gleichzeitig meinte er aber im Genick den kräftigen Griff Heimo Käfers zu fühlen. Er spürte die Klammer, die Finger und Daumen bildeten, jedoch davon musste er schweigen.

Herwig sollte nicht plaudern. Das konnte ihm zum Nachteil gereichen. Nico zuckte mit den Schultern, um die lästige Empfindung an seinem Hals abzuschütteln.

Da sprang der Raumpfleger auf und rieb seine Knie, die vom vielen Kauern blau waren. „Mit den modernen Plastiken wird es nichts. Ein Antiquitätenladen kommt herein, sagt der Chef. Spezialgebiet: klassische Antike. Ja nichts verraten, um Gottes willen, sonst kriege ich noch mehr Ärger als beim letzten Mal."

Verlegen senkte Landmann die Augen und stieß die Luft durch die Nase aus. Jedes andere Geschäft wäre ihm nicht bloß recht, sondern gleichgültig gewesen, aber ein Laden, der Ware mit dem Schwerpunkt im klassischen Altertum anbot, das irritierte ihn. Die stöbernde Suche der blonden Kundin letzthin, die nach antiken Vasen gefragt hatte, fiel ihm ein. Gefühle eines eifersüchtigen Wettbewerbs gegenüber anderen seiner Branche kannte er sonst kaum. In seinem Wahn hörte er gewöhnlich nur seinen eigenen Sturm, der so stark in den Gebüschen und Bäumen seines Egogartens brauste, dass keine anderen Geräusche an sein Ohr drangen. Aber auf einmal schwang da ein fremder Ton mit.

„Vielleicht übernimmt dein Nachfolger die Ausreißerin", meinte Herwig und rührte an die Wunde seines Freundes, der gequält grinste, sich ins Haar fuhr und ihn aus aggressiv verengten Augen ansah, jeder andere hätte in diesem Moment seine Wut zu spüren bekommen. „Die hat zu dir gepasst. Warum, kann ich nicht sagen. Geht mich auch nichts an."

Betroffen schaute Nico in den Hof. Was Herwig behauptete, überraschte ihn. Nach einer Pause hob er das Kinn und meinte trotzig: „Ich denke nicht mehr an sie."

Herwig strich wieder über seine Knie und wagte einen verlegenen Vorwurf: „Du bist auch mit Kaspar abgetaucht und niemand hat gewusst, wo ihr seid. Nicht einmal Rita."

„Das war eine Schutzmaßnahme", sagte Nico schroff.
Herwig nahm eine Bürste, kniete nieder und arbeitete konzentriert. Eine Weile sah ihm Landmann schweigend zu, dann probierte er einen leichten, oberflächlichen Ton: „Weißt du, dass es eine neue Frau in meinem Leben gibt?" Er wunderte sich selbst über die Formulierung und klopfte vor der Nase des Bodenpflegers mit der Schuhspitze auf den Teppich. „Weißt du das?"
Herwig schmunzelte ungläubig und begutachtete mit schiefgelegtem Kopf seine Arbeit.
„Sie könnte dir besser gefallen als die andere, vorausgesetzt, du wirfst einen Blick auf sie."
„Du stellst sie ein?"
„Nein, das ist eine Kundschaft." Er stöhnte ein wenig und grub seine Hände in die Haare. Dann begann er schwärmerisch zu sprechen und war froh, dass Herwig zuhörte ohne den Kopf zu heben. So konnte er ruhig auf seinen Rücken hinuntersprechen. „Wenn du in ihre Augen siehst, ändert sich alles." Er wusste nicht, wie er zu der Aussage kam, und nahm die Hände vom Kopf. „Verstehst du?"
Herwig zuckte mit den Schultern. „Wie lange kennt ihr euch?"
„Mh", machte Nico, „ich war sehr müde, aber wahrscheinlich waren es ein paar Minuten."
Herwig sprang auf und rieb seine Knie. So etwas hatte er noch nicht gehört. Ja, Nico fragte sich selbst, wie es möglich war. Eben war er noch mit jeder Faser auf die andere eingestellt gewesen und auf einmal war sie aus seiner Seele verschwunden wie ein Dunstfilm von einem beschlagenen Glas.

Claudia saß auf einer Couch in Nellys Wohnung, wo sie Zuflucht gesucht hatte, und starrte die bunte Sammlung von Nippes an, die auf einem Wandbord versammelt waren, darunter die kleine Figur aus Mexiko, die sie von der letzten

Reise mitgebracht hatte. Ihre Schwester schlief noch und die Wohnung war still. Ab und zu seufzte Nelly im Schlafzimmer, dass es durch die Türen drang. So leicht ihr das Leben im Wachsein fiel, im Schlaf schien es auch ihr Mühe zu machen. Claudia wartete auf das Wiedererwachen ihres Eigensinns, der sie sonst schon veranlasst hätte, ein Reiseunternehmen anzurufen und nach einer Aufgabe zu fragen. Sie fühlte sich, als wäre sie aus großer Höhe gefallen und läge am Boden, ohne sich aufrichten zu können.

Nach Mittag begann Nelly den Tag mit einem starken Kaffee und wollte wissen, wodurch der „naive Mann" sie beeindruckt habe, doch Claudia konnte nichts dazu sagen. Das war nicht außergewöhnlich, denn sie sprach nie über ihre Begegnungen. Nelly wusste das, spürte aber, dass sie eigentlich reden wollte. Aber da war dieser Verschluss, den sie ohne Absicht zu knacken begann, als sie leichthin erwähnte, dass Landmann sie beide bereits zweimal verwechselt hatte. Er konnte ihre Rückenansicht nicht ordentlich auseinanderhalten.

Als Nelly ihr den Rücken zukehrte, betrachtete ihn Claudia. Dass er dem ihren ähnlich war, lag nahe, auch nach der Vorstellung, die sie von sich hatte, jedoch der Eindruck, dass Nellys Rücken sehr weich und sinnlich wirkte, beschäftigte jetzt ihre Gefühle. Den eigenen Rücken dachte sie sich als durchtrainiertes Gewebe von Muskeln. In der Tiefe meldete sich Eifersucht. Gleichzeitig störte sie, dass Nelly von dem Antiquitätenhändler stets als dem „naiven Mann" sprach. Was hatte er ihr für einen Anlass zu dem Urteil gegeben, außer dass er sie beide schwer unterscheiden konnte, wenn er sie von hinten sah? „Kannst du mir das erklären?"

„Vergiss, was ich gesagt habe!", antwortete Nelly schnell und ärgerte sich ihre Meinung ausgesprochen zu haben. Natürlich steckte die Überzeugung dahinter, dass es keinen Sinn machte, wenn sich ein Mann mit Claudia einließ. Einer, der das nicht merkte, musste einfältig sein. Doch über komplizierte Zusammenhänge unterhielt sie sich mit niemand. Sie hasste Haarspaltereien und wollte nur über belanglose Dinge reden.

„Und wenn er dich wieder verwechselt?"

„Wird er es rechtzeitig merken! Nachdem ihr euch immer streitet, werde ich auf der Hut sein. Aber irgendetwas wird er schon haben, sonst würde dich die Geschichte nicht so mitnehmen."

„Versprich mir, dass du ihm nie verrätst, wo ich bin!"

„Nicht einmal im Traum würde ich das sagen."

„Versprich es!"

„Natürlich."

„Sag, dass ich nach Japan gegangen bin. Oder nach Afrika."

„Wozu denn? Willst du den Tourismus ankurbeln, indem er dir nachreist? Ich sage ihm gar nichts. Oder willst du, dass er dich sucht? Naiv genug wäre er, denke ich."

„Du nennst ihn schon wieder naiv."

Nelly zuckte mit den Schultern.

„Interessiert er dich?", fragte Claudia.

Die Vorstellung amüsierte sie. „Ich brauche Freunde, die Kröten haben, verstehst du? Oder meinst du, ich könnte mir von meinem Job am Flughafen so ein vergnügtes Leben leisten, wie ich es führe? Mir ist der einfältige Racker völlig egal und ich bin ihm auch gleichgültig. Ich halte ihn für naiv, aber ich muss es nicht sagen. Damit lasse ich dich in Ruhe. Ich will dich doch nicht traurig machen. Wir Romer-Geschwister sind ohnehin schwermütige Muffel, wenn wir es zulassen. Damit ziehen wir die Unglücksraben an. Glaub mir, ich sehe manchmal auch alles durch die dunkle Brille. Sobald ich es merke, nehme ich sie ab. Schluss! Für die Sicht auf die Dinge bin ich selbst verantwortlich. Sieh dir Tante Lou an! Obwohl sie eine Schwester unserer Mutter ist, stellt sie sich tapfer dem Schicksal."

Trotz seltener Kontakte fühlte sich auch Claudia dieser Tante verbunden und dachte oft an sie, mit der vagen Angst, auch sie zu verlieren, bevor sie mit ihr wirklich vertraut werden konnte. Sie glaubte, dass ihre ältere Schwester Magda und ihr Vater sie von dieser Frau abzudrängen suchten, und befürchtete, dass es möglich wäre, ihr jemand wegzunehmen, der für sie wichtig war, denn sie fühlte auch ihre Mutter immer weiter wegrücken. Ihre trotzige Sicht schützte zwar das Andenken an sie, aber die Erinnerungen kaum. Durch die fortlaufende Vermengung von Fakten mit Annahmen wurden die Vorstellungen wirr. Die scharfen Bilder wurden verwischt, die Tatsachen untergraben und alles einer beliebigen Sicht unterworfen. Am Ende lagen die lebendigen Gefühle und Empfindungen in Deutungen zerschnippelt am Boden. Dinge, die mit der Mutter, Tante Lou oder beiden zusammenhingen, verschwanden im Haus Romer, Erinnerungsstücke wurden aus dem Blickfeld gezogen, Fotos, die sie oft betrachtet hatte, waren unauffindbar, Briefe wurden mit dem Müll entsorgt und die Anlässe für ein Gedenken unter Schweigen begraben. Vaters so genannte Freundin Eva besorgte den Rest. Die rational eingestellten Mitglieder des Romer-Clans hegten den Verdacht, dass die „überaktive Tante Lou" sie verachtete. Claudia schottete sich gegen jede Beeinflussung ab, widersprach innerlich den herabsetzenden Behauptungen („Sie tut alles nur für sich und ihren persönlichen Ruhm", hieß es) und bewunderte die starke Verwandte. Lou Stilling kam immer einmal für ein paar Wochen in die Stadt zu Arbeitstreffen und Kongressen. In letzter Zeit kümmerte sie sich auch um den Nachlass ihres vor zwei Jahren verunglückten Mannes, eines Völkerkundlers. Seit dem Unglück wirkte sie in einer Menschenrechtsorganisation an führender Stelle mit, die sich besonders mit dem aktuellen Bosnien-Konflikt beschäftigte. Ihre Heimatstadt lag dem Geschehen näher als die Zentrale in Nordeuropa, außerdem wollte sich Lou Stilling hier umhören, denn es sollten von da aus unerlaubte Geschäfte mit Freischärlern in den Krisenregionen abgewickelt werden, deren Geldquellen unklar waren.

„Tante Lou ist fest wie ein Fels in der Brandung", behauptete Nelly etwas spöttisch.

Ihr erster Mann, auch ein Ethnologe, war mit einem kleinen Flugzeug im Amazonasgebiet abgestürzt, ihr zweiter war mit einem Motorboot im Norden Kanadas zu Tode gekommen. Hundertmal war er um die Kurve gebogen, er kannte die Strecke im Schlaf, bis eines Tages gleich hinter der Biegung ein frisch gefällter Baum im Fluss lag, in den er krachte. Und niemand hat je herausgefunden, wer der Holzfäller war. Beide Forscher kamen bei Projekten um, die indianischen Stämmen helfen sollten. Nur Claudia war von der Familie Romer beim Begräbnis Stillings anwesend gewesen, in der Nähe der Stadt Vancouver, in einem kleinen abgelegenen Ort; sie hatte gerade mit einer Reisegruppe in Seattle einen Aufenthalt. Die Witwe hatte nicht resigniert und war weder schwermütig noch menschenfeindlich geworden, sie hatte ihre zuversichtliche, lebensbejahende Haltung bewahrt. Claudia erinnerte sich lebhaft an einen Augenblick während des Begräbnisses. Der dunkle Schleier vor dem Gesicht der Tante zwang sie zu der Vision, dahinter das Gesicht der Mutter zu sehen. „Vielleicht deshalb, weil sie damals nicht lachte und gedämpft sprach." Sonst besaß Tante Lou ein kräftiges Organ, ihre Lebensfreude platzte zwischen den Sätzen mit Glucksen und Ausrufwörtern hervor.

„Sie ist schon da, weißt du das?"

Claudia war überrascht.

„Ich weiß es nicht von unseren Angehörigen, sondern aus einer anderen Ecke. Angeblich hat sie mit der Villa Stilling etwas vor."

Die Villa Stilling hatten ihr Mann Friedrich Stilling und dessen Bruder Felix von ihrer Familie geerbt. Friedrich hatte sich mit dem Plan getragen, dort in seinem Ruhestand eine völkerkundliche Einrichtung mit einer Schausammlung und Arbeitsplätzen für die Forschung zu schaffen. Ein solches Projekt zu realisieren fühlte sich Lou Stilling nicht geeignet. Nach reiflicher Überlegung gab sie die Sammlung ihres Mannes an einschlägige Institute ab, die Villa mit den Nebengebäuden war unbewohnt bis auf die Tage, wo sie anwesend war und ein paar Räume benützte. Ein Hauswart lebte im Pförtnerhäuschen und sollte nach dem Rechten sehen.

„Ich kann mich gut an die dunkle Farbe erinnern", sagte Lotte Landmann, „aber Ihr Haar ist noch immer beneidenswert gesund."

Lou Stilling fand, dass es schütter wurde. „Es war in meiner Jugend so dicht, dass ich seine Last spürte, wenn ich es auflöste", sagte sie zur Friseuse, die sie von früheren Besuchen kannte. „Eine richtige Mähne."

Nun unterbreitete Lotte Landmann der Frau von gut fünfzig Jahren einen Vorschlag: „An Ihrer Stelle würde ich es einmal mit etwas Farbe versuchen."

Davon wollte Lou Stilling nichts hören. Sie war ein wenig stolz darauf, nie ein Färbemittel benützt zu haben. „Ich war einen guten Teil meines Lebens mit Forschern in der Wildnis unterwegs, da lag ein solcher Gedanke fern. Mir käme das oberflächlich vor, und ich habe nie gelernt, oberflächlich zu sein. Ich will Ihnen natürlich nicht nahe treten. Es muss ja nicht oberflächlich sein, das Haar zu tönen, aber für mich wäre es das. Verstehen Sie?"

Lotte Landmann machte mit dem Kopf eine abwägende Bewegung. „Jedenfalls ist es keine Kunst, Fülle in ihr Haar zu bringen."

„Wissen Sie, manchmal verspüre ich Lust, es so kurz schneiden zu lassen wie ein Soldat. Ein Spleen natürlich, aber ich finde was dran. Eine Menge sogar. Können Sie das nachfühlen?"

Da stand das Lehrmädchen mit einem Telefon neben ihr. Ein Herr wünschte Frau Stilling zu sprechen. Er sei Makler, behauptete er, ohne seinen Namen zu nennen.

„Ob ich meinen Anteil an der Villa Stilling verkaufe? Wie kommen Sie auf die Idee?", fragte sie schroff. Und als er behauptete, davon gehört zu haben, entgegnete sie: „Sind Sie von allen guten Geistern verlassen? Auch wenn Sie das nur gehört haben, muss es doch eine Quelle dafür geben." Sie wirkte erzürnt. „Wenn Sie einen Unterstellplatz für ein paar Bildhauerarbeiten suchen, dann müssen Sie kein solches Objekt kaufen. So umfangreich kann die Sammlung gar nicht sein, dass Sie ein derartiges Gebäude brauchen. Eine Halle können Sie doch jederzeit einfach mieten. Sie sind ja gar nicht richtig informiert. Geben Sie das ruhig zu! Wo sind Sie denn erreichbar?"

Lou Stilling gab ein Zeichen, dass sie etwas zum Schreiben brauchte, und notierte die ersten vier Zahlen einer Telefonnummer. Weitere folgten nicht, denn der Mann am Telefon brach die Ansage ab.

„Warum können Sie mir die Nummer nicht geben? Sie können mir vertrauen, und ob! Wie heißen Sie?"

Das wollte er nicht sagen. Er legte auf.

Lotte Landmann sah mit einem Blick, dass es die gleichen Ziffern waren wie damals, als Nico hier im Laden wegen einer besonderen Plastik angerufen worden war. Sie sagte nichts davon, nahm sich aber vor, in Zukunft keine solchen Anrufe an Kunden weiterzugeben. Sie musste ihre Mitarbeiterinnen entsprechend anweisen.

„Woher weiß der Mensch, dass ich hier bei Ihnen bin?"

„Keine Ahnung, tut mir Leid, ich weiß nicht, wer das war", antwortete Lotte Landmann. „Hat er Sie belästigt?"

„Irgendwie ja. Diese zudringliche Art ist eine Frechheit. Ich bin doch eben erst angekommen. Und eigentlich wusste niemand davon."

„Schön, dass du dich meldest", begrüßte Lou Stilling ihre Nichte Claudia, als diese in der Villa Stilling anrief. Sie setzte sich auf den Stuhl neben dem Telefon und kraulte mit der freien Hand den Nacken eines Schäfers, der neben ihr stand. Auch wenn die Nichte am Telefon niedergeschlagen klang, spürte die Tante ihre Zuneigung und offenbarte gleich, weshalb sie sich bei ihrem Aufenthalt in der Stadt gegenüber Verwandten und Bekannten zurückhielt. „Mich führt eine heikle Angelegenheit her", erklärte sie, „aber ich wollte dich unbedingt anrufen. Seit ich allein bin, belasten mich einige Dinge, die für mich früher kein Problem darstellten. Ich habe den Eindruck, dass ich mich als alleinstehende Frau von allerlei Dingen trennen muss. Ich könnte auch sagen, zu mir passt die Sorge um allen möglichen Besitz nicht. Das zehrt unnötig an meiner Substanz. Noch dazu habe ich den Eindruck, dass mir manche das Haus hier missgönnen, und sie zeigen das jetzt deutlicher als früher. Aber sie halten sich bedeckt, ich könnte meinen, sie führten Böses im Schild. Darüber kann ich nur staunen. Sie rennen offene Türen ein. Wer die Sachen haben will, muss vortreten und sich melden. Ich bin dabei mein Leben neu zu organisieren. Was hast du für Pläne?"

Claudia zögerte, bevor sie sagte: „Ich möchte dich sehen."

„Wo treffen wir uns?"

„Wo du willst."

„Begleite mich in einer Stunde ins Bergcafé. Dort ist es schön, und ich war seit Jahren nicht mehr da."

Der Vorschlag löste bei Claudia Unruhe aus. Das Lokal lag gar nicht weit von der Stelle, die Mutter zum Verhängnis geworden war.

„Du sagst ja nichts, mein Mädchen! Bist du noch da?"

Auf einmal fand Claudia die Stimme der Tante so laut, dass sie nichts sagen konnte.

Darauf reagierte Tante Lou in einer besorgten Tonlage: „Was ist denn? Habe ich etwas falsch gemacht? Dich stört etwas. Sag es mir! Oder bist du nicht in Ordnung?"

„Ich habe schlecht geschlafen."

„Dann bist du zu viel mit deinen Gefühlen allein. Wir treffen uns. Das ist in so einem Fall das Beste." Tante Lou lachte wieder, aber ein wenig anders als vorher. Sie ahnte schon, dass der Treffplatz, den sie vorschlug, ihre Nichte beunruhigte. Natürlich war das auch für sie kein Ort wie jeder andere, aber sie dachte, dass der beste Umgang mit Ängsten die Konfrontation wäre.

„Anscheinend können wir es kaum erwarten, uns zu sehen, denn wir sind beide zu früh dran", sagte die Tante mit intensiver Wärme und küsste die Nichte auf die Wangen. Diese vitale Nähe empfand Claudia als übermächtig, sie versteifte sich und nahm den kräftigen Körper wahr. Die festen Berührungen gaben einen Halt, Lou erfasste mit ihrer lebhaften, energischen Offenheit die verunsicherte junge Frau und richtete sie durch die Klarheit und intellektuelle Bestimmtheit ihrer Unterhaltung auf. Spontan schilderte sie ihren Friseurbesuch, ohne den Namen Landmann zu erwähnen. Lou lachte über die Vorschläge zu ihrer Verschönerung. „Ich habe in meinen besten Jahren keine Mühe auf mein Aussehen verwendet, soll ich jetzt anfangen mich aufwändig zu verschönern? Die Männer, mit denen ich lebte, mochten mich, wie ich war, und mit so genannten schönen Frauen trat ich selten in Konkurrenz, und wenn ja, habe ich mit anderen Mitteln gekämpft. Ich wusste, dass ich zu meinen Partnern passte, und einsperren mag ich weder mich noch andere." Dann erwähnte sie den krausen Anruf, unterließ aber die genauere Schilderung, um Claudia nicht zu belasten, und sprach davon, wie konfus der Haushüter der Villa Stilling reagiert hatte, als sie „unangemeldet" erschienen war. Da sie so selten kam, entwickelte er das Gefühl, das ganze Anwesen sei sein Besitz, so dass er sie wie einen Störenfried behandelte.

Als sie vor dem Aufzug standen, der sie aus der Altstadt an der Felsmauer zum Café hochbringen sollte, wollte Claudia nicht fahren, sondern zu Fuß gehen, da der Weg aber über Stiegen führte, kam er für die Tante nicht in Betracht, denn ihre Knie machten Probleme. „Ich hab mir in den Zelten ein scheußliches Rheuma geholt."

Die Tür des Lifts öffnete sich, Lou Stilling trat ein und schmunzelte, weil Claudia vor dem Eingang zögerte. „Sei nicht so eigensinnig!", scherzte sie, langte nach der Nichte und wollte sie zu sich ziehen, doch der Unterarm, den sie anfasste, war steif, die Muskeln waren hart, der Körper sträubte sich und ein panischer Ausdruck lag in ihrem Gesicht. Während eine laute Gruppe aufgeregt in die Kabine drängte, ließ die Tante Claudia los und flüsterte ihr zu: „Lass mich nicht allein!" Damit löste sie bei der Nichte ein anderes Verhalten aus. Sie gab sich einen Ruck und betrat den Aufzug.

Aus der Altstadt ging der Fels senkrecht hoch. Während der Fahrt in der durchsichtigen Kabine sahen sie aus dem glasklaren Rohr auf die Stadt hinunter, aus der man nach Lou Stillings Eindruck wie ein auffliegender Vogel stieg. Claudia empfand das keineswegs so, sie fühlte sich vielmehr von einer Hand gepackt und gegen ihren Willen hochgehoben und rechnete damit, plötzlich wie ein Stein in die Tiefe zu fallen. Schweiß trat in Perlen auf ihre Stirn. Der Blick der Tante streifte die Treppe, die weiter östlich am Berg in Wendungen am Fels hochkletterte. Claudia starrte nur auf die Kabinentür und zog die Tante mit sich hinaus, als sie aufging.

Die Mehlspeisen und der Kaffee waren Dinge, die Lou Stilling in der Fremde manchmal entbehrte. Als junges Mädchen war sie eine kleine Naschkatze gewesen, später erlebte sie viele exotische Gaumenfreuden und kultivierte den Geschmack, ohne den Genuss besonders wichtig zu nehmen. In den Wäldern ernährten sie sich ganz anders, wenn sie Wochen lang keine Ortschaft, keinen Laden, keinen Postboten sahen. Als Claudia die guten Sachen nicht anrührte, verlor auch Lou die Lust, legte die Kuchengabel entschieden auf den Teller und sah sie gerade an. „Was ist denn los, Claudia?"

Statt zu antworten blickte die Nichte auf und Lou Stilling sah in das Gesicht eines Kindes, das reden wollte, aber nicht konnte. Sie bemerkte das Leid in den angespannten Zügen. „Es ist wegen deiner Mutter. Sie fehlt dir natürlich." In dem Schweigen, das folgte, wurde ihr klar, wie exakt sie die Gefühle des Kindes ihrer Schwester treffen musste, wenn sie eine Brücke bauen wollte. Nichts zu sagen schien einen Moment das Richtige. Sie wollte die Hand ausstrecken, um ihre Nichte zu berühren, zögerte aber, als Claudia schon auf die Andeutung einer Berührung hin ihren Arm zurückzog, und blickte aus dem Fenster. Während sie den Zucker in ihren Kaffee rührte, streifte ihr Blick über die Innenstadt und den Fluss, die Stege und die Brücken. Sie blickte auf den Schlossgarten und betrachtete den frühherbstlichen Wald am Berg gegenüber, den sie als Jugendliche zu allen Jahreszeiten durchlaufen hatte, und es war ihr anzusehen, dass das Ambiente ihre Erinnerung belebte. „Du verzeihst, Claudia, wenn ich jetzt das alles genieße. Ich habe die Trauer hinter mir, ich habe mich auf die Stadt gefreut, wenn ich auch nicht gerade als Touristin da bin, und glaube fest, dass ich mich nach dem Wunsch meines Mannes daran erfreuen soll. Natürlich denke ich auch an meine Schwester. Wenn du willst, laufen wir ein Stück, und ich werde dir sagen, wie ich damit umgehe."

Claudia nickte zustimmend und folgte den Blicken der Tante, sah das Band des Flusses, die grünen Dächer, die Kuppeln und Türme der Stadt und die Villen an den Hängen, aber das blieb für sie gewöhnlich und stumpf, erreichte sie nicht als besonderer Eindruck.

„Auch wenn wir uns Monate lang nicht sahen, war ich deiner Mutter sehr verbunden", sagte Tante Lou und hängte sich in den Arm Claudias ein, während sie unter hohen Buchen, die das Laub abzuwerfen anfingen, langsam einem Parkweg folgten. „Natürlich riskierte sie ein solches Unglück, als sie im Dunkeln bei trübem Regenwetter den Steig entlanglief, der dicht mit nassem Laub übersät war. Den ganzen Tag hatte der Wind die Blätter abgerissen. Noch dazu trug sie leichte Schuhe mit glatter Ledersohle und war aufgewühlt und durcheinander. Wie gern ginge sie mit uns hier unter diesen Bäumen, unter diesem Himmel. Sie lebte mit offenen Sinnen. Ich wusste immer ziemlich genau, wie es um sie stand, und ich dachte stets an ein Missgeschick."

„Ich erinnere mich deutlich", sagte Claudia leise, „in welchem Zustand Mutter war, als sie durch unser Wohnzimmer ging. Vater war wütend, er telefonierte mit einer Bekannten, schimpfte über seine Frau, dann stieg er ins Auto und fuhr weg. Zur gleichen Stunde stolperte sie und stürzte."

Sie sahen sich an. Das Gesicht Claudias lockerte sich, die Lippen wurden weich und öffneten sich, während sie langsam und hörbar atmete.

„Genau so hat deine Mutter manchmal ausgesehen", sagte Lou Stilling und umarmte die Nichte fest. „Die gleiche sinnliche Intelligenz und die gleiche Scheu vor einer körperlichen Berührung. Mir darfst du vertrauen."

Die starke Persönlichkeit der Tante erfasste ihr Wesen. Eine Gefühlswallung lockerte den festen Block in ihr, sie glaubte der Beteuerung, als käme sie von der Mutter selbst. Das war etwas, wonach sie lange gesucht hatte. In ihren Augen erwachte eine lebensoffene Zuversicht. Eine Seite, die verwunschen in ihr versteckt war, meldete sich. Sie begann von ihrer Schwester Nelly zu sprechen, bei der sie gerade wohnte, und von der Abneigung, die sie gegen Vaters Lebensgefährtin Eva empfand.

„Du kannst doch zu mir kommen und bei mir wohnen, bis du dich gefasst hast. Das würde mich sogar freuen. Ich könnte ein wenig Gesellschaft gut brauchen. Wirklich. Oder macht es deiner Schwester etwas aus, wenn du ihre Wohnung verlässt und zu mir ziehst?"

Die Frage berührte Claudia fast wie ein Scherz und brachte sie zum Lächeln: „Nein, Nelly ist das ziemlich egal. Sie teilt

alles mit mir, wenn ich will, aber sie kommt ohne mich genau so gut zurecht. Sie hütet sich davor, verlassen zu werden."
„Und du?"

Rosiges Licht lag über der Stadt, während sie in kühlem Rauch versank. Das Taxi fuhr die Wendungen zur Villa Stilling hoch. Immer wieder tauchte der felsige Berg im Seitenfenster auf, wie ein kräftiger Elefantenrücken ragte er aus dem Dunst. Das Auto hielt auf dem kleinen Parkplatz an der Mauer, sie stiegen aus, der Fahrer reichte Claudia die Reisetasche aus dem Gepäckraum. Lou Stilling schritt energisch auf das Eingangstor zu, während das Taxi wegfuhr. Claudia blieb stehen, drehte sich um und orientierte sich. Sie war kaum einmal hier gewesen. Während sie herangewachsen war, hatten sich die Tante und ihr Mann an verschiedensten Orten der Erde aufgehalten, und da sie keine Kinder hatten, waren sie den meisten Familientreffen mit irgendeiner Entschuldigung ferngeblieben. Drüben, wo der Himmel besonders leuchtete, fiel die graue Felswand in die Tiefe. Vom Geigerhof war nichts zu erkennen, er lag mit den übrigen Gebäudemassen im Unbestimmbaren. Sie wandte sich dem Tor zu. Hinter einem Gebüsch neben dem Kiesweg erschien ein Mann in blauer Arbeitskluft. Er hielt einen Schäferhund am Halsband zurück, dessen gespannte Aufmerksamkeit auf den Rücken von Lou Stilling gerichtet war. Als er den Griff löste, machte der Hund ein paar lange Sätze. Mit den Vorderpranken flog er gegen die Schultern der Tante und stieß sie nach vorne. Sie schlug ohne sich zu schützen auf den Kies und der Hund stand über ihr. „Alex!", rief sie scharf und drehte sich energisch herum. Hierauf zuckte der Schäfer, brach mit dem Hintergestell zusammen, lag neben der gerade Bedrohten, drückte seine Schnauze in den Kies, winselte und klagte und suchte mit seiner Nase das Gesicht der Frau, die etwas benommen war, er schob sich mit den Hinterpfoten beinahe im Kreis um ihren Kopf, bis sie sich fasste und mit einem Blick in seine Augen sicher war, dass es sich um ihren Hund handelte. Sie hob ihm die Hand entgegen und er schleckte sie und schlug freudig an, dann machte er ein paar entzückte Sprünge auf dem Weg, kehrte wieder zurück und sprang so begeistert um seine Herrin, dass die Steinchen flogen, während sie aufstand, die Kleidung richtete und wiederholt sagte: „Alex, was bist du für ein Narr!"

Der Mann verließ seine Deckung hinter dem Strauch und trat auf den Weg.

„Josef", sagte Tante Lou, als sie ihn erblickte, „stellen Sie sich vor, Alex hat mich nicht erkannt!"

Als der Hund den Hauswart sah, zuckte er und verfiel in einen merkwürdigen Zustand. Es zerriss ihn förmlich zwischen Angriff und Zärtlichkeit und er begann zermürbt zu gähnen. Entschlossen nahm ihn der Hauswart Josef am Halsband und sagte: „Komm!" Der Hund wirkte unglücklich und zuckte bei jeder Bewegung seines Betreuers zusammen. Er folgte ihm mit hängendem Kopf und eingezogener Rute auf die Rückseite des Gebäudes zum Zwinger. Im Bad reinigte Claudia das Gesicht ihrer Tante, das an der Wange aufgeschürft war. Während die Nichte ihre Wunde mit einer Tinktur betupfte, wich sie deren Blick aus. Claudia wollte ihren Eindruck von dem Zwischenfall nicht ansprechen. Sie hatte sich wohl getäuscht, denn zwischen der Tante und dem Betreuer der Liegenschaft schien ein Verhältnis des Vertrauens zu bestehen. Was sie gesehen hatte, war vielleicht ihrem eigenen Misstrauen entsprungen. Der Vorfall steigerte jedenfalls ihre Unruhe, selbst wenn sie die eigene Sicht verharmloste. Deutlich hatte sich ihr eingebrannt, wie der Ausdruck des Tieres von Widersprüchen verzerrt war. Jedoch schwieg sie davon und hoffte, alles werde sich als Wahn erweisen.

„Er war wütend auf mich, weil ich ihn länger nicht besucht habe", sinnierte die Tante. Ihr besorgtes Gesicht zuckte, wenn die Watte abgeschürfte Stellen berührte. „Vielleicht hätte ich ihn jetzt ins Haus nehmen sollen. Ich weiß nicht, warum ich es nicht getan habe." Vor einem Jahr hatte sie den verstörten Rüden auf Josefs Empfehlung aus dem Tierheim genommen. Manchmal war er vergnügt und bereit, alles für sie zu machen, manchmal war er gedrückt und mürrisch, und sie vermutete dann, dass er von schlechten Erinnerungen geplagt war. Vielleicht hatte sich sein Schwanken zwischen Stimmungen verstärkt. Wenn sie da war, wandte sie sich ihm zu, doch meist war sie fort und der Hund mochte meinen, sie hätte ihn vergessen. Sie hätte kein Lebewesen an sich binden sollen, das sich so rückhaltlos hingab. Dafür war ihre Lebensweise zu unstet. Ihre Miene wurde sehr nachdenklich, fast schwermütig.

Als das Telefon im Salon klingelte, schob sie die Hand der Nichte mit einem Blick in ihre Augen zur Seite, stand auf und ging hinaus. Nach einer Weile kam sie blass und schwankend zurück, setzte sich auf den Hocker und wirkte beunruhigt. „Ich kann es nicht glauben", sagte sie. „Ein Unbekannter ruft an und verlangt, dass ich das Anwesen hier umgehend in einer Tageszeitung annonciere. Er wolle das und ich müsse es tun." Sie atmete tief und schüttelte den Kopf. „Als ob man auf so einer Basis miteinander reden könnte." Der Anruf, den sie im Salon Landmann erhalten hatte, fiel ihr ein, aber sie behielt ihn für sich.

Schweigend setzte Claudia die Versorgung der Wunde fort, obwohl die böse gefärbte Sicht des Hundeangriffs wieder auftauchte, während die Tante ihre Hand abermals wegschob und meinte: „Damit nicht genug, kündigt der unverschämte Mensch auch gleich noch an, es würde etwas passieren, wenn ich es nicht täte. Wenn ich es nicht täte, würde ich Schaden nehmen. Es würde mir Leid tun. Das ist doch eine Drohung, nicht?" Die beiden sahen sich an. „Das ist eine Drohung, habe ich gesagt. Was hätte ich sonst sagen sollen? Dass er mich nicht belästigen soll? Ich gehe davon aus, dass es der Schwachkopf jetzt bleiben lässt."

Doch das Telefon klingelte schon wieder. Der Anrufer bedauerte, dass er noch einmal störte, aber er wollte sich vergewissern, ob er richtig verstanden worden war. Lou Stilling nannte ihn mit barscher Stimme einen dreisten Menschen und brach das Telefonat schroff ab. Die Erregung färbte ihre Wangen rot und straffte ihren Hals.

Am nächsten Morgen kontaktierte sie die Annoncenabteilung einer Tageszeitung und gab eine Anzeige auf, aus der hervorging, dass die Villa Stilling vermietet würde. „Das hatte ich vor", sagte sie zu Claudia, die ziemlich verblüfft von dem Entschluss hörte. „Die Vorstellung, dass jemand begehrlich auf diesen Besitz schaut, missfällt mir. Und ich muss ohnehin etwas unternehmen, damit ich nicht zu unruhig werde. Ich neige ein wenig zur Nervosität, wenn ich passiv sein muss, und du bist nicht gerade ein Leichtgewicht, meine Liebe. Da ist es besser, ich widme mich meinen Angelegenheiten, denn ich wünsche mir, dass du bei mir bleibst. Glaub nicht, dass ich das sage, weil ich einen Samariterdienst an dir vollbringen will. Vielmehr hoffe ich, dass du bleibst, weil ich mich selbst ungewohnt wacklig fühle und mir deine Nähe hilft." Sie sah nach dem Hund, den sie in die Wohnung genommen hatte. Der Schäfer erhob sich sofort und trabte zu ihr. „Alex ist ein lieber Kerl, aber mein Vertrauen ist angeschlagen", sagte sie, während sie ihm den Nacken kraulte. „Ich habe den Eindruck, dass er sich sofort ändert, wenn ihn der Hauswart ruft. Ich möchte ihn ja gern über Nacht herinnen behalten, aber er meint, Alex soll das Grundstück bewachen."
Als es dunkel wurde, kratzte der Hund wild an der Tür, er wollte das Haus verlassen. Da öffnete ihm Lou Stilling und er eilte in die Nacht hinaus. Tante und Nichte setzten sich im matt erleuchteten Salon vor den Fernseher, um die Nachrichten zu sehen, bekamen aber nicht viel mit, denn draußen schoss der Hund wie ein Verrückter durch den

Garten und um das Haus herum, bellte, kläffte und geiferte, als hätte er einen reißenden Feind vor sich, den er nicht zu fassen bekäme. Das ging lange hin, bis die harte Stimme des Hauswarts zu hören war. „Endlich", sagte Lou erleichtert und sah auf das Fernsehbild. Eine Straße, auf der ein Unfall passiert war, zahlreiche Autos brannten lichterloh. Dann die Neuigkeiten aus Bosnien. Die Fronten verfestigten sich. An Waffen mangelte es nicht. Eine Meldung, die sie besonders aufmerksam registrierte und am Ende kommentierte. Vielleicht wurden sie hier in der Stadt unter ihren Augen eingekauft, das Geld gewaschen oder ein funktionierender Ring weiter ausgebaut. Die friedlichen Organisationen mussten immer hinterher laufen und hatten oft das Nachsehen. „Diese Schlange hat so viele Köpfe. Wenn einer abgeschlagen ist, erhebt sie anderswo ein Haupt. Ich glaube daran, dass die Mutigen immer wieder dagegen angehen müssen, damit nicht unendlich viele Ungeheuer ihr Haupt erheben und das Verbrechen herrscht."

Als sie am Morgen beim Frühstück saßen, läutete das Telefon.
„Das stimmt so nicht, wie du das gemacht hast", erklärte die unangenehme Stimme des anonymen Anrufers.
„Warum duzen Sie mich?", fragte Lou Stilling sofort.
„Du respektierst mich nicht, also respektiere ich dich auch nicht. Von Vermieten war keine Rede. Du sollst die Villa verkaufen. Das weißt du genau."
Wie sehr sich die bedrohte Frau innerlich empörte, sie wollte nicht mehr einfach auflegen, sie hatte jetzt den Eindruck, dass da etwas anhängig war, was sich nicht abschütteln ließ. Also hieß es Position beziehen und den lästigen Gegner stellen. Aber wie immer sie dazu ansetzte, der Gesprächspartner unterbrach sie sofort und ließ sie ihren Standpunkt nicht darlegen. Claudia betrachtete ihre Tante dabei und bemerkte, dass sich ihr Aussehen veränderte: es schien, als

entstünde auf ihrer Haut ein Netz von feinen Rissen.

„Du musst über meine Ungeschicklichkeit wegsehen", sagte sie nach Beendigung des Telefonats, „ich habe heute einen schwachen Tag. Weißt du, die Überschneidung des offiziellen Auftrags, den ich in dieser Stadt für meine Organisation erfülle, mit der Aufgabe, mit dem Haus etwas zu machen, strapaziert mich. Ich fühle mich nicht souverän. Nicht ausschließlich den wichtigen Anliegen ergeben. Mein Mann hat mir da immer den Rücken freigehalten. Dann konnte ich in eine Richtung vorstoßen. So jemand fehlt mir jetzt." Unruhig erhob sie sich vom Frühstückstisch, ging zum Fenster und sah in den Garten.

Als Claudia zu ihr trat, stand sie da und schien in ein Loch voller Schlangen und Gewehre, Verrat und Gift, Bomben und Lager zu schauen. Ein leichter Morgenwind trieb handschriftliche Treueschwüre, die mit Füßen getreten waren, und bespuckte zerrissene Verträge vorüber. Ein unbekanntes Grauen berührte Claudia. Ein Gefühl, dem sie zum ersten Mal begegnete. Sie war die halbe Nacht im Zimmer am Tisch gesessen und hatte in einem überwachen Zustand gegrübelt, ohne vom Fleck zu kommen.

„Begleite mich nach Dänemark", sagte Tante Lou, während ihre Augen dem Hund folgten, der von Furien gejagt über die Wiesenfläche hetzte, „und zwar sofort! Heute noch! Ich will meinen Schwager besuchen und mit ihm nochmals über die Verwertung der Villa Stilling reden. Magst du?", fragte sie, drehte sich vom Fenster herum und sah nach ihrem Koffer in der Ecke.

Nico hatte die Truhe abgeholt und zum Kunden gebracht. Nun brauchte Mutter deswegen nicht mit Ulrich Witt zu zanken. Ob diese Zustellung seine verschwundene Verkäuferin versöhnt hätte? Vielleicht kam sie nie mehr in den Geigerhof, vielleicht machte sie für immer einen Bogen herum. Sobald er merkte, dass in einem tieferen Keller seines Ichs noch Gefühle für sie lebten, kehrte er nach oben zurück ins Foyer seines Ego, wo künstliches Licht brannte. Da stand die Frau, für die er gerade schwärmte. Billy wartete auf ihn, um mit ihm die Reise zu den antiken Vasen anzutreten. Sie war zauberhaft, offen und leicht und ließ ihn planen, ohne sich einzumischen. Sein Gemüt war wenig entwickelt, aber verwöhnt, er suchte keine Partnerin, die ihn stellte, die ihm gewachsen war. Der Versuch mit Claudia war missglückt, sie war zu kompliziert, um seinen Hunger zu befriedigen. Er schaute nicht mehr zu ihr ins Verlies hinab, sondern schlug oben die Tür zu. Billy versprach seiner von Begierde gepeinigten Seele wahre Entspannung. Ich bin offen für sie, sagte er zu sich, und sie interessiert sich für mich. Gleich bei der ersten Begegnung hat sie das Gefühl vermittelt.

„Landmann!"

Er erkannte die Stimme hinter sich sofort und wusste, wer in seinem Laden stand. Herumfahrend sah er seine Annahme bestätigt. „Erwin! Wo kommst du her?" Mit einem spontanen Schlag an die Schulter begrüßte er den ehemaligen Freund, mit dem er die Handelsakademie besucht hatte. Erwin hatte oft nach dem Wert seiner ersten Sammelstücke gefragt. Jetzt war er ein stattlicher Mann mit schulterlangem Haar, gut genährt und teuer gekleidet, der Sportler von einst war verschwunden, das Erscheinungsbild deutete auf einen Genussmenschen.

„Ich habe eine Serie von Aufträgen hier und bin auf der Suche nach geeigneten Sachen."

„Als Innenarchitekt?"

„Du sagst es."

Sie waren Freunde und Rivalen gewesen, Erwin stammte aus einer angesehenen Familie und war verwöhnt und Nico hatte eine Mutter, die ihm jeden Tag die Haare schneiden konnte, wie Erwin seinerzeit gespottet hatte. Sie hatten sich meist um die gleichen Mädchen bemüht, wobei Erwin über den Vor-

teil von genügend Geld und gutem Auftreten verfügt hatte.
„Du hast den besseren Start gehabt und bist noch immer
besser dran", vermutete Nico. „Erinnerst du dich, wie wir
uns geschworen haben, vor keinem Risiko zu zurück-
zuschrecken?"
Erwin nickte und grinste.
„Ich habe gerade vorhin an dich gedacht, ob du mir glaubst
oder nicht, und da stehst du", sagte Nico und hielt ihm
seine Zigaretten hin.
„Ich wusste nicht, dass du diesen Job machst", raunte Erwin
und raffte eine Zigarette aus der Packung. „Ein Raumpfleger
hat mich auf deinen Laden aufmerksam gemacht."
Sofort wusste Landmann von wem die Rede war. „Herwig?"
„Ich glaube, er hat sich so genannt."
„Wie kommst du an den?"
„Ich bin in einem Seniorenhotel über ihn gestolpert, wo ich
gerade die Räume neu einrichte. Sein Informationsstand ist
beachtlich, aber ich darf ihn nicht verraten."
„Ein guter Arbeiter."
„Habe ich auch gehört. Und was machst du?"
„Ich kaufe und verkaufe, wenn ich muss", sagte Landmann
halb scherzend, halb ernst und zeigte auf die restaurierten
Objekte.
„Siehst nicht aus wie ein typischer Vertreter deiner Zunft."
„Dafür siehst du wie ein Innenarchitekt aus. Könntest zu-
gleich Präsident eines Fußballclubs sein."
Offenbar hatte Erwin den richtigen Beruf gefunden, er
wirkte aufgeräumt und hatte sicher keine tollen Kämpfe mit
sich und der Umwelt auszutragen. „Interessant", meinte er
ganz schlicht und sah sich um. Seine Augen tasteten die
Dinge ab, als würde er sie durchzählen, während er hastig an
der Zigarette zog und Landmann Feuer reichte.
„Kannst du alles haben!"
„Ich wollte in der Tat kein Klassentreffen veranstalten.
Verkaufst du wirklich?"

„Aber sicher!" Er überlegte, ob er anfügen sollte: Ich gebe den Laden ohnehin auf. Das wäre in der Lage überflüssig gewesen. Er wollte vor dem Freund einen Schimmer von Professionalität bewahren. Auch dass er über die Höhe der Kaufsumme nicht streiten wollte, behielt er in diesem Fall für sich, er wollte ein Partner sein. „Mach mir ein Angebot! Ich denke, du siehst, dass dies keine übliche Handelsware ist, es hat etwas auf sich damit. Da gehört eine Geschichte dazu."

Erwin winkte ab. Das interessierte ihn nicht. Er hatte keine Aufmerksamkeit übrig. Nicht ein bisschen. Er wollte die Sachen lieber ohne Geschichte.

Was konnten sie ihm dann bedeuten? „Du kannst alles haben, aber du musst dir die Geschichte anhören!"

Nun hörte Erwin zu, wirkte aber dabei, als hörte er eine bekannte Anekdote zum x-ten Mal. Dann sagte er: „Du bist ja noch immer verrückt. Wenn du das ständig so machst, wirst du nie ordentlich verdienen. Ich biete dir einen Pauschalbetrag." Er nannte eine Summe, und sie entsprach dem Betrag, den Nico zuletzt für alle Stücke zusammen angesetzt hatte.

„Einverstanden."

Erwin warf den Rest der Zigarette durch die offene Tür in den Hof, zog ein Bündel Banknoten aus der Innentasche seines Sakkos und reichte es Nico. „Zähl nach!", sagte er und gestand, während Landmann die Scheine unter seinen Augen durchblätterte: „Weißt du, eigentlich finde ich deine Art zu restaurieren gut. Solche Sachen kaufe ich dir jederzeit ab. Die Kundschaft will etwas Ausgefallenes, und ich weiß, wie schwer derlei zu finden ist. Du hast eine glückliche Hand."

„Glaubst du das wirklich?"

„Ja, das glaube ich. Und wenn du jetzt denkst, der Narr zahlt jeden Preis, bin ich zufrieden."

Doch Landmann dachte das nicht. In dem Augenblick, wo er das Geld in der Hand spürte, schweiften seine Vorstellungen ab.

Der Eingang ins Reich der Spieler am Fuß des Felsens empfing ihn wie die Pforte einer Traumwelt. Er fasste in seine
Jacke. Was darin war, hatte er verdient, und er fühlte, dass er
alles verlieren würde, wenn nicht Gründe da waren, die ihn zu
gewinnen zwangen. Solche Gründe ahnte er, wagte aber nicht
direkt an die seltsame Billy zu denken, und doch ging er mit
einer ganz starken Zuversicht ins Kasino. Er trug hinein, was
er geschafft hatte, und konnte der Glücksgöttin die Stirn
bieten, ohne sich von dieser wankelmütigen Dame von oben
herab behandeln lassen zu müssen. Wenn Billy da war, stand
ihm eine Helferin zur Seite, geschickt wie Fortuna, die auf
ihrer rollenden Kugel weder Entspannung noch Ruhe finden
konnte. Er tauschte das Geld, das er für die Zeugen gekriegt
hatte, gegen Jetons und betrachtete sie in der offenen Hand.
Was für einen Gegenwert hielt er da? Konnte er damit eine
antike Vase erwerben? Lächerlich. Bestenfalls die Reise zu ein
paar einschlägigen Händlern. Was konnte er hier daraus
machen? Mit der Frage betrat er den Spielsaal.
Der Blick Billys traf ihn, als hätte sie ihn schon kommen gespürt, er war elektrisiert. Sie gingen aufeinander zu, Billy begrüßte ihn wie einen guten Bekannten mit Küsschen auf die
Wangen. Damit stand sie ihm ganz nahe, ob er wollte oder
nicht (er wollte), und nahm ihm die Mühe einer Annäherung ab. Den Abstand (die Nähe) bestimmte sie, und
da ihm der Umgang mit der außergewöhnlichen Erscheinung schmeichelte, fand er das nur positiv. So eine Vertrautheit herzustellen beherrschte Billy, sie nutzte den
Spielraum ihrer Entscheidung ohne Zögern und er überließ
sich ihrer Hand. „Du musst mir helfen. Ich werde heute das
Geld für unsere Reise verdienen", sagte er, lachte kurz und
warf den Kopf zurück.
„Oh!", sagte Billy leise und drückte ganz zurückhaltend aus,
dass sie sehr angetan war von seiner Absicht, ließ ihn aber
fühlen, dass sie so etwas erwartet hatte. Sie war vorsichtig
mit ihren Äußerungen wie eine Unterhändlerin, die einen

besonders heiklen Auftrag hat. Ihr Ausdruck war fein und sparsam, während er unbeholfen schwätzte und alles ausplauderte, was ihm einfiel. Er genoss ihre Anwesenheit an seiner Seite. Ihr Auftreten war perfekt, sie wirkte offen und frei, ihre Bewegungen waren fließend und weich wie ihr helles Haar, ihre blauen Augen ließen ihn glauben, sie wären eng befreundet, hätten schon viel Zeit zusammen verbracht und kaum Streit gehabt. Sie sicherte ein angenehmes Umfeld, worin er sich wohlfühlen konnte, deshalb suchte er ganz vertraulich mit ihr zu erscheinen, indem er den Arm um ihre Hüften legte, sie aber schüttelte ihn durch ein kaum merkbares Zappeln gleich wieder ab und ergriff seine Hand, um ihn ganz ungezwungen an einen Spieltisch zu führen. „Wir werden gewinnen", sagte sie frisch und schwerelos, während sie auf den Saalchef zuging. Ihr Lächeln überschritt kaum die Schwelle des Wahrnehmbaren, aber gerade durch seine Sanftheit und Milde wirkte es bestechend.

Am Roulettetisch lief es für Landmann ausnehmend gut, er hatte eine Glückssträhne. Die Geldharke fand den Weg zu seinem Platz fast von allein und die knatternde Kugel in der Roulettemaschine entlockte ihm ein tiefes Schniefen, dem dann ein spöttisches Auflachen folgte, wenn sich die Erwartung bestätigte. Seine hämische Freude über jeden Erfolg, die er ungehemmt äußerte, brachte ihm schiefe Blicke ein. Doch Billy blieb in seiner Nähe, stand hinter ihm, war an seinem Tisch. Sie beschwichtigte seine aufflammenden Erregungen und bewirkte, dass die Mitspieler über sein unangepasstes Verhalten wegsahen. In seinem Hochgefühl achtete er kaum auf Billys familiäre Art gegenüber den Mitspielern, die zeigte, dass sie den meisten bekannt war. Sie wurde von allen Billy gerufen. Die ruhige Vermittlerin zwischen Gewinn und Verlust, Glück und Unglück agierte genau, immer traf sie den Ton, jedem ließ sie eine Chance und zeigte eine Überlegenheit, die ihr niemand übel nahm, weil sie sich zugleich allen dienstbar unterordnete.

Mit dem Setzen stieg die Nervenanspannung, blieb nach dem Wurf auf einem hohen Niveau, solange die Kugel rollte, und fiel dann herab. Hierauf wurde die Ernte eingeholt. Dass er mehrmals eine ähnliche Summe einstreifen konnte, wie er sie mit den Zeugen im Antiquitätenladen verdient hatte, fand er amüsant und bezeichnend für die Qualität jenes Zufalls, der nach seiner augenblicklichen Überzeugung die Welt regierte. Gegenüber einer bieder wirkenden, korpulenten Frau, die sich an den Tisch setzte und hohe Einsätze wagte, zeigte er seinen Spott sehr deutlich. Er fand es komisch, wie ihre Brust sich erregt hob und senkte, während sie auf die Zahlen und Farben starrte. „Du musst hier deine Gefühle für dich behalten", sagte Billy sanft und ganz nahe an seinem Ohr. Sie wies ihn nicht zurecht, das sah er an ihrem Blick. Er antwortete mit den Augen: Ich kann nichts machen, es überkommt mich, und folgte dennoch dem Wink. Auf ihren Lippen lag ein feines Lächeln, das sie gleichmäßig beibehielt. Das Haar, das Blau ihrer Augen, der kühle Teint mit dem Rosa darunter, das alles erzeugte ein Flair von Leichtigkeit, von Freundlichkeit und zarter Wahrnehmung, dem Landmann hilflos anheim fiel. Dass sie auch andere Seiten haben könnte, beschäftigte ihn keineswegs. Auf Grund seines geringen Interesses an den Mitmenschen bedachte er so etwas nicht. Wenn er setzte, suchte er ihren Blick und las darin Zustimmung, auch wenn sonst niemand etwas sehen konnte, und wenn einige Durchgänge gut gelaufen waren, hoben sich ihre Augenbrauen leicht und ihr Lidspalt vergrößerte sich, und dann setzte er noch etwas zu, oder die Winkel ihres lächelnden Mundes kräuselten sich unmerklich und er wechselte die Farbe oder verließ Zero, um das Glück nicht zu vergrämen, und oft gab ihm der Ausgang des Spiels Recht.

Die Kugel blieb auf seiner Zahl stehen, er sprang auf, riss die

Arme hoch, warf den Kopf zurück und ließ triumphierende Blicke durch den Raum schweifen, bis er an den Augen eines blonden Mannes hängen blieb, der sich ertappt fühlte und seinem Blick überrascht eine Weile standhielt. Er hatte Ähnlichkeit mit Billy. Ein Blick in ihr Gesicht bestätigte ihm das. Und warum wich sie jetzt seinem Blick mit einem Ruck aus? Der Fotograf, er gehörte zu Claudia, zum Boot, zu den Puppen! Das Herz pochte unvermittelt wie ein schwer arbeitender Motor, während Billy lächelnd zu ihm trat. Die beiden kennen sich!, durchfuhr es Landmann und der Gedanke war so gegenläufig zu der Richtung, in der sich seine Gefühle bewegten, dass es zu einem Zusammenstoß kommen musste, der seinen inneren Schwung auf der Stelle stoppte. Der Mann hatte ihm Schmach zugefügt, hatte ihn verlacht und sich entzogen. Nun konnte er ihn fassen. Gerade wurde ihm der Gewinn zugeschoben, er streifte die Jetons achtlos und hastig ein, wandte sich um und verließ den Tisch. Durch die schwingende Glastür sah er, wie der Fotograf im Vorraum energisch gestikulierend auf einen Mann zuging. Als er von seinem pelzigen Dämon in der Brust vorangepeitscht die Tür durchschritt, war der Gegner verschwunden. Nur der arrogante schöne Mann mit dem bronzefarbenen Teint, der auf dem Boot Romers assistiert hatte, stand da und verbreitete einen Eindruck von kalter Grazie. Er betrachtete Landmann einige Augenblicke, als wollte er sich seine Erscheinung so gut einprägen, dass er ihn nie verwechseln konnte, dann entblößte er mit einer eleganten Bewegung seine Armbanduhr, las die Zeit ab und entfernte sich zu den Toiletten.

Das pelzige Wesen knurrte frustriert, als Landmann schwer atmend zum Spieltisch zurückkehrte. Erst warf er die Mähne zurück, dann beugte er sich keuchend zu Billy hinunter, so dass ihm das Haar vor das Gesicht fiel, und fragte: „Du kennst den Fotografen?" Billy nickte lächelnd, während sie seinen Unterarm ergriff. Sie sah ihn so nett an, dass er gleich wieder an ihre schöne Seele glaubte. „Wirklich?", fragte er nach, um das böse Gewordene in sich zu betäuben, und blies die Luft mit einem Zittern aus, das zu seiner teilweisen Entspannung gehörte. Weshalb sollte sie den Fotografen nicht kennen? „Du kannst mir vertrauen", sagte sie leise. Sie sagte es vertraulich, aber er hörte heraus, dass die Vertraulichkeit bemessen war.

Die Erfolgssträhne franste aus und drohte zu reißen. Der Gewinn blieb beträchtlich, bis er durch eine neue Ablenkung die Fassung ganz verlor. Eine Frau, deren Aussehen ihn schon zweimal irregeführt hatte, betrat den Saal und verstörte ihn. Sie erinnerte an die andere Frau, die er vergessen wollte. Die Kammer seines Bewusstseins, in der ihr Andenken lebte, war zwar dunkel, so dass sie darin nicht zu sehen war, aber sie war da. Wenn er nur seine Hand hineinstreckte, stieß er an sie. Nervös sprang er auf. Nelly und der Mann, der sie am Oberarm führte (es war der, der sie in der Bar erschreckt und in der Nacht im Geigerhof stehen gelassen hatte), drehten sich herum und Claudias Schwester lächelte ihm zu. Ihr scharfes Auge bemerkte Billy neben ihm, sie nickte schalkhaft und winkte kurz, während sie mit ihrem Begleiter zu einem Tisch ging. Den „naiven Mann" hier zu sehen überraschte sie und sie schaute noch einmal kurz nach ihm, bevor sie ihm den Rücken zudrehte und Platz nahm.

Der Auftritt Nellys zog Nicos restliche Aufmerksamkeit vom Spiel ab. „Was machst du eigentlich?", fragte er Billy halblaut.

Ein Sitznachbar sah ihn kurz von der Seite an.

„Ich bin Künstlerin", erklärte Billy leichthin, ohne den Blick vom Spielplan zu heben.

„Sparte?"

Die Roulettemaschine arbeitete, Billy folgte der Kugel mit den Augen, während sie flüsterte: „Bildhauerei."

Er hatte keinen Blick mehr für Farbe und Zahl. „Warum erfahre ich das erst jetzt?"

„Weil du noch nie danach gefragt hast", erklärte sie leise.
„Das ist mein Brotberuf. Und manchmal verdiene ich als Model bei einer Werbeagentur ein wenig dazu."
„Alles klar!" Nico Landmann lachte kurz und schniefte.
„Wirklich?"
„Ja, alles. Ich habe den Kerl gesehen. Den Fotografen."
„Jeder muss von etwas leben."
„Und in welchem Verhältnis stehst du zu ihm?"
„Er vermittelt mir manchmal einen Job."
Nico kicherte unkonzentriert und setzte gedankenlos auf Zero. Er musste an sich halten, um nicht nach dem Rücken Nellys zu sehen, der ihm wie die Kehrseite eines entschwundenen Glücks erschien. Seine Einsätze stiegen rapide und Billy, die das beobachtete, wirkte ein wenig besorgt.
„Willst du um jeden Preis verlieren?", fragte sie und wusste, dass sie damit seine Tollheit steigerte. Sie wurde auch nicht nervös, als Nico sagte: „Jetzt bin ich wieder dort, wo ich angefangen habe." Und als vom Geld für seine Zeugen bloß ein Rest übrig war, meinte sie äußerlich unbewegt: „Gehen wir etwas trinken."
An der Bar versuchte Nico mit Alkohol zu verdrängen, was ihn in der letzten Stunde nachdenklich gemacht hatte, er stopfte die beunruhigenden Eindrücke in den tiefsten Speicher und hoffte sie zu ertränken. Zugleich betäubte ihn das Verhalten Billys, die sich nachgiebig zeigte wie eine Katze ohne Knochen. Sie ließ sich seine Annäherung ohne Vorbehalt gefallen, ja sie legte ihm die Durchbrechung der Scheugrenzen nahe, er durfte sie küssen und seine Hände hinlegen, wo er wollte, und sie tat, als wäre sie vollkommen entwaffnet und zu keinem Widerstand fähig.
„Wäre Nelly nicht gekommen, könnten wir morgen um die Vasen fahren", schimpfte er. „Sie allein trägt die Schuld."
Er musste Billy nicht erklären, wer Nelly war, aber wer war die Schwester, die er immer wieder erwähnte?

„Claudia?"

„Ja."

Er bezeichnete sie als schwierig, jedoch unbedeutend, und stellte so die Erinnerung als wertlos hin, denn er hatte den Eindruck, dass Billy seine abgelegten Erlebnisse entsorgen und die geknebelten Gefühle vernichten wollte. Ihre verständige Miene drückte aus, dass sie wusste, wie er diese Schwierige verabscheute. Worauf es ihr ankam, war, dass er ihr bei der Durchführung eines einfachen Projekts half. Dadurch dass er den Erlös aus den Antiquitäten verspielt hatte, war die Situation neuerlich anders, aber wenn er ihr helfen wollte, war nichts verloren.

„Kann ich mit dir schlafen?", fragte er, und er war, nach allem, was sie ihm schon gestattet hatte, sicher, dass sie auch dies erlauben würde, doch sie stellte die Lage klar. „Du kannst mit mir schlafen", sagte sie sanft und zeigte dabei einen milden Gesichtsausdruck, „aber nicht umsonst."

Er lockerte verstört die Umarmung, doch als er ihren gelösten, weichen Ausdruck sah, verstieß er den Gedanken, der ihn angesprungen hatte, verlachte sich selber und zog sie fester an sich, während er fragte: „Was verlangst du von mir?"

Sie öffnete ihre Handtasche, die auf der Theke lag, nahm mit gezieltem Griff ein Foto heraus, hielt es Landmann hin und sagte: „Dass du die Figuren holst."

Wieder prallte der naive Mann in vollem Schwung gegen ein Hindernis, das unerwartet in seiner Bewegungsrichtung auftauchte. Er bog den Kopf zurück, hielt den Atem an und betrachtete das Bild, während Billy in gelassenem Ton ihr Problem vorbrachte: „Mein Kunsthändler hat seit langem eine Ausstellung in Amsterdam fixiert und ich möchte die Figuren noch überarbeiten, bevor sie dahin gehen, aber alle Exemplare, die ich da zeigen will, sind auf dem Transportweg in Slawonien verschwunden. Nun sind sie nach Monaten an einer anderen Ecke aufgetaucht. Sie befinden sich in Bosnien."

Er kannte das Foto. Das waren also Billys Werke. Kaspar hatte ihm die Aufnahme gezeigt, als sie nach Slawonien gefahren waren. Und die Gestalten auf dem Foto glichen ganz stark der einzelnen Figur, deren Abbildung ihm Käfer im Nachtlokal gezeigt hatte. Ihre Arbeiten mussten also gesucht sein. Sollte er sagen, dass er schon einmal mit einem Kumpel hinter ihren Sachen hergehetzt war? Er fühlte sich plötzlich nüchtern und begann gleichmäßig zu atmen. Schon vor Tagen hatte Kaspar bei ihm angefragt, ob er neuerlich mit ihm kommen würde. Er hätte ein Angebot für eine weitere Fahrt. Ein Angebot, das noch lukrativer wäre. Wahrscheinlich war das Abenteuer auch gefährlicher, aber das war nicht die Sache. Wenn sie von ihm noch nie gehört hatte, musste er jetzt nicht davon reden, dass er dabei gewesen und wie Kaspar getäuscht worden war. Er konnte sie dann positiv überraschen, wenn er mit einem Erfolg beladen zurückkam. „In Bosnien sind sie?", fragte er nach. „Ja", erwiderte Billy, „sie warten dort und ich warte hier." „Und die Vasen?"
„Ja, die Vasen", lächelte sie und fuhr mit der Zungenspitze über die Oberlippe, „die vergessen wir nicht."

In der düsteren Morgendämmerung eines Novembertages kamen die zwei das Sträßchen vom Falkenturm herab. Sie hatten etwas Glühendes, Hungriges im Blick. Zwei Wölfe zogen dahin, die Augen weit nach vorne gerichtet. Landmanns Kopf umarmte bereits die Gegenstände, die sie abholen sollten, um damit heimzukehren und den Lohn zu empfangen. Als ungreifbare Luftgestalt begleitete Billy seinen Weg. Zwischen Häusern grüßte sie, auf freiem Feld und zwischen Bäumen, über Tankstellen und Raststationen schwebte sie. Wie aus einem Deckenfresko kam sie ihm auf rosaweißen Wolkenbauschen aus dem lichtblauen Himmelsgrund entgegen, lächelnd, mit dem zerbrechlichen Ausdruck, der aus ihm einen Schwärmer machte; sie mischte seine Gefühle aus gegensätzlichen Anteilen, trieb sie hoch, bis sie überhitzt waren. Die Zeit spielte nur eine Rolle: sie sollte vergehen. Er wollte an das Wiedersehen keine konkrete Vorstellung knüpfen, sondern einfach der Auflösung entgegenfiebern. Die Hintermänner kannte er noch immer nicht, aber sie kannten ihn, laut Kaspar, und trauten ihm nicht ganz. Deshalb war der Träger der Mission wiederum Kaspar, wogegen er nichts hatte. Doch gleichzeitig wollten sie gerade ihn, Landmann, dabei haben. Über Italien, Slowenien und die Krajina näherten sie sich, doch gleich an welcher Kontrollstation der Wagen hielt, Nico blieb in der Vorstellung anhänglich bei Billy und deren Arbeiten. Kaspar, der die wahren Entscheidungsträger auch nicht persönlich kannte, aber zuverlässige Ansprechpartner hatte, zeigte mit Ausdauer auf die begleitenden Papiere und erklärte in seinem Italienisch, seinem Serbokroatisch, dass die langgestreckten Holzkisten zur Verpackung von lebensgroßen Plastiken dienten, die zu einer Kunstausstellung in Amsterdam unterwegs waren. Er steuerte das Fahrzeug mit stoischer Ruhe, und wenn Nico, sein Beifahrer, von der Künstlerin sprach, bekundete er sein Desinteresse nur durch ein trockenes Grunzen. Oder er brummte: „Eine Bildhauerin ist das? Komisch."

Was er daran komisch fand, offenbarte er nicht, selbst wenn ihn Landmann bedrängte. Erst als das Ziel in Griffweite lag, machte er einige Vorbehalte deutlich. Eine Menge Geld, das sicher nicht von der Künstlerin kam, wartete auf sie, wenn sie die Aufgabe mit Erfolg erledigten. Und zwar nur dann. Deswegen mied es Kaspar, die Schwärmereien seines vernarrten Beifahrers zu bestärken, denn er fürchtete, sie würden ihn in einen völlig unbrauchbaren, kindischen Mann verwandeln, der am Ende den Zweck ihrer Reise vergaß und alles verpatzte. „Landmann, Landmann", knurrte er, „wie kann man nur so blind sein? Hast du einmal ihre Werkstatt gesehen?"

„Sie hat ein Studio."

„Und das hast du gesehen?"

Das Studio hatte er auch noch nicht gesehen, aber es verlangte ihn stark danach. Er dachte bewegt an ihre Hand, die sie auf seine gelegt hatte, als sie an der Bar gesessen waren. Niemand mochte von ihr den Umgang mit rohem Werkzeug verlangen; und musste sie denn hacken, stemmen, meißeln, schneiden, wenn sie Figuren entwarf, die jemand anderes aus Ton formte? Als die Kisten für den Transport gefertigt wurden, war sie mit einem stummen Holländer in der Tischlerei Tenner erschienen und hatte Nico erklärt, worauf es bei der Verpackung ankam. Auch Kaspar war dabei gewesen.

„Du kannst dich an den Holländer erinnern, mit dem sie in die Werkstatt gekommen ist?", fragte Kaspar, als wären die Gedanken von Nico auf ihn übergesprungen.

Natürlich.

„Hat der dich an einen Kunsthändler erinnert?"

„Nein. Aber das hat wenig zu sagen. Die geben sich heute anders. Wenn einer wie ein Kunsthändler ausschaut, ist er keiner. Kannst du dir merken, Kaspar."

Da sah ihn sein Kumpel scharf an. Wollte ihn Landmann ernstlich darüber belehren, wer wie aussah? Er merkte an seiner zuckenden Oberlippe, dass der Scherz aggressiv gemeint war, und unterließ jeden Einwand, um das gemeinsame Ziel nicht zu gefährden.

Der Lastwagen stoppte vor dem offenen Tor einer ehemaligen Fabrik. Kaspar und Nico Landmann betraten die verödete Halle und folgten verstaubten Produktionsbändern in die Tiefe des Raums, wo lebhaft gesprochen wurde. Ein Milizionär trat aus dem Lager, blieb ruckartig stehen und pfiff leise durch die Zähne. Gleich darauf erschien ein massiger Mann von mittlerer Größe mit fleischigem Gesicht in der Tür und fragte mit grober

Stimme: „Warum seid ihr nicht früher gekommen?"

Sie hatten es nicht früher geschafft.

„Spielt ihr Karten?"

Wenn es sein musste, spielten sie Karten.

Er warf einen Blick auf seine goldene Armbanduhr. „Fahrt den Lastwagen auf die Rückseite des Gebäudes. Macht schnell! Ihr habt noch fünf Minuten Zeit. Ich brauche Mitspieler und möchte nicht, dass ihr vorher in die Luft fliegt."

Sie fuhren den Lastwagen um die Ecke. Kaum waren sie im Gebäude, peitschten Schüsse durch die Luft. Die Kugeln, die vor dem Eingang aufschlugen, pfiffen und sangen über den Asphalt entlang der Halle und schlugen irgendwo in Blechtonnen ein. „Ein Salut für euch!", lachte der Kaufmann. „Jede Viertelstunde schießt ein Geschäftsfreund vom anderen Ufer hier eine Salve entlang. Ihr könnt eure Zeit danach einteilen." Er lachte wieder und sah noch einmal stolz auf seine Uhr.

Auf einem ausladenden Tisch standen alkoholische Getränke und Mineralwasser, Gläser und Teller, Weißbrot lag da, Schinken häufte sich auf einer großen Platte, Aufstriche, Käse; alles war so zwanglos angeordnet, dass der unübersehbare Eindruck von Überfluss entstand. Kaspar kratzte sich am Hinterkopf und fingerte eine seiner starken Zigaretten aus der Jackentasche.

„Ihr werdet in der Dunkelheit abgeholt. Der Spediteur bringt euch zum Magazin, wo ihr eure Kisten abliefert. Dann bekommt ihr, was wir zu bieten haben."

Der Kaufmann schenkte drei Gläser Whisky ein, setzte sich zu ihnen und überschüttete sie mit einem Wortschwall. Er hatte längere Zeit in Österreich gelebt und da auch gearbeitet. Als er das sagte, lächelte er zweideutig und bedauerte, dass die Geschichte mit dem Krieg passiert war, aber er liebte das Vaterland und konnte nicht anders. Hier war er zu Hause und erachtete es als seine Aufgabe, die Landsleute zu versorgen, sofern sie zahlten. Ungeniert kehrte er das Gefühl der Überlegenheit und die Lust an der Macht hervor. Jedoch hatte er zwei Männer vor sich, die ein solches Gebaren wenig beeindruckte, und das ärgerte ihn schnell und er fragte den Milizionär gereizt: „Wann kommt er denn endlich?" Ein Reporter wurde erwartet. „Er will vor Ort erfahren, wie es bei uns zugeht. Das kann er gern. Ich werde ihm alles zeigen. Ich glaube, eure Leute möchten auch so eine Krieg machen wie wir, was?" Dann schrie er: „Mirko, Karten!"

Mirko säuberte einen runden Tisch, stellte Gläser, Flaschen und Aschenbecher hin und legte einige Kartenpäckchen dazu. Während sie zum Spieltisch gingen, wurde ein Mann von etwa vierzig Jahren hereingeführt, seine Kleidung erinnerte an einen Jäger auf Großwildjagd. Der Kaufmann musterte ihn mit zurückgeworfenem Kopf und zynischem Lächeln.

Der Reporter nahm seine staubigen Brillen ab, fuhr mit der Hand über die Augen, legte seine Aktenmappe auf einen der Stühle und begann englisch zu sprechen, doch sein Gesprächspartner sagte gleich: „Rede, wie dir der Schnabel gewachsen ist! Das sind lauter Landsleute. Ich weiß nicht, wie sie heißen, und es ist besser, wenn es keiner weiß. Gerade setzen wir uns zum Pokern. Wir lassen uns nicht abhalten. Ich erzähle nebenher, was es Interessantes gibt."

In dem Augenblick zischte eine neue Salve draußen vorüber. Nach dem knappen Schnalzen klangen die Geschosse hinter den Mauern und Türen wie jaulende Wölfe. Der Journalist zog die Augenbrauen hoch, dann setzte er sich mit den andern, nahm ein kleines Aufnahmegerät aus einer der Taschen seiner geräumigen Jacke und legte es auf den Tisch. „Zigarette? Such dir aus, was du magst. Zu trinken haben wir auch."

Der Reporter warf einen kurzen Blick auf die Etiketten und nahm ein Glas Gin.

„Gut gewählt", lachte der Gastgeber. „Gesundheit!", rief er und stieß mit jedem an. „Schreib denen daheim, was meine

Gäste zu trinken bekommen! Damit niemand glaubt, es fehlt uns an irgendetwas." Die Selbstdarstellung des Händlers war so farbig, dass die regelmäßig wiederkehrenden Feuerstöße wie untermalende Geräusche wirkten. Zu der Frage nach den Wegen, auf denen die Waren zu ihm kamen, erklärte er, dass er sie nicht kenne und auch nicht kennen wolle. „Ich bestelle, und wenn die Sachen ankommen, freue ich mich, denn ich sehe dann, dass alles richtig läuft."

Gerade da wurde er wegen einer neuen Lieferung weggerufen.

Der Reporter und Landmann ließen sich von Mirko den Weg zur Toilette zeigen. „Und was führt Sie hierher?", fragte der Journalist, während er die Hände wusch.

„Plastiken, die auf dem Transport von Griechenland nach Holland hier hängen geblieben sind."

„Hängen geblieben? Wie kann man diesen Weg wählen?"

„Das weiß ich nicht", sagte Landmann und machte einen tiefen Atemzug durch die Nase. „Die Figuren sind schon seit Kriegsbeginn unterwegs und wir sind das zweite Mal ganz nahe dran, aber diesmal kriegen wir sie."

„Lohnt sich der Einsatz?"

Landmann lachte ein wenig. Er dachte an Billy. „Ich brauche Geld und mag die Künstlerin."

„Wie heißt sie?"

Wieder einmal war er der Versuchung erlegen, unbedingt von der Person zu sprechen, die seine Phantasie beschäftigte. „Billy."

„Und wie noch?"

„Einfach Billy."

„Ich schreibe auch über Kunst und Künstler, aber der Name ist mir noch nie untergekommen."

„Mir auch nicht", beteuerte Landmann.

„Im Verhältnis zur geringen Bekanntheit dieser Billy gehen Sie ein hohes Risiko ein. Sie suchen das Abenteuer?"

„Ich stolpere hinein."

Sie kehrten in die Halle zurück.

Mitten im nächsten Spiel fragte der Händler den Reporter: „Hast du schon etwas erfahren, was du nicht gewusst hast?", und der antwortete: „O ja, ich hätte nicht gedacht, dass hier noch internationale Kunsttransporte unterwegs sind."

Der Chef griff verärgert nach seinem Whisky-Glas, trank aus, setzte es ab und schob es von sich weg. Dann warf er dem Reporter einen unbestimmten Blick zu und befahl Mirko, die Karten neu zu mischen.

Die Wache kam mit einem älteren Mann daher, der bescheiden und demütig auftrat. Dennoch zeigte das Gesicht des Kaufmanns Überraschung. „Warum lässt du den herein?", schnauzte er.

„Sein Sohn kennt deinen Bruder, Chef."

„Ich habe keinen Bruder."

Der Mann stand in einem abgetragenen, dunklen Anzug da, sein kariertes Hemd war verknittert und stand offen, er drehte eine alte Schirmmütze vor sich in den Händen und sah traurig aus. Die Trauer schien ihn leer gemacht zu haben, weder Verzweiflung noch Bitterkeit vermochten so stark zu sein wie diese schwarze Empfindung, diese Durchtränktheit mit dem Saft der Schwermut. Er war nicht verrückt davon, sondern erschöpft; eine Beute war er, die bei lebendigem Leib von einem satten Räuber zertrampelt wurde, ein Opfer kurz vor der Ohnmacht, das auf alle Gegenwehr verzichtete, ergeben dem Untergang entgegensah, geduldig die Mühe des Sterbens auf sich nahm und dem Täter zuraunte: Tu es! Ein besonderer Instinkt hatte seinen Körper, in dem Verzweiflung hauste, in die Nähe des bösartigen Ausbeuters getrieben.

„Was will er?"

„Brot."

„Kennt er die Spielregeln?"

„Ja."

„Hat er Dollar?"

„Hast du Dollar?", gab der Wachtposten die Frage des Händlers weiter.

Statt zu antworten, sagte der Alte: „Mein Sohn kennt deinen Bruder." Seine Stimme schien am Boden zu schleifen.

„Erzähl keine Märchen! Ich habe keinen Bruder. Weg mit dir!"

Der Alte schlug die Augen nieder, blieb aber ganz ruhig stehen. Damit verunsicherte er den Wachmann, der nicht recht wusste, welche Rohheit für den Umgang mit einem unbotmäßigen betagten Mann vor fremden Zusehern vorgesehen war.

Der Kaufmann mischte sich noch einmal ein und fragte listig: „Wie heißt mein Bruder?"

„Milan."

„Mh", knurrte er. „Milan - das bin ich!" Er lachte erheitert. „Das ist mein richtiger Name. Drago ist ein Scherzname, den meine Freunde verwenden."

Der Alte hob seine Augen für einen Moment und sah ihn ausdruckslos an. Mit dem Problem wollte er sich nicht beschäftigen.

„Da staunst du! Jetzt sagst du mir noch, wie dein Sohn heißt."

Ohne die Stimme zu heben sagte er den Namen seines Sohnes.

„Kenn ich nicht, du Schlaukopf!" Spätestens da hätte er den Mann verjagt, aber da waren Zuschauer von auswärts und er wollte nicht primitiv dastehen, sondern Flexibilität und Format zeigen. „Hast du überhaupt einen Sohn?"

Der Alte schwieg mit gesenktem Blick.

„Was soll ich dir schenken?"

„Brot."

Und deswegen erfindest du einen Sohn für dich? Das wäre der Erste, mit dem du teilen müsstest. Und einen Bruder für mich? Das ist keine gute Idee. Nein, wirklich nicht."

Der Alte hielt seinen Blick weiter zu Boden gesenkt, zog

aber seine Brauen ein wenig hoch, so dass jeder sah, dass er diese Ansicht nicht einfach teilte.

„Schäm dich!", sagte der Chef.

Er zog die Augenbrauen noch etwas höher, aber schämen konnte er sich nicht.

„Nun raus mit ihm!", entschied der Chef mit der Stimme eines Menschen, der gewöhnt ist hart zu befehlen.

Die Wache stellte sich vor den Bittsteller, der Brot wollte, aber keine Dollar hatte, ergriff ihn mit beiden Händen an den Schultern, drehte ihn um und schob ihn zur Tür, die aus dem Lager in die Halle führte. Langsam schlurfte er zwischen den leeren Regalen zum Ausgang.

Plötzlich geriet der Händler in Bewegung, er hatte einen guten Einfall. Dem Reporter warf er einen Blick zu, der ankündigte, dass er für die Medien eine demonstrative Tat setzen wollte. „Komm, mach eine Aufnahme!", rief er. „Mirko, gib das Brot her!" Mirko reichte ihm einen weißen Wecken und der Kaufmann forderte den Journalisten auf: „Jetzt fotografiere, dann kannst du bezeugen, wie gern wir mit unseren Leuten teilen!" Rasch ging er, vom Berichterstatter mit erhobener Kamera gefolgt, durch die Halle und schrie hinter dem Alten her, der wie betäubt schien und die Aufforderung stehen zu bleiben nicht mehr hörte, sondern das Gebäude verließ.

Der kräftige Kaufmann folgte ihm, rief und gestikulierte mit dem Wecken und lief, begleitet von den Verschlussgeräuschen der Kamera, ins Freie. Nach ein paar Schritten machte er eine groteske Bewegung. Pünktlich hatte der Schütze von links seine Feuergarbe geschickt. Wie Peitschenschläge folgten die Geräusche. So schnell war die Zeit vergangen. Der starke Körper Milans, der Drago genannt wurde, warf die Arme hoch, das Brot flog nach vorne und schlitterte hinter dem hungrigen Mann her, der sich rasch bückte, den Wecken aufhob und weiterging ohne umzusehen.

In der Dämmerung fuhren sie den Lastwagen vor einen großen Hangar im Norden der Stadt und überließen ihn ein paar Arbeitern. Als sie gerufen wurden, überzeugte sich Kaspar von der vollständigen Anzahl der Plastiken in den Kisten. Dann langte er in die Innentasche seiner abgeschabten Jacke, holte einen zerknitterten Scheck heraus, der vollkommen ausgefüllt war, und zeigte ihn dem Vorarbeiter. Der sagte ihm ein Losungswort ins Ohr und bekam ihn ausgehändigt. Hierauf wurden die Kisten zugeklappt.

Die Dunkelheit einer wolkenbedeckten Nacht lag über allem, als sie die Stadt verließen. Die Plane flüsterte im Fahrtwind, und Nico meinte eine sanfte Frauenstimme darin zu hören. Dauernd murmelte sie vor sich hin. Dann und wann sagte sie ein lautes Wort und lachte hernach. Auf der Ladefläche lagen die schweigenden Figuren. Sie waren deutlich deklariert und würden alle Hürden überwinden, da brauchte sich keiner Sorgen machen, wenn auch nach wie vor unverständlich war, weshalb sie den langwierigen Weg von Griechenland durch die Kriegsgebiete nehmen mussten, in denen sie seit Monaten herumirrten.

Auf der Route, die Kaspar von den Vertrauensleuten des Händlers nach der Aushändigung der Figuren erhalten hatte, sollten er und Nico problemlos durchkommen, waren sie doch auch bei der Anreise mit einer solchen Skizze, die ihnen in Italien übergeben worden war, gut gefahren. Der vorgeschlagene Weg nach Hause führte direkt durch die Konfliktzone, was ihre Fahrzeit stark verkürzen sollte. „Drago garantiert für eure Sicherheit", sagte der Anführer der Truppe, als er einen kleinen Blockzettel übergab, was Kaspar veranlasste, einen Moment steif zu Boden zu sehen, skeptisch zu grunzen und dann einzusteigen. Was konnte der Chef, den er eben tot gesehen hatte, für einen Schutz gewähren?

Die Scheinwerferkegel wurden zu unsicheren Fühlern, die zitternd im Unergründlichen tasteten und stocherten, auf die Gefahr hin, irgendwo ein überaus machtvolles, unberechenbares Ungeheuer zu wecken. Schneeflocken trieben auf einmal durch die vor Feuchtigkeit schwarzblitzende Nacht. Sie kamen daher wie die Einfälle eines Wahnsinnigen, einzeln, ein paar hintereinander, ein ganzer Schwarm, von einem Windstoß getrieben, dann war der Spuk vorbei. Die Finsternis bildete einen schweren Vorhang, der zwischen sie und die unbeleuchtete Welt gezogen war, während sie durch unwegsames Gelände schaukelten. Kaspar bewegte seine Arme und Beine eckig wie eine ferngesteuerte Figur, die über einen Rest von Eigenwillen verfügt. Sein Bewusstsein schien zu schlafen, dennoch reagierte er emotionslos auf alles, was auftauchte, ob es bergan oder bergab ging, ob die Fahrbahn voller Schlaglöcher und Pfützen war oder zum Abgrund hing, ob der Motor hämmerte und pochte oder die Bremsen fauchten, er blieb ruhig und zuverlässig und funktionierte. Manchmal hüpften die Holzkisten hinter dem Führerhaus auf der Ladefläche. Die lebensgroßen Figuren in den Behältnissen, die primitiven Särgen glichen, beruhigten sich schnell und drückten sich in das weiche, schonende Materialgemisch aus Sägespänen, Holzwolle und Zeitungspapier, das die Stöße milderte.

Halb schlafend sah Nico die Gestalt seiner Mutter in mehreren Phasen einer Verwandlung. Sie trug ein Kind aus und er litt darunter, weil sie sich veränderte und ihm fremd wurde. Sie wollte ihm einreden, dass er sich auf jenes Wesen freue, das da im Verborgenen entstand, aber das gelang nicht. Nun begann ihn die ungenierte Art zu stören, wie sie sich vor ihm anzog und auskleidete. Er wollte, dass niemand sie so intim sah, auch er nicht. Wenn sie ins Badezimmer kam, wo sie oft zusammen gewesen waren und wo sie am ehesten Zeit gehabt hatte, mit ihm zu sprechen, entfernte er sich. Das Wachstum eines Geschwisterchens, das er wahrnahm, ärgerte ihn, und je weiter es fortschritt, um so entschiedener wich er dem Anblick aus, der davon kündete. Er stahl sich fort, flüchtete davor auf die Straße und streunte mit anderen Jungen herum. Erst als sie ihre frühere Gestalt wieder erlangte, fand er in ein vertrautes Verhältnis zurück, das freilich etwas anders aussah als das frühere, aber er konnte sie wieder akzeptieren. Plötzlich schnappte er nach Luft wie ein Erstickender und veranlasste Kaspar zu einem Seitenblick.

Das Unheil hockte als riesige finstere Glucke über dem Land. Manchmal kippte der Fahrtwind ein paar ihrer Federn, die Plane bewegte sich und es knatterte.

„Warum hast du nicht gesagt, dass du so viel Geld dabei hast?", fragte Nico unvermittelt in das Dunkel.

„Moment", sagte Kaspar, als wollte er etwas zu erklären beginnen, verlor aber weiter keine Silbe und nestelte nach einer Zigarette.

Die Scheibenwischer rubbelten und radierten auf dem Glas und wurden abgestellt, mussten aber nach kurzer Zeit die Arbeit wieder aufnehmen. Es nieselte. Sie passierten einen Kontrollposten und bewegten sich dann in einem Korridor, von dem sie auf Grund des skizzierten Plans annehmen durften, er werde sie unbehelligt in die Morgendämmerung führen. Auf einmal sahen sie im Halbschlaf die Sonne weit vorne aufgehen. Doch der Schein am Horizont kam aus der falschen Richtung. Während sie sich näherten, nahm der orange Fleck die Gestalt einer kräftigen Kerzenflamme an. Ein Feuer brannte mitten in der Straße. Rechts und links schimmerten Metalle, rechts und links standen Bewaffnete und zeichneten mit geschwenkten Signallichtern rote Kreisbögen in das Dunkel.

Die Bremse griff und der gedrosselte Motor ließ das Fahrzeug auf die Höhe der Soldaten zurollen, Kaspar drehte das Seitenfenster herunter, schwenkte das Papier mit dem Stempel der letzten Kontrollstelle und rief: „Kameraden, alles in Ordnung!" Während ein Hauptmann mit gezogener Pistole aus der Gruppe einen Schritt vortrat, zischte Kaspar zwischen den Zähnen: „Jetzt wird mir klar, wie der Trick funktioniert!" Er hatte gedacht, das Spiel zu verstehen und seine Rolle darin, doch nun erkannte er blitzartig, dass er in einem anderen Spiel agierte und eine andere Figur darstellte, als er gemeint hatte. Das traf auch auf Nico zu und galt sogar für die Plastiken, die ihnen wieder abgenommen werden sollten, um neuerlich Geld für den Krieg zu beschaffen. Dennoch wollte er nicht wahrhaben, dass er mit dem Transport in einer Falle saß. Während die Bewaffneten einen Schritt zur Seite traten und das Fahrzeug noch gar nicht stand, stieg er wieder aufs Gaspedal. Im Seitenspiegel war der Reflex einer Waffe zu sehen. Das Mündungsfeuer. Auf der Ladefläche splitterte Holz. Scherben klirrten. Kaspar sprang auf die Bremse.

„Aussteigen", befahl der Hauptmann, „Schlüssel her!"

Ein bisschen zuckte Kaspar mit dem Mundwinkel, blieb aber sonst gleichgültig und gelassen, als hätte er die Situation missdeutet. Der Hauptmann schnitt mit seinem Kampfmesser die Verschnürung der Deckplane durch und zog sie zur Seite. Starke Scheinwerfer, die auf Ständern am Rand der Fahrbahn standen, flammten auf. Im grellen Licht einer Lampe, die hochgehalten wurde, erschienen die langgestreckten Kisten aus Holz.

„Was ist dein Beruf?", wandte sich der Hauptmann an Landmann. In seinen Augen funkelte die Gefährlichkeit einer Viper.

Mit Giftschlangen hatte Landmann Erfahrung, aber wo lag die Stelle, an der er hier zufassen konnte? Wenn er überleben wollte, musste er sich auf die Präzision seiner Instinkte verlassen, ein paar Soldaten gruppierten sich, suchten einen geeigneten Platz für die Erschießung, und er antwortete: „Antiquitäten."

Der Hauptmann überlegte einen Augenblick, dann befahl er Nico auf die Ladefläche zu klettern und folgte ihm. Jetzt ging Landmanns Atem in langen Zügen, er fühlte sich

eigenartig ruhig, wie an einem Ziel. Zusammen nahmen sie
die Abdeckung von der getroffenen Kiste. Als der Hauptmann mit seinen Händen die Holzwolle zur Seite schob,
knisterte es, dann klirrte es leise. Das Klirren war von einem
leisen Klingeln begleitet, wie es keramische Scherben verursachen, die bewegt werden und aufeinander fallen. Er
fluchte leise vor sich hin. Diese Figur hatte er mit seinem
Schuss beschädigt. Der Schock eines Blitzes durchfuhr
Landmann vom Scheitel bis zur Sohle. Eine Erkenntnis
durchzuckte ihn, die er verbergen musste, wenn er weiter
leben wollte. Er sah ein feinmaschiges Netz aus Draht, das
auf der Höhe der Bauchdecke zerrissen war. Das zerstörte
Geflecht hing in Fetzen weg, und daran klebte noch in
kleinen Teilen weißes Material. Sofort bemerkte er, dass dies
kein Ton war, sondern Gips, allerdings fixierte sein Blick in
der Tiefe der Leibeshöhle eine bemalte Scherbe.
Der Hauptmann wurde auf der Stelle höchst nervös, fluchte
und fragte erregt, ob „alles kaputt" wäre.
Nein, das durfte kein Schrott sein, aber er konnte nicht sagen,
dass er nun wusste, was sich in der Figur befand und sie so
wertvoll machte. „Das kann man reparieren", erklärte er.
„Was brauchen wir dazu?"
Die Figur war aus Gips, das war zu sehen, aus Gips, der an
der Oberfläche braun bemalt war. Was er tiefer liegend
gesehen hatte, wollte Landmann nicht ansprechen. „Wir
brauchen Gips und Farbe."
Der Hauptmann wandte sich an einen neben dem Auto
stehenden Mann: „Wo haben wir Gips?"
„Im Lazarett", antwortete der.
„Wir fahren die Sachen hin", entschied der Hauptmann
und warf Kaspar die Autoschlüssel zu. „Du", sagte er zu
Landmann, „bleibst hier heroben, bis wir dort sind, verstanden?"
Er sprang von der Ladefläche, zurrte die Plane zu und stieg
zu Kaspar ins Führerhaus.

Im Dunkeln schaukelnd merkte Landmann, dass er schon lange nicht richtig geschlafen hatte, so lange, dass er kaum mehr richtig wach wurde. Immer wieder geriet er ins Dösen, hielt sich mühevoll darin, strich hin und her, glitt nach dem Rand und trieb in eine Übergangszone, fand sich in einem Korridor des Halbschlafs und schwebte ins Reich des Schlummers ein, wo er sofort von turbulenten Vorstellungen gerüttelt wurde. Als die Tür zum Wachsein aufsprang, stemmte er sich mit dem Rücken dagegen, wollte nicht zurück und taumelte hinein, weil diese Tür nach zwei Seiten aufging. Die Seele pendelte, das Bewusstsein torkelte, sein Körper marterte sich. Die Dunkelheit unter der Plane, wo er die Hand nicht vor den Augen sah, erlebte er als eine Höhle, in der er feststeckte, und wenn er nicht herausgeholt wurde, verwandelte sich der Hohlraum in eine Grabkammer. Vor ihm schimmerte in der Finsternis eine Figur mit dem Lächeln Billys. Das war nicht real, aber dennoch wirklich, das wusste er, denn er sah jedes Detail ihres Gesichtes und jede Wimper ihrer Lider. Während er dachte, ein kleines Licht zu machen, um sich Billys zu vergewissern, überfiel ihn haarsträubende Panik. Zitternd holte er sein Feuerzeug aus der Jacke. Als es aufflammte, wurde die Höhlung erhellt, und er verstand plötzlich, dass er handeln musste, wenn er sich nicht in höchste Gefahr bringen wollte. Seine Rechte bog das Gitter auseinander, schob das eingeschleppte Verpackungsmaterial zur Seite und sah in der Tiefe Scherben. Er atmete durch. Ja, da lagen Scherben einer antiken Vase. Keinen Augenblick zweifelte er. Seine Finger holten ein paar Teile aus dem Innern der Figur hervor, und es war schnell klar, dass er Bruchstücke eines ganzen Gefäßes vor sich hatte, das durch den Schuss beschädigt war. Griechische Keramik im rotfigurigen Stil, eindeutig von hohem Wert, selbst wenn sie nun teilweise zerstört war. Die Flamme erlosch und er sank neben der Kiste auf die Knie und krümmte sich darüber, um die Entdeckung zu verbergen.

Was für eine Überraschung! Die Gefahr war greifbar anwesend. Sein Körper wurde hin und her geschaukelt. Für Momente sank er in einen halb ohnmächtigen Dämmerzustand. Eine junge Frau ging einen Korridor entlang, sie war nur von hinten zu sehen, ihr Rücken war der Nellys. Die Tür führte zu den Räumen eines Mannes, den er als Konkurrenten und Feind empfand. Da war er plötzlich, kam aus einem Zimmer und trug Claudia auf dem Arm. Sie wirkte verweint, erniedrigt, zerstört, als hätte er ihr Gewalt angetan. Gegen ihren Willen musste sie auf seinem rechten Unterarm sitzen und sich an seinem Hals festhalten, damit sie nicht zu Boden fiel. Sie verschwanden auf der anderen Seite in einem Zimmer. Er machte das Feuerzeug neuerlich an. Wütend dachte er an den Mann, der die Schwäche der Frau ausnützte, und nahm eine Scherbe aus der Figur, die gerade seine Handfläche bedeckte. Eine Kriegerin ritt auf einem Hengst und drang mit dem Speer auf einen Gegner ein. Entschlossen packte er die Viper am Nacken und steckte die Scherbe in die Innentasche seiner Jacke. Er musste die Reiterin als Zeugin nach Hause schaffen, denn nun wusste er, dass er sein Leben nicht für die Figuren, sondern für etwas anderes riskierte. Niemand sollte sagen, er hätte sich das im Halbschlaf eingebildet. Die übrigen Bruchstücke steckte er ins Innere der Plastik und bog das zerrissene Drahtnetz zurück in die frühere Lage. Erschöpft lehnte er sich gegen die Plane, die sich straffte und durch sein Gewicht ruhig wurde. Nur manchmal klatschte sie in die Hände und sprach einen Satz, aus dem er das Wort „gefährlich" heraushörte.

„Hallo", sagte Billy, bevor er seinen Namen nannte, „ich freue mich, dass du zurück bist. Du hast mir gefehlt." Sie sprach in einem einfachen Ton, eine Vertraute, die auf seinen Anruf gewartet hatte, und zeigte Anteilnahme. Ja, er war heil, war daheim, jedoch noch schrecklich weit entfernt. Er stand am Parkplatz neben der Zollstation und hatte ihre Nummer aus dem Kopf gewählt.

„Aber du bist doch gleich hier. Was sollte denn dazwischen kommen?" Hinter der bekritzelten Wand sah er ihre Wangen, den Mund, die Haut, das Gesicht, den feinen, zurückhaltenden Ausdruck. Die Blicke trafen ihn zwischen den Frust-Graffiti so warmherzig, dass er glaubte, aus der Ferne berührt zu werden. „Ich erwarte dich", flüsterte sie. „Du weißt doch, wo ich wohne?"
Selbst wenn er seinen Namen vergessen hätte, ihre Anschrift wäre ihm nicht entfallen.
„Also", sagte sie, lachte ein bisschen und legte auf.
Aufgewühlt verließ er die Zelle und wartete auf Kaspar, der nebenan telefonierte. Nach einer Weile stellte er irritiert fest, dass sein Kumpel den Hörer ein Stück weit von seinem Kopf weghielt, ihn ansah und nach einer Weile einfach einhängte. Im Auto betrachtete er Kaspars gerötetes Ohr, während er startete und anfuhr, und überlegte, ob es ihn schmerzte; außerdem wischte er wiederholt mit dem Unterarm unter seiner Nase entlang, obwohl sie nicht feucht war.
„Der Verrückte wollte, dass wir hier auf ihn warten", brach es ungewohnt impulsiv aus Kaspar hervor, „aber ich fahre jetzt heim und sperr' mich im Falkenturm ein. Rein in den Bau und den Riegel vor. Was der mich genannt hat, ist mir noch nie vorgekommen. Unterstellt mir die übelsten Machenschaften, behauptet, ich hätte einen kaputten Charakter, spricht mir jeden Verstand ab, nennt mich blöd und dreist und kotzt einen ganzen Haufen infamer Verdächtigungen aus. Will mir den Hals abschneiden, ohne dass ich es merke. Eine saubere Drohung!"
„Wer?"
„Du wirst doch nicht glauben, dass mich ein Name interessiert, wenn ich den ordentlichen Auftrag und das Geld dazu habe. So einer will nicht mit seinem vollen Namen als Wohltäter in der Zeitung stehen. Klar, dass wir keine Belohnung kriegen für den Mist, den wir nach seiner Meinung gebaut haben. Soll er sich das Zeug selbst holen. Soll's pro-

bieren. Vielleicht kann er's besser. Ich rühre keinen Finger mehr. Für solche Schwachköpfe arbeite ich nicht. Ich liefere die Lizenz ab." Er schlug auf den Zettel mit der Reiseroute, der vor ihm am Armaturenbrett hing. „Und will nichts mehr davon hören." Er hätte sich gern aus der Geschichte verabschiedet, musste aber wenig später feststellen: „Da hängt einer an unserer Ferse. Ich habe ihn im Rückspiegel, aber er kommt nicht so nahe, dass ich jemand erkennen kann. Überholt nicht, weigert sich zu überholen, beobachtet nur."

Vielleicht sollte Landmann über das Innenleben der beschädigten Figur reden, jedoch aus dem Untergeschoss hörte er die Empfehlung, es zu lassen. Schließlich behielt Kaspar auch sein Hintergrundwissen für sich, um unnötige Verwirrungen zu vermeiden. So begann er von Billy als der Frau zu reden, die ihn erwartete. Doch Kaspar hörte kaum zu. Er tat nicht nur verwirrt, er war es. Deswegen ließ er seinen Begleiter reden und reden, wo er ihn sonst längst durch Knurren entmutigt oder durch eine lakonische Bemerkung ernüchtert hätte. Als ihn Landmann am Ende seiner vertrauensvollen Offenbarung von der Seite ansah und eine Meinung hören wollte, fragte er: „Wo steht das Möbel?"

Landmann warf den Kopf zurück, er fühlte sich auf den Arm genommen.

„Wo?", wiederholte Kaspar ungeduldig.

Nun lachte Landmann eine Sekunde. „Da hast du jetzt etwas nicht mitgekriegt. Du würdest staunen über das Möbel."

„Fahren wir gleich hin?"

„Mit dir kann man heute nicht reden. Selbst wenn ich dir mein größtes Geheimnis anvertraute, würdest du nicht zuhören."

„Was hast du für ein Geheimnis?"

Deutlich spürte er das Bruchstück in seiner Tasche und

schwieg. Die übrigen Scherben, selbst die kleinsten Splitter hatte er in den Hohlraum zurückgestopft und eingegipst und damit auch Kaspar geschützt, der nichts davon wusste. Natürlich fehlte der Beweis dafür, dass alle diese Figuren als Tarnung und Versteck dienten, und es war gut möglich, dass Kaspar bis jetzt keine Bedenken plagten. „Sehr gut möglich", sagte Landmann laut zu sich.

„Ist doch ganz klar, dass die uns beobachten, Landmann", beharrte Kaspar nach einem Blick in den Rückspiegel und fuhr wieder mit dem Unterarm unter der Nase weg. Nach einer Weile des Schweigens fügte er hinzu: „Sie wollen wissen, was mit dem abgelieferten Geld ist, aber genau das weiß ich auch nicht. Und ich weiß auch nicht, wo die Figuren hingekommen sind. Natürlich kann ich ihnen die ganze Geschichte erzählen, aber würdest du das glauben?"

Sie sahen sich kurz in die Augen. Kaspar lebte gewöhnlich in einer Emulsion des Zufalls, in der die verschiedensten Dinge herumtanzten; was ihm darin begegnete, entschied das Fatum. Er stieg und fiel selbst in der Lösung, kreuzte darin herum. Was Schuld bedeutete, interessierte ihn nicht sonderlich. Das war etwas, was einen überraschend traf wie ein herabfallender Dachziegel. Die Hiebe und Bisse, die man austeilte, waren ebenso ungezielt und wurden manchmal zum Schicksal. Damit verzichtete er auf jeden moralischen Anspruch und jede Autorität. Dass ihm gelegentlich eine Aufgabe zufiel, die etwas einbrachte, reichte. Nico neben ihm war jung, unausgegoren, der wollte es genau wissen. Im Augenblick gab es berechtigte Fragen und Zweifel, doch Kaspar fühlte sich hilflos und stand allen Täuschungen, Lügen und Irrtümern, auch den verhängnisvollen, mit Fatalismus gegenüber. Sein Selbstvertrauen war durch die Vorfälle der letzten Zeit etwas zermürbt. War er wirklich nicht in der Lage, ein paar Kisten samt Inhalt durch ein Krisengebiet zu schaukeln? „Wieso hast du nach Gips verlangt?", wollte er plötzlich wissen. „Du hast nach

Gips gefragt, nach diesem billigen Werkstoff für faden Kitsch und kaputte Knochen. Ich habe es gehört."

„Im Lazarett, wo sie uns die Ladung abgenommen haben, gab es genug davon", antwortete Landmann ausweichend. „Ich habe die beschädigte Figur geflickt, bevor sie uns heimschickten. Sie wollten das so."

Natürlich spürte Kaspar, dass er etwas für sich behielt, und das verunsicherte den alten Fuchs, seine Bereitschaft zum Abenteuer litt dadurch an der Wurzel Schaden. Was Landmann sonst redete, überhörte er und erklärte aufrichtig: „Ich kenne mich nicht mehr aus."

Landmann atmete flach und schaute weit nach vorn auf den endlosen Streifen der Autobahn unter dem hellgrauen Himmel. Der Anblick konzentrierte ihn, sein Atem beruhigte sich. Sein Kopf füllte sich wieder mit den Farben, in denen er von Billy träumte. Allein dass er wiederkehrte, würde eine besondere Belohnung wert sein und seine nackte Haut, die er gerettet hatte, Dank verdienen. Niemals näherte er sich seiner Mutter, ohne dass sie ihm das Gesicht freundlich zuwandte, wie beschäftigt sie auch war. Sie wirkte in seiner Gegenwart nie bedrückt, finster oder angespannt, sie widmete sich seinen Vorstellungen, lebte in der Freude an seiner Anwesenheit, woraus auch ein Vergnügen der Mitarbeiter und der Kunden wurde. Möglich, dass sie ein paar Enttäuschungen überspielte. Sie war die einzige, die sich ihm gegenüber bis vor kurzem so verhielt, während alle anderen, die er von seinen Vorzügen überzeugte, weitere Leistungen verlangten, weil sie ihre Ziele mit ihm verfolgten. Er zeigte den flüchtigen Bekanntschaften seine ehrliche Zuwendung, erwies sich aber als leichtfertig, und da er gar keine Garantie bot, ließen sich die Freundinnen nur oberflächlich auf ihn ein. Sie waren zugänglich, weil sie seine selbstlosen Qualitäten spürten, jedoch er suchte nach Seelenverwandten. Vielleicht war er schon fündig. Vielleicht war er von der Leichtigkeit verführt, mit der er Billy gewonnen hatte. Sie waren aufeinander zugeschnurrt wie zwei Automaten, bis der Abstand gleich Null war, alles Trennende war augenblicklich verdampft, die vollkommene Intimität war ohne Krampf entstanden, ohne jede Anstrengung waren sie nach seiner Meinung einander zugefallen. Billys Kunst des präzisen Umgangs hatte sein Begehren verschärft und das Verlangen nach ihrem Zutrauen verstärkt. Sie schien darüber so sicher wie über einen Griff auf einem Instrument zu verfügen. Bislang hatte er geglaubt, eine derart spontane Annäherung wäre nur an einfache Gemüter möglich, die nicht gleich Ansprüche anmeldeten und keine Maut einhoben, wenn er ihr seelisches Terrain betrat. Dass sie so etwas später tun könnten, wenn die Beziehung andauerte, dagegen sicherte er sich mit seiner Unzuverlässigkeit ab. Sie sollten nicht auf ihn bauen. „Bin ich ein Narr!", rief er und schlug sich auf die Oberschenkel. Vor kurzem hätte Kaspar vergnügt gegrunzt bei dieser Feststellung, doch nun zweifelte er, ob Nico die Erkenntnis am Ende eines Gedankenganges vorbrachte oder ob er ihn damit verwirren wollte. Er fand die Aussage jetzt weder lustig noch schlüssig.

Wenn eine Gefahr näher kam, verfügte Nico über die volle Aufmerksamkeit, die höchste Konzentration, die nötige Sammlung seiner Kräfte – und dann – nun, bisher hatte er jedenfalls noch immer das Richtige getan um zu bestehen. Immer wieder geriet er in schräge, unsichere Lagen, ja er kam nie ganz aus dem Gewirr der Nöte heraus. Unter den Monstren, die ihn bedrohten, musste er stets eine Hierarchie beobachten und immer die nächste und höchste Gefahr niederhalten. Etwas anderes erwartete er nicht, er rechnete mit keiner abgeklärten Situation. Eher floh er davor. Er wollte sich in keiner der Stationen, die er durchlief, einnisten, dafür fehlte ihm das ursprüngliche Vertrauen. Vielleicht hätte er Billy nicht anrufen sollen, vielleicht hätte das den letzten Kick gebracht: sie zu überraschen. Ohne

Vorwarnung dazusein. Aber sie wünschte, dass er sich anmeldete. Falls sie nämlich einen Termin hatte, reichte die Zeit, die er von der Grenze bis zu ihr brauchte, dass sie sich für ihn befreite, um ihn sofort zu empfangen. Besser hätte ihm die Vorstellung gefallen, ins Kasino zu gehen und auf sie zu treffen. Der Zufall sollte gnädig sein, die Magie dienstbar. Er hatte keine Absicht, noch einmal hinter der Belohnung herzuhetzen, die für die Beschaffung der Figuren in Aussicht gestellt war. Es sei denn, wenn ihm jemand half, sich selbst zu überlisten. Doch darüber wurde jetzt bestenfalls im tiefsten Untergeschoss verhandelt.

Als Kaspar ihn nahe dem Bahnhof absetzte, umspülte die Erschöpfung seinen Körper wie eine perlende Lösung, in der er auf eine Insel zutrieb. Die Vorbehalte, die ihm die vergangenen Tage nahegelegt hatten, verschob er weit nach unten. Ihr bestimmtes Interesse an antiken Vasen musste er verdrängen. Da hing ein Rattenschwanz von Fragen dran, der jede Spontaneität gefährdete. Er konnte keine Verzögerung dulden, was immer sie verursachen wollte. Während er die Treppe zur Wohnung hochstieg, achtete er auf seinen Atem und hörte sich röcheln. Ein Duft, den er wiedererkannte, leitete ihn. Auf den letzten Metern schlug die Müdigkeit gegen seine Knie, einmal hier, einmal da, und wollte ihn zum Aufgeben bringen. Da tauchte über ihm auf dem Treppenabsatz eine himbeerfarbene Zunge auf, zuckte in einem hellroten Maul unter wachen Augen und aufgerichteten Ohrmuscheln und auf starken, muskulösen Vorderbeinen kam ein Dobermann die Stufen herunter. Tapp, tapp, tapp! Um den kräftigen Hals lag eine mattschimmernde Kette. Nicos Augen folgten der Leine, die zum gestreckten Oberarm eines hochmütigen Mannes führte. Der arrogante Typ mit bronzefarbenem Teint würdigte ihn keines Blickes, sondern tat, als wäre er nicht da. Die kalte, rassige Ausstrahlung griff Nico an. Mit einem gurgelnd grollenden Laut sprang der Dobermann los. Er spürte den Schlag der Pranken gegen die Brust. (Sein Vater schoss gerade mit der Luftpistole auf den kleinen Hund, den er im Arm trug.) Die Scherbe grub sich zwischen seine Rippen. Ein scharfer Schmerz, und sein Rücken schlug an die Wand des Treppenhauses. Mit einer jähzornigen Bewegung warf er den Angreifer ab. Der Hund prallte einige Stufen tiefer auf und jaulte. Im Gegenlicht erblickte Landmann über sich Billy in der Türfüllung. Sein Atem ging hackend.

„Komm herein", sprach sie leise und wirkte betreten. Sie hatte den Vorfall mitgekriegt, sprach ihn aber nicht an, sondern drehte sich um und ging in ihre Wohnung voraus. Der würfelförmige Raum befand sich neben dem Stiegenhaus und hatte auf einer Seite ein großes Fenster in Form eines liegenden Ovals, das durch zarte Sprossen unterteilt war. Dahinter lag die Stadt in rotes Licht getaucht. Der kühle Novembertag ging über den Kirchen und Palais zu Ende. „Ich könnte dir nichts übel nehmen, fürchte ich", sagte sie und ihr feines Lächeln wurde einen Grad zerbrechlicher.

„Es ist zu blöd, aber wir hatten keine Wahl, absolut nicht", erklärte er und betrachtete ihr Gesicht. „Mehr als das nackte Leben wollten sie uns nicht lassen." Billys Unschuld (oder das, was er dafür nehmen wollte, weil er danach begehrte) lag für ihn so offen, dass er es unerträglich fand, ihr Böses zuzumuten. Sie war nichts ahnend in die Geschichte verwickelt, unwissend und völlig arglos. „Schade um die schönen Arbeiten", klagte er, „ich war so berührt davon."

„Ja?", fragte Billy mit fremdartigem Humor in der Stimme. „Ich muss dir gestehen, dass ich sie nie gesehen habe. Ich kenne sie nur von Fotos. Und sie werden mir nie richtig gehören, weil schon ein Käufer aufgetreten ist." Er sah in ihre Augen und glaubte ihr sofort. „Weißt du, ich habe die Entwürfe gemacht und für mich arbeiten lassen. Ich würde das nie mehr tun. Jetzt muss die Ausstellung zum zweiten Mal kurzfristig verschoben werden und das ärgert alle – besonders mich, wenn ich dir auch nichts übel nehmen kann." Nico schaute sie groß an. Er war fast zu erschöpft zum Zuhören und in seinen Überlegungen sehr langsam.

„Also bist du mir nicht böse", sagte er ergeben.

Hierauf schwiegen sie. Nico stand mitten im Raum und sah aus dem Fenster. Der Abendschimmer versetzte ihn einen Augenblick dahin, wo er die Figuren zum ersten Mal gesehen hatte. Und draußen lag der erschossene Händler, der in der Nacht ins Magazin geholt werden sollte. Sie schien seine Gedanken zu lesen. „Du denkst an Bosnien?", fragte sie.

„Ja."

„Woran hast du dort gedacht?"

„An dich."

Sie blickte ihn zutraulich an. „Willst du duschen?", fragte sie nach einer kleinen Pause. Seine Erschöpfung ging über in Auflösung, die Wirklichkeit verlor ihre Konturen, wurde weich wie Watte und leicht wie eine Daune und gehorchte jedem Wink seiner Vorstellung. Sie wies ihm die Tür zum Badezimmer und sagte: „Lass dir Zeit!" Er stellte sich unter die Brause und ließ das Wasser über sich strömen, ohne auf die Temperatur zu achten. Dann stieg er vor Müdigkeit schaudernd heraus und trocknete sich oberflächlich ab. „Ist es wirklich wahr, dass du immer an mich gedacht hast?", fragte er, während er mit dem Handtuch um die Hüften das Bad verließ.

„Ja", sagte Billy, die gerade aus dem begehbaren Schrank kam, der an einer Wand des Zimmers eingebaut war, „mehr als du an mich."

Dass sie ständig an ihn gedacht hatte, konnte er nicht oft genug hören. „Sag es noch einmal!", bat er. Doch Billy trat auf ihn zu und legte zwei Finger auf seinen Mund. Dabei sah sie ihn an und nickte nochmals bejahend auf die Frage, die seine Augen stellten. Dann legte sie ihre Arme um seinen Hals und zog ihn auf das Bett. Mit einem Stöhnen sank er zurück. Sie streichelte seine Schultern und murmelte dabei vor sich hin: „Erzähl mir, erzähl mir!"

„Wenn du es wissen willst", begann er wie seinerzeit. Auf die Aufforderung Erzähl mir! hatte er im Halbdunkel seines Kinderzimmers der Mutter gestanden, was ihn bewegte. Seine Stimme klang so einfach und offen, während er im Zwielicht sprach, dass es selbst bei größtem Vorbehalt unmöglich war, ihm nicht zu glauben, und als er dann zu der gewissen Stelle kam, wo das Projektil die Figur beschädigte, bemerkte er eine Spur von Hast in ihrer Frage: „Hast du hineingesehen?" Da schwieg er, wie er stets geschwiegen hatte, wenn seine Mutter etwas zu wissen verlangte, was er für sich behalten wollte, und sie hatte das immer akzeptiert. Auch Billy verstand, dass es keinen Sinn machte nachzubohren. Sie half ihm nach einer kleinen Pause sogar über sein Verstummen hinweg: „Wenn du es mir nicht sagen willst, behalte es für dich." Das diffuse Dämmerlicht im Raum mischte sich mit dem Licht der Straßenleuchten. „Entspann dich wieder", legte sie ihm nahe. Er machte die Augen zu, sank weg und tauchte wieder hoch. Sekundenweise entglitt ihm das Bewusstsein. Seine Hand zuckte wiederholt. In den Nerven war die Wahrnehmung, dass er noch im Lazarett war und mit einem Pinsel den Gips bemalte, mit dem er zuvor die beschädigte Figur ausgebessert hatte. Plötzlich fuhr jemand mit einer Vogelfeder über seine Oberlippe. Er drehte den Kopf zurück, rümpfte die Nase wegen des juckenden Reizes und begann hastig und flach zu atmen. Um dem Kitzel zu entgehen presste er die Wange auf einer Halde über dem See, die von Schlangen wimmelte, in ein Graspolster. Darin hörte er das Knacken aus der Voivodina, dann das Knistern in den Bergen der Krajna. Schließlich erklang das Signal der Schrankenanlage einer Eisenbahn. Gerade fuhr er mit Kaspar auf den Übergang zu. Ein blinkendes Signallicht, das von den Milizionären geschwenkt wurde, verwandelte sich in ein Nachttischlämpchen und daneben stand Billy. Sie zog sich gerade aus. Sein Körper produzierte ein Begehren, das seinen Selbsterhaltungstrieb überstieg. Sie hätte brennen können, er hätte die Annäherung nicht gescheut. Nur ein Geheimnis behielt er, dieses letzte Reservat blieb zu, auch als sie mit kindlicher Stimme an seinem Ohr flüsterte: „Du hast mir sicher etwas mitgebracht aus Jugoslawien." Mit Einfühlung kam sie seinen unausgesprochenen Wünschen entgegen, sie zeigte sich freundlich ergeben, eine erfahrene Liebhaberin, deren Verhalten ihm schmeichelte. Schon kleidete sie sich wieder an, sie war schon angekleidet, er hatte den widersinnigen Eindruck, dass sie sich zwischendurch einmal umgezogen hatte. Sie hatte seine Erwartungen erfüllt und das Meer des Verlangens für eine Weile ausgetrocknet.

„Hat dich das Telefon geweckt?", fragte sie. Im Augenblick besaß er gar keine Stimme, sondern bewegte nur verneinend den Kopf in den Daunen. „Das täte mir Leid. Ich muss noch ins Kasino zu einer Besprechung. Wenn du Lust hast, kommst du nach." Er nickte in den Polster. Sie warf eine silbergraue Pelzjacke um die Schultern, ging zur Eingangstür, öffnete sie und blieb darin stehen. „Weißt du, wie lange du geschlafen hast?", fragte sie. Er schüttelte den Kopf. Die Bettwäsche raschelte an seinem Ohr. Sie machte das Licht aus. Vom erleuchteten Treppenhaus sickerte ein matter Schein in den finsteren Raum. „Vierundzwanzig Stunden. Du hast einen ganzen Tag verschlafen, aber sei nicht traurig, es hat nur geregnet." Er konnte es kaum glauben. „Wo hast du dein Geschenk für mich versteckt?", fragte sie ins Dunkel zurück. Diese Frage begriff er sofort im vollen Umfang. Zu Recht nahm sie an, dass er mit einer Gabe für sie heimgekehrt war, aber sollte er es jetzt sagen, wo er sie nur im Gegenlicht als Umriss sah und ihr Gesicht nicht erkennen konnte? Wenn sie ahnungslos war, zog er sie nur in die Gefahrenzone. Sie öffnete die Handtasche, rumorte darin. Er hörte die Geräusche, die er auf der Fahrt nach Slawonien kennen gelernt hatte. Und blinkte da nicht etwas in ihrer Hand? Da knackste der Metallverschluss ihrer Tasche. „Ich hab' mit Mühe meine Haut gerettet. Du weißt, dass ich dir die Figuren sehr gern gebracht hätte." Er atmete tief, blies die Luft lang aus den Lungen und dachte an den letzten Atemzug und die Scherbe in der Innentasche seiner Jacke. „Sie haben uns beschossen. Kaspar blieb stehen. Dann haben uns die Freischärler alles abgenommen. Habe ich schon am Telefon gesagt, oder?" Er war ganz nahe dran zu plaudern, als ein Fenster aufging, und da stand wie in einem Traum plötzlich seine Mutter vor ihm, die Witts Hand ergriff. Mit einem gelispelten Ciao verabschiedete sich Billy und machte die Tür hinter sich zu.

Ja, ins Kasino gehen, aber er fühlte sich so unbeschreiblich erschöpft und von einer bleischweren Müdigkeit nieder-gehalten in dem Schwarz des Zimmers und in der Wärme der Laken, dass er gar nicht darüber nachdachte, ob er dahin gehen sollte. Später würde er das erwägen, wenn ihn die Sehnsucht nach ihr quälte, doch vielleicht würde sie gar nicht mehr wiederkehren, vielleicht war sie erledigt, diese Sucht. Die Erschöpfung schüttete neuerlich eine satte La-dung Traumstoffe über seinen Kopf. Schnell driftete er in das Land des Schlafes, das ein blühendes Mohnfeld war, und versank. Knacks! machte es in nächster Nähe. Er war hell-wach. Eine Kraft, stärker als die schwere Müdigkeit, richtete ihn auf. Jemand hatte die Eingangstür hinter sich zu-gezogen. Der Lift fuhr in die Tiefe. Das war keine Spinnerei, kein Nervenzauber, kein Spiel irgendwelcher Hormone, sondern etwas Wirkliches. Er sprang vom Bett, tappte zu seinen Kleidern, die auf einem Stuhl lagen, fasste in die Innentasche seiner Jacke und vermisste die Scherbe. Sie war fort. Sein Atem beschleunigte sich und wurde flach. Doch, da war sie, in der anderen Tasche. Rasch machte er das Licht an, schlüpfte in die Jacke und griff wieder in die linke Innentasche. Nein, da schmerzte nur die Druckstelle über den Rippen, die Scherbe hingegen war auf der rechten Seite, er musste mit der Linken hineingreifen, und das tat er nie. Da war sie, die geschmeidige Reiterin. Sie drang auf einen bewaffneten Mann ein, der sich hinter einem großen Schild verschanzte. Vorsichtig hob er das antike Stück dem Licht entgegen, betrachtete die frischen Bruchstellen, drehte es herum, befeuchtete es, roch daran und schob das Fragment wieder in die linke Innentasche. Was war das für ein Zufall, wenn jemand eine solche Vase in Billys Figur eingebaut hatte, ohne dass sie davon wusste. Sie wollte etwas Antikes, sie hatte ihn gefragt, ob er so etwas hätte, und er hatte versprochen, für sie so etwas zu besorgen.

Er hastete durch die nasskalte Stadt, mied den Blick in die Gesichter der Passanten, wechselte auf die andere Straßenseite, ohne sich umzublicken, lief am Fluss unter den triefenden Bäumen entlang, hastete über einen Steg, verschwand in einer Passage, durchquerte einen verlassenen Gastgarten, wo ihm von schwarzen Kastanien dicke Tropfen ins Genick fielen, tauchte in Arkaden ein und kam wieder hervor, schlüpfte in den Friedhof, wo ein paar Kerzen rot am Fuß des Berges glühten, und kam an anderer Stelle zur Straße zurück. Er war auf eine verwirrende Weise zielstrebig, denn er wollte keinen Hinweis auf sein Ziel liefern und lief wie ein Mäander durch die verwinkelte Innenstadt, unter dem Schutz einer Nacht, die ganz knapp über dem mühevoll erleuchteten Raum der alten Straßen hing. Selten in seinem Leben hatte er sich bemüht, ein Ziel zu verschleiern, das fand er unwürdig und schlechthin verachtenswert. Schließlich betrat er ein Lokal, durchquerte es und erreichte auf der Rückseite einen dämmerigen Innenhof. In der überwölbten Einfahrt, die in eine Parallelstraße mündete, glomm schwaches Licht, und von da führte eine von Bögen begleitete Stiege in den ersten Stock. Dort blieb er vor einer Tür stehen, hielt seine Nase ans Türschild und drückte den Klingelknopf. Nach einer Minute ging die schwere Barocktür ein Stück auf und ein Mann von hagerer Statur mit kurzem weißem Haar öffnete. „Bitte?", fragte er und fixierte Landmann einen Augenblick ernst durch seine Brille. Dann ging ein Lächeln über sein Gesicht und sie begrüßten sich. Der Professor, so wurde der Kenner in den einschlägigen Kreisen genannt, freute sich über den späten Besucher, dem er schon des öfteren von seinen Antiken erzählt hatte. Der gebildete Sammler besaß Häuser in der Stadt und lebte als Privatier. Auch das Objekt, in dem er wohnte, gehörte ihm und er zog wirtschaftlichen Nutzen daraus, was ihm erlaubte, seiner kostspieligen Neigung nachzugehen. Er besuchte Messen und Auktionen, dort begegnete ihm Nico Landmann gelegentlich und der verschlossene Professor unterhielt sich gern mit ihm. Das blasse gepflegte Gesicht war stets säuberlich rasiert, hatte kaum Furchen und Falten, wirkte aber etwas müde und resigniert. Im Wohnraum des Antikensammlers saßen sie einander an einem großen runden Tisch gegenüber und Landmann erklärte, dass es um eine vertrauliche Sache ginge, er wäre unter ungewöhnlichen Umständen auf ein Geheimnis gestoßen. Scherben, die er für antik hielt, wären ihm buchstäblich in die Hände gefallen. Vermutlich wären sie Gegenstand von dunklen Machenschaften. Er wollte sicher gehen, dass er die Sache richtig einschätzte und keinem Wahn nachhing. „Darf ich Ihnen das Stück zeigen?", fragte er, lachte nervös, als der Kenner nickte, und langte ohne Überleitung in die Innentasche seiner Jacke, holte die Scherbe hervor und legte sie so auf den Tisch, dass die reitende Figur auf der Oberseite war.

Der Fachmann setzte die Brillen auf, warf einen Blick darauf und wirkte gleich jugendlich bewegt. Er beugte sich über

den Tisch und sah wie ein Vogel von oben auf das Bruchstück. Dann richtete er sich auf, blickte sich im Raum um,
schaute Landmann an, als wollte er sich vergewissern, dass
niemand weiterer da war und er nicht träumte, verschränkte
seine Hände auf dem Rücken, um ein ungläubiges Zufassen
zu unterdrücken, und neigte sich noch einmal über den
Tisch. Er rückte mit den Augen näher und näher. Plötzlich
schnellte er hoch, als hätte er eine explosive Sache vor sich,
und sah den Besucher, der den Gegenstand gebracht hatte,
von der Seite an. Nico Landmann atmete angespannt und
starrte mit geöffnetem Mund auf das Objekt. Leise sprach
der Professor: „Den Bogen spannen, den Speer werfen, das
Pferd reiten, das sind unsere Künste – weibliches Tun
kennen wir nicht", und betrachtete das widerspenstige Profil der bewaffneten jungen Frau. Er war fasziniert von der
Schönheit der Darstellung und der Gediegenheit der Arbeit,
zugleich bedrängte ihn die Vorstellung, dass es ungewöhnlich, ja kaum möglich war, ein solches Bruchstück
da auf dem Tisch liegen zu haben. „Ich bin ziemlich durcheinander", gestand er. Jedoch Landmann bat nur wortlos,
das Fragment näher anzusehen, indem er es ihm mit dem
Handrücken weiter zuschob. Vorsichtig fasste der Professor
die Scherbe an, hob sie dem Licht über dem Tisch entgegen
und drehte sie herum. Die Bruchränder waren neu. Das
stimmte zu der Geschichte, von der Landmann gesprochen
hatte. Es war so still im Raum, dass das Knacken einer
Schaltuhr im elektrischen Schaltkasten vor der Tür zu hören
war. „Das muss ein Teil von einer Pelike sein. Diese Art von
Gefäßen ist um 500 vor Christus aufgekommen." Ein
Knistern durchlief den Parkettboden, als wäre selbst das tote
Holz erschrocken über die Anwesenheit der Scherbe. Der
Professor stöhnte ein wenig, dann sprach er weiter. „Wenn
ich nicht irre, gehört das Fragment zu den Vasen, die im
Frühjahr aus einem kleinen Museum in Griechenland
geraubt worden sind. Sie werden auf Ägina oder einem

Schiff vermutet. Ich sehe keinen Anhaltspunkt für einen Zweifel an der Originalität." Er schüttelte den Kopf. „So etwas kann nur ein Barbar machen." Mit besorgtem Gesicht ging er in einen Nebenraum, kehrte mit einem Buch zurück und suchte nach einer Abbildung. Da war sie, die Kriegerin. Sie drang auf einen bewaffneten Mann ein, der einen Helm trug und sich hinter einem großen Schild verschanzte.

Oben brannte Licht und Ritas Moped lehnte an einem Stapel leerer Bierkästen, doch das Eisengatter vor der Stiege zum Falkenturm war geschlossen. Das war unüblich. Landmann hob ein Steinchen von der nassen Zufahrt auf und warf es zum Fenster hoch. Ein Flügel öffnete sich. „Landmann?", rief Kaspar fragend, obwohl er seinen Kumpel im Regen unten stehen sah. „Brauchst nur anheben!" So ließ sich das Gatter aufmachen. Die Eingangstür, die sonst immer offen stand, gab nach, als er ein wenig dagegen drückte. Nach zwei Schritten prallte sein Fuß im dunklen Vorraum gegen etwas Festes und gleich durchzuckte ihn die Vorstellung, den Hund angestoßen zu haben. Nora würde gleich aufspringen, um ihn mit lautem Bellen zu begrüßen. Doch das geschah nicht, sondern die nächste Tür wurde von drinnen geöffnet und das Licht fiel auf den gekrümmten Körper der Schäferhündin. Landmann starrte auf das reglose Tier, das letztes Mal so lebendig gewesen war. „Vergiftet", knurrte Kaspar. Landmann griff an seine Brust, die sich zusammenzog. Der Druck war wieder lebendig, den das kleine Hündchen an seinen Körper abgab, als es der Vater totschoss. Und da war der Druck der Scherbe gegen die Rippen. Er atmete schwer. Zorn und Trauer traten zugleich in seine Züge. Sein Gemüt füllte sich mit Bitterkeit, die ihm die Lippen verzerrte. Er schlug mit der geballten Faust gegen den Türrahmen, dass der Mörtel rieselte, vor Wut schüttelte er den Kopf und knirschte mit den Zähnen. „Die ist hin", sagte Kaspar mit gedrückter Stimme und ergriff Landmann an der Schulter, um ihn am Weitergehen zu hindern. Halblaut, beinahe flüsternd erzählte er, dass ihn die Auftraggeber den ganzen Tag lang ausgequetscht hätten. Alles wollten sie über die gescheiterte Fahrt wissen. Schließlich begannen sie zu drohen und verlangten, dass er mit der vollen Wahrheit herausrückte. Aber was sollte er ihnen sagen? Sie zeigten großes Misstrauen und wollten hören, zu wem er hielt. Zu wem sollte er denn halten? Offenbar argwöhnten sie, er treibe ein falsches Spiel. „Komm herein!", sagte er dann in gewöhnlicher Lautstärke, aber seine Stimme klang kratzig, rau und heiser, als hätte er lange auf erregte Menschen eingeredet.

Da lag ein Spiel Karten auf dem Tisch. Thilo und Herwig saßen daran. Rita lehnte scheinbar unbeteiligt an der gekrümmten Wand, hielt eine Flasche Bier in der Hand und vergaß zu trinken. Unter ihren dunklen Augen waren Ringe, finsterer als ihre Iris, und das schwarze Haar hing in Strähnen an ihren Wangen herunter.

„Setz dich zu uns, Nico", sagte Herwig, „jetzt wird es auch nicht mehr anders!"

„Ich habe am Nachmittag geschlafen", schrie Rita auf, „da haben sie Nora vergiftet", und sie begann zu heulen und zu klagen, bis Kaspar sie streng aufforderte still zu sein. Dann erklärte er: „Sie jammert und greint und behauptet die ganze Zeit, dass es die Leute waren, die mit mir gesprochen haben. Aber muss es so sein?"

Landmann sollte Rita beruhigen, das war klar. Er fuhr sich mit der Hand ins Haar, ließ den Kopf hängen und atmete hörbar aus. Dann setzte er sich stöhnend an den Tisch und die Mähne fiel vor sein Gesicht. Kaum waren die Karten gemischt, erhob er sich unmutig, warf das Haar mit einer entschlossenen Kopfbewegung zurück und sagte, er müsse noch etwas erledigen.

Sie würde in ihrer Wohnung sein, wenn er käme, hatte sie gesagt, nachdem sie im Kasino ans Telefon geholt worden war. Er stieg durchnässt die Treppen hoch, betrachtete die Tür des Aufzugs, der nur mit einem Schlüssel zu bedienen war, klingelte und wurde eingelassen. Doch da stand nicht Billy. Sie war nicht da. An ihrer Stelle nahm eine blasse Frau mit viel Make-up und hellrot gefärbtem Haar auf dem Sofa Platz und erklärte, sie vertrete Billy. Aber er war Billys wegen gekommen. Die Vertreterin war hübsch, jedoch jemand anderes. Hatte er sie schon einmal gesehen? „Was heißt vertreten?", fragte er und warf den Haarschopf zurück.
„Wir könnten uns unterhalten", sagte die junge Frau.
Worüber sollten sie sich unterhalten? Über Reisen vielleicht? Über den Segelsport? Das interessierte ihn nicht. Er war ganz auf Billy konzentriert, gestand er und warf einen Blick auf das Bett. Dann schaute er die Vertreterin verlegen an. Keine andere als Billy konnte ihm ein wenig weiterhelfen. Oder gab es jemanden, der ihm wirklich helfen konnte? „Ich wollte mit Billy etwas besprechen", sagte er und strich das Haar zurück, das ihm gleich wieder ins Gesicht fiel, „worüber ich nur mit ihr reden kann."
Die junge Frau warf ihm einen abschätzigen Blick zu und griff nach ihrer Handtasche.
Er fuhr mit dem Taxi durch die feuchte Nacht zum Kasino, doch weder Billy, noch Ralf, der Fotograf, oder sonst jemand, den er kannte, war da, selbst nach Nellys Rücken schaute er vergebens aus. Dafür erhielt er beim Weggehen an der Pforte einen Briefumschlag. Mit allem hatte er gerechnet, nur nicht mit der mädchenhaften Handschrift seiner Mutter. Sie heiratete (damit war er schon vertraut), ihr tat Leid, was vorgefallen war (ihm auch, mit Maßen), sie kannte ihn (vermutlich) und wusste, dass er nicht zur Hochzeit kam, auch wenn sie ihn einlud. „Trotzdem haben Ulrich und ich beschlossen, dich einzuladen. Mama" – Oder deswegen, brummte Nico böse.

Im Schuppen herrschte die blanke Kälte, durch keinen Komfort gemildert, und dennoch zahlte er dem alten Bauern mit dem verbliebenen Geld die Pacht für das kommende Jahr. Er brauchte den Speicher nach wie vor für seine Sammlung, die darauf wartete, dass er frei wurde und Zeit und Muße fand, sich mit ihr zu beschäftigen. Jetzt wusste er, wie entbehrlich er für Billy war, die ihn mit einer Vertretung abfertigen wollte. Damit war auch klar, dass er mit dem Begehren, das sie in ihm geweckt hatte, allein zurechtkommen musste. Von der Scherbe, die er bei sich trug, wusste sie, und da er sich verschlossen gezeigt hatte, war seine Nähe entbehrlich.

Der Schnee fiel locker und gemächlich, binnen kurzem war die Stadt mit einer leichten, flaumigen Schicht überzogen. Dann segelten nur mehr einzelne Flocken in die Gassen, die Sonne war spürbar hinter der Wolkendecke, der makellose Belag zerlief stellenweise und die dünnen Ledersohlen sogen die Nässe ein. Die unterschwellige Wahrnehmung, dass die Schuhe feucht waren, steigerte Landmanns Ärger. Seine Erbitterung war nasskalt, während er zum Schauplatz der Zeremonie ging. Die Verbindung zwischen seiner Mutter und Witt lehnte er nach wie vor ab. Als einer Aufführung beabsichtigte er der Trauung beizuwohnen, deren Darsteller er so gut kannte, dass ihn die Schwächen in der Rollengestaltung ablenken und unterhalten konnten. Im Vorraum unter dem Turm hörte er eine helle Sopranstimme. Das steigerte sein Unbehagen. Er blieb stehen, denn er ertrug keine Musik, wenn er angespannt war. In den Ecken krochen Kröten, Echsen und Dämonen an den steinernen Rippen ins Gewölbe. Die Wesen ähnelten den Gefühlen, die aus seinen unteren Geschossen emporkletterten.
Als der Gesang verstummte, öffnete er die Tür. Er kam zu spät, wollte im Hintergrund bleiben und sich bald wieder davonmachen. Sein Blick fiel auf die überlegene Löwin aus

rotem Marmor, die den Aufgang der Kanzel trug: Da stand sie über dem Menschlein, das am Boden lag und ihm ein Schwert von unten in den Brustkorb gerammt hatte. Das Schwert war nahe dem Griff abgebrochen. Die Klinge steckte im Leib. Wahrscheinlich schützte die Löwenmutter ihr Junges. Der Anblick der abgebrochenen Waffe, deren vorderer Teil im Körper des herrischen Tieres steckte, schreckte ihn. Vielleicht stak das Schwert so im pulsierenden Herzmuskel, dass die Wunde verschlossen war, solange das Gewebe den Stahl umklammerte. Er trat vor die nächste Säule, die wie ein Baum nach oben schoss und sich mit steinernen Rippen in das Gewölbe der Halle verzweigte. Im Altarraum war die Gesellschaft versammelt. Aus der Höhe sah die Madonna herab, sie hielt das Kind auf den Knien und eine rote Traube in der Hand. Die Mutter und Ulrich Witt standen einander zugewandt und schienen in vertrauliche Handlungen vertieft. Er unterstellte eingeladen zu sein, damit er sah, was sich abspielte. Die beiden versprachen sich zusammenzuhalten bis zum Ende. Das Bedürfnis nach dem feierlichen Vertrag vor Gott und der Welt und ihren ökonomischen Instanzen hatte Witt artikuliert und seine Lebensgefährtin war darauf eingegangen. Nico atmete tief, er hatte es wieder einmal eine Zeit lang unterlassen. Da drehte sich die Mutter um und sah nach ihm. Eine Bewegung ging durch ihren Körper, ein nervöser Ruck. Der Ring, den sie dem Bräutigam anstecken sollte, fiel zu Boden und verursachte auf dem Steinboden ein feines Geräusch. Ulrich Witt reagierte wie jemand, der einen Verdacht ein weiteres Mal bestätigt sieht. Er spannte die Haut auf der Stirn und zog die Augenbrauen in der Mitte hoch. Der mimische Ausdruck enthielt den Schimpf, mit dem er als genervter Vorgesetzter seine Untergebenen tadelte. Die Braut wählte gerade einen Stand, in dem sie auf seine Winke und Weisungen zu achten hatte. Aus dieser Zeremonie ging sie als feste Mitarbeiterin hervor und Witt wusste noch gar nicht genau, wie er sie bilden und formen würde, daher war der Vorwurf so knapp und allgemein. Später würde er das Missfallen genauer formulieren und seine Unzufriedenheit stärker zeigen. Mit dem Zeigefinger wies er auf die Stelle, wo der Ring lag. Mit der anderen Hand gebot er dem Fotografen Einhalt, damit er die folgenden Schritte nicht dokumentierte. Die Blicke folgten dem Hinweis, aber niemand außer Witt selbst schien den kleinen goldenen Reifen zu sehen. Seine Augen gingen von einem zum andern, jedoch keiner vermochte beizuspringen. Allein in den Augen seiner Tochter Nadia flackerte ein Schein, der ihm verriet, dass sie seine flinken Augen besaß. Er forderte sie mit einer Kopfbewegung zu handeln auf, doch das Mädchen wandte den Kopf zur Seite, zeigte dem Vater ihr halbwüchsiges Profil mit der glatten glänzenden Stirn, auf der ein Kränzchen aus Myrten saß, und wippte dazu mit der Fußspitze, als hörte sie in ihrem Inneren gerade leichte Musik, die sie unerreichbar machte. Zornig fasste Witt den nächsten Ministranten am Oberarm und zog ihn ein paar Schritte zu der Stelle, wo der Ring lag. Dort zeigte er mit stocherndem Finger auf den Boden, bis der Junge verstand, sich bückte, den Ring aufhob und dem Bräutigam übergab. Ein zweites Mal wurde Lotte der Ring auf dem Tablett gereicht und sie steckte ihn an den Ringfinger Witts. In Nico wuchs die unbestimmte Abneigung gegen die Situation an. Als sich die beiden küssten, wirkte das Profil seiner Mutter so verändert, dass es ihn befremdete.

Während ein heller Tenor das Ave Maria zur Orgel sang und Lotte den Blick zerstreut zur Madonna am Hochaltar hob, flüsterte Ulrich Witt: „Was war denn vorhin?", und sie antwortete: „Nico." Er sah sich um, erkannte ihn in dem Mann, der mit wirrer Frisur vor der Kanzel stand, und warf ihm einen vorwurfsvollen Blick zu. Da entschloss sich Nico wegzugehen.

Nun war der Schnee mit Regen vermischt. Ekliges Wetter. Gern hätte er sich offen verhöhnen und demütigen lassen, dann hätte seine Aggression aufspringen und zu einer Attacke antreten können. Er griff in seine linke Jackentasche und befühlte die Scherbe. In der rechten Tasche steckte Mutters Einladung, er hatte sie weder verloren, noch vergessen. Vermutlich hatten Witt und sie gedacht, er würde nicht kommen. Von Unruhe getrieben setzte er zu einem ziellosen Eilmarsch durch die Stadt an, schnell atmend, keuchend, um Energie zu verbrauchen und Spannung abzubauen. Der Überdruck in der Brust drohte sie zu sprengen, unartikulierte Laute drangen als Teile eines Selbstgesprächs aus seinem Mund. Die Enttäuschung meldete sich so stark, dass es körperlich schmerzte. Sein Leben war wirklich gut gewesen, bei allem Missgeschick, er hatte in seiner Mutter immer einen interessierten Bewunderer gehabt. Mein kleiner Held hatte sie so oft gesagt. Und nun sollte er vielleicht in Hinkunft der missgünstigen Welt jede Anerkennung, auch die kleinste, abringen müssen? Es gab keinen Grund für ihn, sich das alles so zu Herzen zu nehmen, wie er es im Moment tat. Hatte ihm seine Mutter ihre Anerkennung wirklich geschenkt oder hatte er oftmals Kopf und Kragen riskiert und seine Haut zu Markte getragen, um sie zu erlangen? Vielleicht hatte sie ihn da noch immer weiter geboren. Jetzt war er fertig, wurde abgenabelt und allein gelassen. Er brauchte einen eigenen Atem. Einen eigenen Blutkreislauf. Eigene Gedanken.

Ein dunkelhäutiger Blumenverkäufer mit einem Arm voller Rosen sprach ihn an, während er verloren in seine Betrachtungen und absichtslos wieder auf die Kirche zusteuerte. Er zog eine Rose aus dem Strauß. Ja, er wollte, dass sich die Mutter freute, fühlte sich aber außer Stande etwas dafür zu tun. Die Situation war vertrackt. Er wollte seine augenblickliche Rolle gut interpretieren, durchschaute sie aber nicht. Vor dem Portal auf der Treppe standen Mädchen und Jungen, traten nach links und rechts zur Seite, griffen in Körbchen und streuten Blumen auf die Steine.

Das Paar kam heraus, die Kleinen ließen bunte Ballons steigen, einige Zaungäste und ein paar Bekannte applaudierten. Nadia lief hin und her, und als sie Nico entdeckte, schaute sie ihn ganz verwundert an, als wollte sie sagen: Was suchst du denn hier? Er warf den feuchten Haarschopf zurück und machte eine Kopfbewegung, die sie als Wink verstand. Und als sie wie eine Katze an ihm vorbeistrich, drückte er ihr die Rose für Mama in die Hand. Nadia ergriff sie mit einem Blick von unten und ging zielstrebig die Treppe hoch. Die Aufgabe der Botschafterin gefiel ihr. Das gab ihr einen eigenen Auftritt. Sie hasste das Statistendasein nicht weniger als Nico, der aus einigem Abstand zusah und grinste, während die Mutter ihn nach der Übergabe der Rose mit den Augen suchte. Nach einer kurzen Berührung der Blicke drehte er sich weg. Nicht um ihr wehzutun, sondern um zu zeigen, dass ihn etwas verstörte. War es das Kleid, was sie so anders aussehen ließ? Mädchenhafter, jünger, leichter, aber auch geschwächt?

Die honigfarbene Atmosphäre der Bar empfing ihn vertraut. Durch das gedämpfte Licht zogen bläuliche Rauchschwaden vor braunen Täfelungen. Er bestellte Bier und trank es rasch. Sein verspannter Brustkorb lockerte sich, der Atem beruhigte sich und er bemerkte die Melancholie in den großen dunklen Augen des weichen, rundgesichtigen Mädchens hinter der Theke. Eigentlich hatte er mit dem Kellner gerechnet, der ihn letzthin gereizt hatte, denn seine unruhige Seele ließ sich am einfachsten betäuben, wenn er einen Reibebaum fand und in Händel verwickelt wurde. Der Radau übertönte dann die Zurufe aus seinen Untergeschossen, die zeitweise wie Hilferufe und Schreie der Empörung klangen. Hier war er mit Nelly gestanden. Hier hatte sie gesagt: An mir ist alles echt. Und er hatte ihr gesagt, dass er Claudia suchte und sie verwechselte hatte. Er war dabei, die Treppe in die Tiefe zu betreten, da rief ihn das unüberhörbare Lachen und Plappern der Friseusen an der Tür zurück und bewahrte ihn davor, die verdrängten Archive zu öffnen.

„Ihr schon wieder!", sagte er. Er tat verärgert, ließ aber gleichzeitig erkennen, dass er erleichtert und dankbar war. „Der schon wieder!", äffte ihn Rosmarie nach und die Friseusen erheiterten sich darüber wie über jede weitere nichtige Aussage. Wenn ihnen jemand den Anspruch auf ein ungetrübtes Vergnügen nehmen wollte, pochten sie mit Nachdruck darauf. Direktor Witt neigte dazu, ihre Spielräume einzuschränken. Er hatte durchgesetzt, dass sie in einem Nebenraum des Restaurants sitzen mussten, während die Chefin sie gern an der Tafel gesehen hätte. Deswegen wollten sie sich vorher schon in Stimmung bringen. „Ersäufen wir den Frust!", schlug Rosmarie vor und zeigte mit betontem Übermut ihre Unzufriedenheit. Mit einem kurzen Auflachen verdeutlichte Nico seine Solidarität. „Ich glaube, ihr tut das Ganze Leid", lenkte Rosmarie ein. Allzu lebhaft erinnerte sie sich an die Abende mit der Chefin, an die Ausflüge und die Kegelrunden, an die Partys und die nächtlichen Streifzüge durch die Lokale. „Wir werden dem Mann schon beibringen, was einer Frau wie deiner Mutter gut tut", gab sie sich zuversichtlich. „Meinst du nicht, Nico?"

Schon wollte er sagen, du kennst sie nicht, da kam ihm das Gesicht der jungen Frau klug vor und er unterließ es. Vielleicht schafften es die Friseusen wirklich. Wenn er ehrlich war: Wann immer er seine Mutter sah, fand er sie offen und aufrichtig, fähig zur Selbstvergessenheit und großzügig, eine natürliche Gegnerin kleinlicher Berechnung, doch er wurde selbst aus ihrem Kreis gedrängt, damit er nicht störte, aus dem Dienst entlassen, den nun ein anderer an seiner statt verrichtete, und sie musste wissen, dass sie früher ohne zu überlegen anders gehandelt hätte. Er kannte auch ihre schmetterlingshafte Seite, sie konnte sogar etwas Zickiges haben, aber immer besaß sie eine kompakte Seele. Ihr Wesen war eine geschlossene Hand, und auch wenn sie die Finger öffnete, von denen jeder zu etwas anderem fähig war, konnte sie die Faust jederzeit wieder schließen. Diese Eigenheit wollte sie ihm von klein auf mitgeben. Wenn er auf dem Schulweg von einer Gruppe Gleichaltriger besiegt und geschlagen wurde, nahm sie seine zerschundene Hand, sprach zu seinen Fingern und bog sie dabei nach innen: Das ist dein Herz, das ist dein Gefühl, das ist deine Fantasie, das ist dein Verstand und das ist dein Wille. Darauf schloss sie seine Hand, umfasste die Faust mit ihren beiden Händen und sagte dazu: Und das bist du.

Aber was war er? Er sah seine Hand an und spreizte die Finger.

Rosmarie sah ihm dabei von der Seite zu und wurde von einer Welle der Sympathie überschwemmt. Sie legte ihren Arm um seinen Hals, drückte ihn an sich, spürte etwas Hartes und fragte: „Was hast du denn da?"

Er sah sie an und sagte schwebend zwischen Scherz und Ernst: „Das Herz." Dann machte er sich los, lachte ein wenig, bezahlte, stand auf und ging.

Der feine Schneeregen hatte das dunkle Haar an seinen Kopf geklatscht, einzelne Perlen liefen ihm übers Gesicht, er fuhr mit dem feuchten Ärmel des Anzugs darüber weg und folgte einem Kompass, von dem er nicht wusste, nach welchem Magneten er ausgerichtet war. Auf einmal stand er am Markt (hier war ihm die erste Verwechslung der Schwestern Claudia und Nelly unterlaufen) und setzte seinen Weg der Unruhe durch die Gassen fort, lief in eine Passage und stand plötzlich im Geigerhof. Auf dem Werbefoto in der Vitrine kauerte jetzt eine Frau im Badeanzug neben einem Kind, das im Sand spielte und zu ihr aufsah. Sein ehemaliger Laden war hell erleuchtet und sah stark verändert aus. Große Topfpflanzen standen da und verbreiteten die angenehme Atmosphäre von viel Platz und Freiheit. Ein neuer, freundlicher, blauer Spannteppich bedeckte den Boden, vielleicht von Herwig gepflegt, und ein weißer Sandstrand mit wolkenlosem Himmel und Palmen grüßte von der Wand im Hintergrund. Aus der Galerie für moderne Skulpturen war offenbar nichts geworden. Vielleicht war dem Projekt das Geld ausgegangen oder die Plastiken waren verschollen wie Billys Figuren. Hinter dem Tisch stand eine blonde Frau in blauem Kostüm, sie beugte sich über eine Landkarte. Ihr gegenüber stand eine junge dunkelhaarige Frau in einem schwarzen Kleid. Die Angestellte des Reisebüros zeigte mit einem Kugelschreiber auf bestimmte Punkte und sah dabei der anderen, die dazu nachdenklich nickte, immer wieder in die Augen. Er suchte keine Ähnlichkeit, sondern eine bestimmte Person, eine wirkliche Person, die er brauchte. Er war ihr ziemlich nahe gekommen, hatte viel von ihrem Geheimnis erfahren, vielleicht sogar alles. Selten war ihm das Vergessen so leicht gefallen, so hatte er gemeint, aber er hatte nur die Augen des Bewusstseins zugemacht, und wenn er sie öffnete – – Die dunkle Frau drehte ihren Kopf zum Schaufenster herum, ihre ernsten Augen verschmolzen mit seinen brennenden Blicken. Die Anspielung des Zufalls traf ihn vor die Brust. Seine geblendete Seele produzierte Nachbilder und Nachbilder von Nachbildern, weil das Erlebnis so stark und unerträglich verschachtelt in ihm arbeitete. Der feierliche Anzug war durch und durch feucht, das Haar klatschnass, er wandte sich ab, drehte sich auf der Stelle um und ging weg, an den Vitrinen entlang, wo der sonnige Strand für einen Weihnachtsurlaub auf der südlichen Halbkugel warb.

Vor Nico fuhr ein Einsatzwagen, der das Streugut mit einer Kreiselbewegung über die Fahrbahn verteilte. Er roch das

Salz und in seinem Assoziationszentrum wurde eine Meeresküste bei starkem Wind zugespielt. Auf dem Beifahrersitz lag eine Zeitung von der Vorwoche. Als die Ampel an einer Kreuzung auf Rot stand, überflog er noch einmal den Bildbericht, auf den ihn der Tischler Tenner aufmerksam gemacht hatte. Was er auf den Fotos sah, belebte die Eindrücke von der Fahrt in das jugoslawische Kriegsgebiet. Aber hier in der Stadt war kein Krieg.

Vor der Treppe zum Gartentor der Villa Stilling sprang er aus dem Fahrerhaus seines Kastenwagens und lief auf die Stufen zu, die Augen am Boden, die Haare im Gesicht, wie es in letzter Zeit seine Art war. Hochkletternd schaute er auf und erblickte im Portal eine Frau, die einen Parka trug und ihm kurz zuwinkte. Das musste Lou Stilling sein. Ihre feste Stimme hatte er am Telefon gehört, gesehen hatte er sie noch nie, und er war von ihrer grauen Löwenmähne überrascht. Ein Schäferhund, der neben ihr saß, begann aufgeregt zu bellen und stieß in Nico Landmanns Seele ein Fenster auf, ein Film lief ab, den er nicht stoppen konnte. Er fiel rücklings zu Boden, über ihm zuckten weiße Zähne, die ihn wie Messer an der Wange streiften, er riss seine Arme vor die Augen (eine kleine Narbe über seinem linken Jochbeinbogen blieb), dann fuhr das Gebiss an seine Rippen und fetzte das weiße Hemd von der Knabenbrust; abermals bewegte sich sein Körper reflexhaft, er warf sich herum, so dass der Rücken ungeschützt war, er hörte Schmatzlaute über sich und spürte das warme Blut über die Seiten rinnen, und zugleich wurden heftige Schläge, die auf den Hund niedergingen, auf ihn übertragen. Unter der Achsel hindurch sah er die Beine der Mutter. Sie schwang einen kräftigen Stock, mit dem sie gerade nach Kirschzweigen geangelt hatte. Der Hund jaulte auf, ließ von ihm ab, trabte die Wiese nach oben und die Mutter weinte, während sie sich um ihn kümmerte. Als er Lou Stillings hingestreckte Hand ergreifen wollte, sprang der Schäfer nach seiner, er konnte sie gerade noch hochreißen.

„Alex!", rief Frau Stilling und zeigte auf den Platz neben sich. Alex gehorchte und trat vor Aufregung zitternd an ihre Seite. „Ich muss mich für den Hund entschuldigen. Er verhält sich zur Zeit ziemlich verstört, sein Wesen wechselt von einem Moment zum nächsten. Aber das ist nicht Ihr Problem. Sie haben wegen der Möbel angerufen."

Landmann blickte in ein tapferes Gesicht, das ihm offen zugewandt war, strich das Haar zurück und nickte.

Über zwei mit Brettern verschlagenen Fenstern krochen die Rußschlieren wie dunkle Flammen unter das Dach des Nebengebäudes. Die Tätigkeit der Feuerwehr hatte Spuren hinterlassen. Der Rasen war in Schlamm verwandelt, die gegen Frost geschützten Rosen der Rabatte waren niedergetreten, die Mauer zeigte feuchte Flecken.

„Früher war das ein Pferdestall mit einer Wagenremise. Seit Jahren dient das Gebäude als Abstellraum. Das Feuer wurde an zwei Stellen gelegt. Der Brandstifter ist zielstrebig vorgegangen, und vermutlich wäre alles zerstört worden, wäre nicht ein Taxilenker auf den Brand aufmerksam geworden. Leider ist an den guten Stücken großer Schaden entstanden." Nach einer kleinen Pause drehte sich Frau Stilling um und zeigte auf einen hageren Mann, der plötzlich bei ihnen stand. „Josef zeigt Ihnen die Sachen und Sie überlegen, ob etwas in Frage kommt. Was Sie interessiert, überlasse ich Ihnen gern. Sie entschuldigen mich, ich erwarte eben einen Anruf."

Vielleicht schwebte ihr eine Entrümpelung auf günstige Art vor, doch das störte Landmann nicht. Seine Freude an grauem Staub und altem Moder, verbunden mit dem Interesse an Spuren menschlichen Verhaltens, war wach. Josef erklärte, er wohne im kleinen Pförtnerhaus und kümmere sich um das Anwesen, sonst wäre die Liegenschaft längst verkommen. Er schlurfte vor Landmann her, uninteressiert und schläfrig, zeigte sich aber auf die Frage nach dem Alter des Gebäudes versiert („1810 erbaut, 1845 renoviert, angeblich") und tat, als empfände er gegenüber seiner Quartiergeberin Respekt. Aber Landmann kannte sich in der Seele der Beleidigten aus. „Die Stilling möchte, dass du dir die Sachen in Ruhe anschaust", sagte er. „Sie ist natürlich wahnsinnig traurig wegen dem Malheur." Er öffnete eine breite Tür am Ende des Bauwerks und ging in den gestreckten Raum voran, der an beiden Längsseiten Fenster besaß. Bei einigen waren die Scheiben zerborsten und Scherben bedeckten den verunreinigten Steinboden. Die Mauern waren rußig und, wo der Brandherd gewesen war, schienen sie nass und fettig. Und dort standen neben unversehrten Stücken die angebrannten, verschmutzten, ruinierten Antiquitäten, von denen zum Teil nur Reste übrig waren. Ein Sekretär, eine Kommode, ein großer runder Tisch, ein Sofa und mehrere Stühle. Landmann drehte sich zu einer Truhe herum, die wie ein altägyptisches Bauwerk gestaltet war. Der Großteil des Aufbaus war weg, der Deckel halb verkohlt, nur links war die Seitenwand vollständig erhalten. Die Ecken hatten dem Feuer am längsten widerstanden. Die angebrannte Vorderseite machte den Eindruck ruinösen Mauerwerks, innen war eine schwarze Vertiefung im Boden. Stark atmend schritt Landmann von einem Objekt zum nächsten und biss auf seiner Unterlippe herum. Plötzlich versetzte der Hauswart hinter ihm einer beschädigten Kommode, deren erstklassige Qualität sofort erkennbar war, einen Fußtritt, dass sie knirschte. „Empire nennt das die gnädige Frau", brummte er, und Landmann erinnerte sich einen Moment an seinen eigenen wütenden Tritt nach dem Fragment der Truhe mit den Szenen aus dem Paradies, während seine Augen mit Staunen auf dem honigfarbenen Furnier ruhten, das Josef durch seine Grobheit an einer Stelle von der Rußschicht befreit hatte.

Als Lou Stilling in den Raum kam, bemerkte sie mit einem Blick Landmanns Empörung. „Ja, es ist eine Schande", sagte sie, „dass jemand so etwas anstellt. Man kann doch nicht neben alles, was erhaltenswert ist, einen Wächter stellen, mit dem zusätzlichen Risiko, dass der zum Schluss selbst durchdreht." Die Möbelsammlung stammte aus dem Besitz der Familie Stilling, die das Anwesen im 19. Jahrhundert erworben hatte.

„Die Sachen interessieren mich sehr", erklärte Nico Landmann, fuhr mit der Hand durchs Haar und fingerte nach seinen Zigaretten. „Hinter den Vandalen bleibt etwas übrig. Ich könnte daraus etwas Neues machen, etwas anderes als schöne Möbel. Mir schweben Objekte vor, die bezeugen, was die Menschen den Dingen antun, um einander zu schaden."

„Ich hoffe, Sie nehmen mir das nicht übel", sagte Lou Stilling nach kurzem Nachdenken, „aber ich kann mir das im Moment nicht vorstellen. Wenn Sie die ruinierten Sachen wollen, nehmen Sie alles. Es wird sonst niemand geben, der ihnen noch eine Zukunft gibt."

„Ich helfe ihm beim Entrümpeln", sagte Josef aus eigenem Antrieb und überraschte Lou Stilling.

Entrümpeln war das Wort, das Landmann gewöhnlich ärgerte, doch diesmal überging er es und erklärte, er werde die Sachen am Nachmittag mit einem Bekannten holen.

„Josef ahnt nicht, was für eine böse Katastrophe das ist. Ich glaube, er ist froh, wenn ihm die ungeliebten Dinge nicht mehr im Weg stehen."

Der Hauswart nickte steif mit dem Oberkörper.

Frau Stilling überlegte bei sich, ob Landmann mit seinem Geschmack ein Spezialgebiet besetzte oder ob er ein ganz anderes Ziel verfolgte. Dafür sprach der unbestimmt lächelnde Gesichtsausdruck des jungen Händlers, aber sie war geneigt dem ernsthaften Klang seiner Stimme zu trauen. Sie suchte Klarheit über ihn, da er mit seiner Einstellung so stark aus der Reihe tanzte. Aber dazu brauchte sie Josef nicht. Wenn Landmann einverstanden war, wollte sie ihn zu einer Tasse Tee ins Haus bitten.

Der Schäfer lag auf dem großen Teppich und folgte dem Händler, der an seiner Schnauze vorbei zum Teetisch ging, mit den Augen.

„Was haben Sie für Pläne mit den Sachen?", fragte Lou Stilling.

Eben Besitzer einer Sammlung von Empire-Relikten geworden lachte er mit offenem Mund sein kurzes Verlegenheitslachen und strich das Haar zurück. „Ich muss erst sehen, was sich machen lässt", erklärte er und nahm einer auffordernden Handbewegung folgend Platz.

„Wenn Sie am Ende nicht wissen, wohin damit, kann ich Ihnen eine Adresse verraten, aber nur wenn Sie tatsächlich in Verlegenheit sind, denn ich gebe Ihnen da vielleicht einen Hinweis, den Sie mir nachher als Bosheit auslegen. Da würde ich mich schämen." Sie goss Tee ein und riss ihn aus seiner Betrachtung der kultivierten Umgebung, indem sie sagte: „Ich habe gehört, dass es im Geigerhof einen Antiquitätenladen gibt, wo absolut verrückte Sachen angeboten werden. Ein Gutachter der Versicherung hat mich darauf aufmerksam gemacht. Der Händler dort soll allen möglichen Schrott zum Verkauf feilbieten, aber wenn man etwas wollte, hielte man sich am besten an seine Verkäuferin. Vielleicht stimmt das gar nicht, dann ist der Tipp natürlich hinfällig."

„Es gab so einen Laden im Geigerhof, wo jetzt das Reisebüro ist. Die Verkäuferin hatte einen Kurzauftritt und war bald wieder verschwunden." Er zögerte, wollte schon sagen: Sie hieß Claudia, einfach, um den Namen wieder einmal in den Mund zu nehmen, oder: Sie hieß Claudia Romer, dann hätte er Lou Stilling eine Information gegeben, die ihr bisher von ihrer Nichte und der übrigen Verwandtschaft offenbar vorenthalten worden war, und gleichzeitig hätte er vom Verwandtschaftsverhältnis zwischen Claudia und ihrer Tante Lou erfahren, aber er sagte bloß: „Niemand weiß in der Sache besser Bescheid als ich, denn ich habe das Geschäft betrieben." Lou Stilling sah ihn verblüfft an. „Schrott gab es da keinen", stellte er richtig, „sondern Möbel aus Slawonien, die auf dem Transport aus dem Bürgerkriegsgebiet beschädigt worden waren. Ich habe sie als Zeugen der Vorgänge dort unten präsentiert."

Beim Stichwort Slawonien erhob sich Lou Stilling, ihre Stirn legte sich in Falten, die Mähne schien noch schärfer abzustehen, aus der gefassten Frau wurde eine scharfe Beobachterin. Das betraf einen Themenkreis, mit dem sie stark beschäftigt war. „Aus Slawonien? Das muss eine Weile her sein, wenn Sie da Möbel gekriegt haben."

„Kurz nach dem Höhepunkt der Kämpfe dort."

„Das glaube ich nicht", sagte Lou Stilling spontan. „Alles können Sie mir erzählen, aber nicht, dass dort zu der Zeit Möbel angeboten wurden."

„Man hat sie uns angeboten, allerdings –" Nico Landmann brach den angefangenen Satz ab, als wäre er plötzlich in ein Loch gefallen.

Lou Stilling sah ihm an, dass er innerlich etwas wiedererlebte, was ihn nicht losließ, und verlor die Zurückhaltung. Sie begann ein Verhör anzustellen, aber der Händler ihr gegenüber zeigte keine Neigung auszusprechen, was sie interessiert hätte: etwa, dass er den erschossenen Regisseur verstümmelt in einer Gruppe von Getöteten liegen gesehen hatte.

„Sie hatten keine Skrupel da hinzufahren, um Möbel zu kaufen?"

„Das war nicht der Zweck der Unternehmung. Ich war mit einem guten Bekannten unterwegs. Wir hatten einen ganz konkreten Auftrag. Den Auftrag konnten wir nicht erfüllen, aber –" Wie sollte er das ausdrücken?

„Aber Sie haben gekauft."

„Ja."

„Von wem?"

Schlagartig war Nico Landmann ganz bei der Sache und verstummte. Nein, zu der Frage sagte er nichts. Die Unterhaltung riss wie ein Faden.

Sofort hatte Lou Stilling den Eindruck, plump vorgegangen zu sein. Sie hatte den relativ jungen Händler durch ihre Direktheit erschreckt und durch ihren neugierigen Impuls vorsichtig gemacht. Möglicherweise sprach sie mit einem Mann, der in die Sache verwickelt war, die sie aufklären sollte, vielleicht saß sie einem der Waffenschieber direkt gegenüber. Sie wusste ja, dass in der Stadt und in der Umgebung ein Ring von dubiosen Geschäftemachern vermutet wurde, der über Geld, Waffen und Verbindungen verfügte, sie wusste das besser als die meisten am Ort. Aber dass sie alle Menschenkenntnis getrogen haben sollte, ja wahrscheinlich trog, denn der Mann da kam ihr noch immer vertrauenswürdig vor, das war verstörend. Wenn sich der Händler tatsächlich in dem Milieu bewegte, konnte sie versuchen von ihm ausgehend die Kreise zu identifizieren, die sich anonym für die Villa Stilling interessierten. „Schade, dass dieses schöne Haus unbenutzt vor sich hinschläft", ging sie in einem weiten Bogen an die Sache heran, „aber so lange kein solider Interessent auftritt, der das Objekt für einen vernünftigen Zweck verwenden will, soll es vor sich hindämmern. Schadet doch nicht oder?"

Von den Zusammenhängen, die sie vermutete, hatte Nico Landmann keine Ahnung, er interessierte sich auch nicht dafür, ob ihn jemand auf Grund irgendwelcher Anhaltspunkte mit etwas in Verbindung brachte, er versuchte auch nicht zu erraten, ob die Frau etwas anderes erfahren wollte, als sie fragte. In ihren grünen Augen sah er, dass sie sich in einem unruhigen Zustand befand, deswegen antwortete er der Wahrheit gemäß: „Das kann ich nicht beurteilen." Dabei zuckte er leicht zusammen und verschüttete etwas Tee, denn gleichzeitig legte der Schäferhund, der unbemerkt herangekommen war, den Kopf auf seinen Oberschenkel und schaute zu ihm hoch. Einem Impuls folgend fuhr ihm Landmann mit der Hand über den Kopf. Durch seinen eigenen Körper ging eine angenehme Empfindung. Dann trank er seine Tasse leer, bedankte sich für die Einladung und erhob sich. Am Nachmittag wollte er mit einem Bekannten kommen, der in Transporten dieser Art erfahren war. Er sog die Luft durch die Nase ein und hielt den Atem an, als ihm Lou Stilling die Hand reichend sagte: „Josef wird Ihnen helfen."

Gegen drei Uhr fuhren er und Kaspar mit dem Lastwagen vor. Im Pförtnerhäuschen bellte der Schäfer aufgebracht. Landmann ging zur Haustür und klingelte.

„Ruhe, Alex!", befahl Josef drinnen. Dann öffnete er ein Fenster und rief: „Sie ist fort." Davon war am Vormittag keine Rede gewesen. Frau Stilling war mit den Koffern abgereist, Josef wusste nicht wohin. „Vielleicht nach Dänemark, nach Amerika oder nach Afrika." Dann warf er den Schlüssel zum Lager aus dem Fenster auf den Kiesweg. „Zum Aufsperren!"

„Hilfst du uns?", rief Kaspar.

Josef nickte unwillig und brummte, er müsse nur eben seinen Arbeitsmantel holen, kam aber nicht, sondern beschäftigte sich im Haus mit dem Hund. Er reizte ihn immer stärker und der Schäfer reagierte hörbar aggressiver und bösartiger, während Kaspar und Nico die Möbelfragmente aus dem Lager schafften und auf der Ladefläche verstauten.

„Dieser Josef ist mir bekannt", sagte Kaspar. „Ich bring ihm den Schlüssel und frag ihn, warum er nicht geholfen hat."

Gedankenverloren betrachtete Nico die Sachen, die er übernommen hatte. Das Verschwinden von Lou Stilling beschäftigte ihn, obwohl es ihn nichts anging, was sie tat oder ließ. Wo war sie? Was war los mit ihr? Ihre Festigkeit bot einen Halt für etwas Unsicheres in ihm, ihre spürbare Klarheit erschien als eine Orientierungsmarke, an der man sich ausrichten konnte.

„Das ist ein Gauner", sagte Kaspar, als er rauchend und hustend wiederkam. Er hatte kurz mit Josef gesprochen. Wenn er jemand einen Gauner nannte, bestanden mit Sicherheit Gründe dafür.

Der Oberkörper Landmanns hing vom Divan, eine dünne Decke lag zusammengeschoben über dem Unterkörper des Nackten, das wirre Haar berührte einen verrutschten Teppich, die Arme waren zurückgefallen und seine Hände lagen auf den Holzplanken des Fußbodens. Sein Mund stand offen, und plötzlich huschte ein Flackern über sein erschöpftes Gesicht, als ginge etwas Besonderes in ihm vor. Da schlug er die Augen auf und sie füllten sich sofort mit Schrecken: sein Blick fiel durch das Fenster auf einen Hügel, der auf dem Kopf stand, und der große kahle Baum darauf zeigte mit der Krone nach unten. War er im Weltraum? Rund um die baumelnden Dinge herrschte das Licht eines klaren Wintertags. Er riss die Arme hoch, um einen Halt zu fassen, doch er griff ins Leere. Er schluckte und blinzelte, hob den Kopf mit der Mähne ein wenig, ließ ihn wieder sinken, stützte seinen Scheitel auf den Teppich und verharrte in dieser Lage, bis er die Orientierung wiedergewonnen hatte. Dann schnellte er seinen Kopf und den athletischen Oberkörper auf das Bett zurück, setzte sich auf und griff zum Telefon. Ihn motivierte die Hoffnung, dass Kaspar etwas Neues wüsste, was ihm ein Geleise in die Zukunft legen könnte. Er hatte den Eindruck von einem sinnleeren, langweiligen Raum umgeben zu sein, der sich vergrößerte. Doch Kaspar erklärte, er stehe in krassem Gegensatz zu ihm unter einer hohen Anspannung, die ihm Muskelkrämpfe bescherte. Er sprach mit rauer, belegter Stimme, auf deren Hintergrund das Geständnis mitschwang, dass er auch ihm, Landmann, nicht mehr ganz traute. Seit sie die Sachen aus der Villa Stilling geholt hatten, setzten ihm die erbitterten Auftraggeber noch mehr zu. Sie wollten ihn nie wieder auf den Balkan schicken und legten ihm nahe, jede Reise dahin bleiben zu lassen, falls ihm sein verkrachtes Leben noch immer lieb wäre. Der Haudegen hatte von der Angelegenheit genug. Er fühlte sich völlig zu Unrecht verdächtigt und hoffte, die ungreifbaren Drohungen würden bald aufhören. Die Auftraggeber mussten keine raffinierten Psychologen sein, um zu erkennen, dass ihm jede Neigung zum Falschspiel fehlte. In Hinkunft wollte er sich ausschließlich auf die Suche nach Kleinkram und Krempel beschränken. „Gibt es bei dir nichts Neues?", fragte er zum Schluss.

Er hänge in der Luft, erklärte Landmann.

Kaspar schwieg einen Moment, dann folgte sein schnarrendes Raucherlachen. „Komm doch vorbei, wir machen ein Spiel und vergessen alles."

„Wenn du sonst keine Hilfe anbieten kannst, bleibe ich hier." Sein nervöser Magen zog sich schmerzend zusammen, während der Hörer, den er beherrscht auflegen wollte, auf die Gabel fiel.

Als er wieder erwachte, fror er stark, er zitterte gleich nach dem Aufschlagen der Augen. Etwas hatte ihn geweckt, er sah auf seine Uhr, gleich war es Mittag, er sah aus dem Fenster, die Welt hatte wieder ihr gewohntes Aussehen, jemand rief nach ihn. Er erkannte die Stimme, meinte sich aber zu täuschen, weil er nicht glauben wollte, dass es Ulrich Witt wäre. Doch da drückte der Direktor die Tür auf, schob seinen Kopf herein und fragte mit hochgezogenen Brauen: „Darf ich?"

Nico sank zurück.

„Möchten Sie, dass ich unten warte, bis Sie angekleidet sind?"

Nico stöhnte.

„Soll ich wieder gehen?"

Bevor Nico sagen konnte: Machen Sie, was Sie wollen!, schlüpfte Nadia unter Arm ihres Vaters durch und stand mit überraschtem Gesichtsausdruck im Raum. „So ein toller Schuppen", hauchte sie, „und da lebt mein Bruder!"

Witt schwieg und sah erbost an ihr vorbei.

„Du musst heute Abend kommen, Nico, Mama startet eine Party mit lauter feinen Leuten", rief sie und sprang mit einem Satz auf sein Bett. Ihre Augen blitzten vor Lust an der eigenen Durchtriebenheit und sie fragte auf den Knien hockend: „Du kommst doch?" So hatte sie ihn als Kleinkind oft bedrängt, und obwohl es ihm im ersten Moment meist gefallen hatte, war daraus am Ende oft eine Streitigkeit geworden. Jetzt ächzte er ergeben.

Ein heiteres Lachen überlagerte die Hintergrundsmusik. Ja, der Salon war schön, großzügig, licht und nobel, da musste Lotte Witt Rosmarie Recht geben. In ihren Händen spürte sie ein Zucken und Kribbeln, doch sie versagte ihnen, etwas anzufassen. Mit der Rechten ergriff sie die vier Finger ihrer linken Hand, der Daumen durfte frei bleiben und drückte auf der Höhe des Magens gegen den Bauch. Dann sah sie ein wenig starr durch die großen Scheiben, die so sauber waren, dass sie ihre Augen kaum wahrnahmen, die winterliche Straße entlang, während hinter ihr die Vorbereitungen weiterliefen. Seit Tagen bot sich draußen der gleiche Anblick, weiß und frostig, aber glänzend, die Autos rollten, rollten leise, wie auf Filzlagen kamen sie heran und schwebten vor dem Geschäft durch die schwache Kurve. Sie machte einen Schritt auf Rosmarie zu, die das Schaufenster dekorierte, und sagte: „Als ich das erste Mal herkam, war ich begeistert. Einen solchen Frisiersalon zu haben, gehörte zu meinen Träumen. Aber langsam kriege ich Angst, wenn ich denke, wie alles werden soll." An der Stirn und um die Nase standen Schweißtröpfchen. Sie tupfte das Gesicht mit einem Tuch ab. „Vielleicht setzt mir auch das Alter zu."
Nur mehr Stunden trennten sie von der Eröffnung. Sie sollte bloß gelegentlich eingreifen, sonst reichte es den Überblick zu wahren. So lange hatte sie bei jeder Arbeit selbst Hand angelegt. Das hatte sie gern gemacht, und sie konnte sich nicht vorstellen, dass sie das wirklich lassen würde. Ihre Hände, ihr Körper, ihr ganzes Wesen war mit den Tätig-

keiten verschmolzen. Sie überließ sich wieder dem Blick aus dem Fenster, dem Zusammenspiel zwischen der klirrenden Kälte, den Eiskristallen und der Sonne, die alle Gegenstände gleißend weiß machte, und der spiegelglatten, schimmernden Schneefahrbahn, die von weit hinten schräg auf die Front des Salons zuführte.

„Ist es so in Ordnung, Chefin?"

Im Herumdrehen glaubte sie den Salon in der Lichtflut, die durch zahllose Reflexe von den blitzenden Armaturen hochgepeitscht wurde, von Glassplittern erfüllt. Der weiße geschliffene Marmor, die blanken Kacheln und die polierten Metallleisten steigerten das Licht, das in den großen Spiegelflächen immer fernere Räume auszuleuchten schien, so dass sie hineinzugehen verlockt war. Sie brauchte eine Weile, um den Blick nach der Stelle zu lenken, die mit der Frage gemeint war. „Ja, passt", sagte sie nach einem kurzen Blick auf einige Lampions, die von der Decke hingen.

„Oder wollen Sie mehr, Frau Witt?", fragte Martina von der Stehleiter herunter.

„Oder wollen Sie mehr, Frau Witt?", wiederholte die Chefin und lachte ein wenig verlegen. „Aber nur wenn wir offiziell sind!"

Dass nicht zu üppig dekoriert sein sollte, war eine Frage des Geschmacks. Der lebensfrohe Innenarchitekt aus dem Umfeld des Club monetär hatte auch hier den Entwurf gemacht, die Einrichtung stammte aus Italien. Der Salon hatte Stil. Lotte Witt sah das, sie sah, dass alles Klasse hatte, doch sie vermisste die Atmosphäre, die sich im alten Geschäft mit ihrer persönlichen Wärme verbunden hatte, und zweifelte, ob sich das Wohlbehagen hier einstellen würde.

„Die Lampions reichen, Martina", sagte sie, „aber du könntest mir ein Taxi rufen, ich muss noch das Kleid für heute Abend abholen."

„Wenn es recht ist, laufe ich zu Fuß hin. Das geht schneller und ich mache es gern für Sie."

Den ganzen Nachmittag hatte Nico in der Tischlerei bei den beschädigten Empire-Stücken verbracht und sich dann umgezogen. Seine Mutter kam ihm mit unsicherem Ausdruck entgegen.

„Du siehst blendend aus", sagte er zur Begrüßung.

Sie hatte ihn kaum gesehen seit der Hochzeit und fragte sich, ob er das sagte, weil er sie positiv verändert fand, oder ob er ihre Erscheinung kritisieren wollte; auch meinte sie zu spüren, dass er sie anders auf die Wange küsste als sonst. Dass sie blendend aussah, war ihm noch nie über die Lippen gekommen. Er tadelte sich selbst innerlich, weil er ihr gegenüber eine solche Floskel verwendete, doch stellte er fest, dass sich die Mutter beim Berühren anders anfühlte als früher. Ganz verschwunden war sie noch nicht, noch spürte er sie, deswegen sah er zu Boden wie ein kleiner Junge und fragte: „Bin ich spät dran?"

„Hauptsache, du bist da. Ulrich macht sich schon Sorgen deinetwegen."

„Das braucht er nicht."

„Du wirst ihn duzen."

„Das hab ich doch zu deinem Kummer schon immer einmal getan."

„Die Mädchen haben sich nach dir erkundigt."

Nico ließ den Blick durch den Salon gleiten und sah Brigitte, Rosmarie und Martina zusammenstehen.

„Und die Geldleute wollen dich um jeden Preis sehen", schärfte ihm die Mutter ein.

„Kennen sie keine armen Leute oder verwechseln sie mich mit einer besonders interessanten Persönlichkeit?"

„Du bist interessant!"

Oben am Ende der freischwebenden Treppe aus Stahl und Glas stand ein Herr, auf dessen kurzem Hals ein rundlicher Kopf saß. Die Hände, die aus den Ärmeln seines feinen Abendanzugs hingen, klappten kraftlos und unregelmäßig nach innen, wie der Schwanzteil eines am Trockenen liegenden Krebses, der dabei ist, sich aufzugeben. Das Herbeiwinken schien der ganzen versammelten Gesellschaft zu gelten. Neben ihm stand ein Mann in kariertem Sakko mit der Fülle dunkelblonder künstlicher Locken um den Kopf. Durch einen Riss in der Gegenwart sah Landmann in den Geigerhof. Käfer legte eben im Weggehen die Hand auf seinen Unterarm, er spürte den Druck, den die kurzen Finger der breiten Tatze ausübten, bemerkte den schweren Goldring, der wie ein Schlagring aussah, und hörte die vertrauliche Frage wieder: Kennen Sie Direktor Witt? Der Spalt in die Vergangenheit schloss sich, Käfers Blick begegnete ihm, seine Augen lächelten nicht, er winkte ihn auch nicht mit schnappenden Fingern zu sich, sondern drehte sich weg und ging mit dem Anwalt oben die Galerie entlang.

Mit einem kleinen Klaps auf den Rücken und der Bemerkung „Amüsier dich, mein Junge, wird schon gut gehen!" schickte ihn die Mutter in die Arena, ohne damit seinen Kampfgeist zu wecken. Ihr um jeden Preis zu imponieren, ganz gleich womit, interessierte ihn nicht mehr. Und dass es gut gehen würde, bezweifelte er schon im nächsten Moment, als ihn eine füllige Blondine am Ärmel zupfte und sich erkundigte: „Wie geht's Ihrem Bein?"

„Welches meinen Sie?", fragte Nico und lachte böse, er warf den Kopf zurück und ging weiter. Keine Ahnung, wer das war und was die Frage sollte. Sicher hatte er mit der Frau einmal zu tun gehabt, sein Gedächtnis hatte sie in einem Abteil ohne besondere Bedeutung gespeichert. Antiquitäten hatte sie keine angeboten, oder war da doch etwas mit alten Sachen? Er fing einen Blick von Ulrich Witt auf, der abzuschätzen suchte, was von ihm, Nico, an diesem Abend zu erwarten war, und zeigte mit einer stolzen Kopfbewegung, dass er unberechenbar blieb, für jeden, auch für sich selbst. Was unter der Falltür ablief, entzog sich der Kontrolle. Er hielt auf die Friseusen zu, die mit seinem Charakter meist angenehm oberflächlich und unverbindlich umgingen. Sie öffneten ihren Kreis, ließen ihn eintreten und umschlossen ihn.

„Wo bleibst du denn so lang?", fragte Brigitte, als sie sich zur Begrüßung küssten.

„Ich hab' bis jetzt gearbeitet."

„Sollen wir das glauben? Da steckt sicher eine Frau dahinter!"

Musste bei seinen Angelegenheiten immer eine Frau dahinter stecken? Weshalb waren sich die Friseusen da so gewiss? Die Frau, die nach seinem Bein gefragt hatte, bildete den aktuellen Grund für die Annahme. Ja, sie war in seiner Erinnerung in Spuren zu finden, hing also doch mit einer Beziehung oder alten Dingen oder beidem zusammen. Und plötzlich stand das Zimmer mit den Puppen und dem Foto von Claudias Mutter in seiner Vorstellung da. Claudias Zimmer. Nach diesem Lichtblitz in seinem Assoziationszentrum verließ er die Friseusen und trat geradewegs auf die blonde Frau zu, die er eben beleidigt hatte. „Jetzt weiß ich, was Sie gemeint haben", sagte er und erkannte jene Eva wieder, die sich in Romers Garten sonnte. „Der Hundebiss."

Sie kam ihm nicht mehr so anziehend vor wie damals.

„Hat die Wunde Probleme gemacht?", fragte sie lächelnd.

„Nein – aber da lag doch diese Puppe."

„In Claudias Zimmer?"

„Ja."

„Die gibt es nicht mehr."

Überrascht warf Nico den Kopf zurück. „Die dunkle Puppe?"

„Ist entsorgt. Vor einiger Zeit überkam Claudia eine Anwandlung. Da schaffte sie all den kindischen Krempel weg, räumte die Bilder ab und rangierte die Möbel aus. Von da an wollte sie woanders wohnen. Irgendjemand hatte sie in diesem Sinn beeinflusst. Mehr habe ich nicht aus ihr herausgebracht. Jetzt steht das Zimmer unbenutzt, sie selbst ist seit einiger Zeit verschwunden. Wissen Sie etwa, wo sie sich aufhält?"

Ihm wurde heiß und kalt. Wer konnte so einen starken Einfluss auf sie ausüben, dass sie das erstarrte Gehäuse räumte und aufgab? Er atmete rasch und flach.

„Wissen Sie etwas?", fragte Eva noch einmal.

„Woher sollte ich etwas wissen?", stieß er nach einer Pause wie erwachend hervor. Eva sah ihn mit ihren kühlen blauen Augen unsicher an. Sofort wandte er sich ab, lief in einem Bogen zwischen den Gästen hindurch und kehrte zu der blonden Frau zurück. „Vielleicht wissen Sie etwas", fuhr er sie an, „dann sagen Sie es mir!"

Sie lächelte nicht. „Es heißt", sprach sie mit gedämpfter Stimme und blickte mit unbewegtem Gesicht nach links und nach rechts und dann zur Galerie hinauf, „sie ist mit ihrer Tante nach Dänemark abgedampft. Aber niemand weiß wirklich, wo sie jetzt ist. Keiner kann sie erreichen. Sie hat zuletzt unter Ängsten gelitten und wollte sich verstecken. Angeblich. Früher hätte ich das für verrückt gehalten."

„Und jetzt?"

„Jetzt", sagte sie, ihre Brust hob sich, während sie tief Luft holte und ihr Blick kurz in seinen Augen ruhte, „jetzt nicht mehr."

Sie wandten sich voneinander ab. Hastig griff Nico nach einem Glas Bier. Das Gemüt dieser Frau war mittlerweile auch angegriffen. Er wollte sich unter die Gäste mengen, die Stimmung wahrnehmen und für Eindrücke offen stehen. Ältere Damen, Gattinnen von Witts Kollegen und Bekannten, saßen in einer Ecke zusammen und nippten an einem Getränk. Sie waren der Einladung von Lotte Landmann gefolgt, ihre Männer waren verhindert, der Termin war zu spät bekannt gemacht worden. Das Angebot weiterer Getränke lehnten sie ab, sie unterhielten sich ohnehin angeregt über ihre Enkel, die Karriere ihrer Kinder und den bevorstehenden Winterurlaub. Der neue Salon beschäftigte sie auch, jedoch nur am Rand. Wenn das so ging, wie sich die ambitionierten Witts das vorstellten, dann mochte es gut gehen. Beiläufig redeten sie über Geld und die gemischte Gesellschaft, die sich hier tummelte. Offenbar besaß Ulrich Witt auch Bekannte, die anderen Branchen oder Schichten angehörten, Männer, die reich waren oder so taten und in Begleitung oberflächlicher Geschöpfe auftraten. Da waren viele unvertraute Gesichter und wenige, denen man in der guten Gesellschaft begegnete.

Nico Landmann drehte sich um und nochmals um und sah jedes Mal seinem Schulfreund Erwin in die Augen, der tat, als wären sie einander völlig fremd, und floh, bis er ihn an der Schulter fasste und spöttisch fragte: „Hast du etwa das hier eingerichtet, weil du nicht erkannt werden willst?"

„In der Tat, ich zeichne für die Inneneinrichtung verantwortlich", sagte er mit gedämpfter Stimme, als wollte er keinesfalls Aufsehen erregen. „Das alles ist ja nicht billig. Deswegen möchte ich Meinungen und Urteile des Publikums einfangen und bin quasi inkognito hier. Bitte verrate mich nicht", ersuchte er vertraulich und fragte: „Als was bist du da?"

„Als was? Ist das etwa ein Kostümfest?"

„Wie kommst du hier dazu, meine ich."

„Ich bin der Sohn der Landmann, das weißt du, und die Friseuse Landmann heißt jetzt Witt, weil sie Ulrich Witt geheiratet hat, und sie führt diesen Schuppen. Das weißt du auch, und deswegen bin ich hier. Sonst habe ich keine Rolle, wenn du das meinst. Wo sind denn meine Zeugen untergekommen?"

„Hör zu", sagte Erwin, ohne auf die Frage einzugehen, „ich kann dir das jetzt nicht erklären, ich glaube, sie verstauben in einer Garage, aber ich bitte dich inständig: Tu so, als wären wir einander völlig fremd. Ich habe Käfer verschwiegen, dass wir uns kennen. Das nimmt er mir sonst krumm und ich hänge mit Haut und Haar von ihm ab."

Mit Haut und Haar. Das war drastisch formuliert. Ohne ein weiteres Wort zu wechseln kehrten sie einander den Rücken zu.

In einem anschwellenden Satz begrüßte Ulrich Witt die Vertreter verschiedener Gesellschaften, Unternehmen, Organisationen und die Mitglieder des Clubs (er nannte den Namen nicht, trotzdem warfen sich einige Gäste bedeutungsvolle Blicke zu), seine langjährigen Bekannten und Berufskollegen und deren Familien sowie die angestammten Kundschaften seiner Frau aus dem Salon Landmann. Das neue, fortschrittliche, auf Stil bedachte Institut würde zusätzlich Leistungen im Bereich der Kosmetik anbieten. Im Obergeschoss wären Sonderräume für die Schönheitspflege. Entsprechend geschultes Personal würde eingestellt. Die Spezialistinnen würden in diesem Rahmen den Kunden individuelle kosmetische Ratschläge erteilen und seine Freunde aus dem Club, die demnächst in der Stadt eine private Klinik eröffneten, die weitere Behandlung übernehmen. Am Geländer der freischwebenden Treppe ins Obergeschoss lehnend hörte Nico angewidert zu, bis ihn jemand in den Rücken stupfte. Er drehte sich um: Nadia stand hinter ihm und verdrehte die Augen. Sie trug schlottrige Jeans und eine weite Bluse, die irgendwie an ihren mageren Schultern hing. Etwas anderes hätte sie nicht angezogen, sie hasste enge Sachen an sich. Der Richtung ihrer Blicke folgend entdeckte er im Obergeschoss den Rücken einer Frau, die am Geländer der Galerie lehnte. Diesmal verwirrte ihn der Anblick nicht weiter, sondern er ordnete ihn sofort Nelly Romer zu. Sie betrachtete abwechselnd ihre Hände, wirkte dabei seltsam unkonzentriert und von der Umgebung abgezogen. Da flog ein paar Schritte vor ihr eine Tür auf und Martin Romer eilte mit hochrotem Kopf heraus. Offenbar erregte ihn etwas über die Maßen. Mit ein paar raschen Schritten trat er auf Nelly zu, fasste grob nach ihrem Unterarm und veranlasste sie, die merkwürdig schuldbewusst und gehemmt wirkte, mit ihm die Treppe hinabzusteigen. Nichts war von dem freimütigen Mann zu erkennen, den Nico nach der Hundeattacke in Claudias Zimmer erlebt hatte. Er drängte seine lebenslustige Tochter so unsanft durch die Gäste, dass es wie ein Stoßen aussah. Einer angerempelten jungen Frau entglitt das Sektglas. Es fiel auf den Steinboden, Martin Romer trat ohne Absicht mit dem ganzen Fuß auf den Kelch und zerrieb ihn dabei in Splitter, ohne sich danach umzudrehen. Die Hilfskraft an der Garderobe wies er mit gestrecktem Zeigefinger auf seinen Mantel hin und fragte ungeduldig, ob sie denn blind sei. Dann warf er den Mantel über den Arm und verließ, Nelly an der Hand nachziehend, den Salon.

Während dieses Auftritts tat Ulrich Witt, als bemerkte er nichts davon, und legte damit allen nahe, aus Höflichkeit oder Betretenheit auch so zu tun. In einem betont zuversichtlichen Ton schloss er seine Ansprache. Er freute sich auf die vorhersehbar positive Entwicklung aller begonnenen Geschäfte, in die auch dieses eingebettet war, und wünschte einen angenehmen Verlauf des Abends.

Im hinteren Bereich des Salons saß geradezu versteckt Lou Stilling auf einer Rundbank. Nico Landmann erkannte sie sofort. Vor ihr stand eine junge Frau, an die er sich dunkel erinnerte. Sie gehörte in Claudias Zimmer, sprach Frau Stilling als Tante an und redete so laut auf sie ein, als sollte die ganze Gesellschaft ihren intensiven Vortrag mit anhören: Nelly hatte Vaters Unterschrift nachgemacht, um die Spielschulden des Filous zu bezahlen, mit dem sie die Nächte im Casino verbrachte. Erst gestern hatte sie alles gestanden. Natürlich war er aus allen Wolken. „Aber zu spät! Er hat sich einfach dumm verhalten."

„Ich weiß, Magda", sagte Lou Stilling bedauernd, „das wäre dir nicht passiert, du bist vorsichtig."

Magda Romer war aufgebracht, wütend, verzweifelt. Offenbar kroch das Pilzgeflecht des Clubs immer tiefer in die Substanz ihrer Umgebung.

Als Nico dem Blick Lou Stillings begegnete, winkte sie ihn zu sich. Neben ihrer erregten Nichte wirkte sie geradezu unbe-

sorgt. Ihre Knie machten zur Zeit besondere Probleme, erklärte sie, deswegen folgte sie dem Geschehen lieber im Sitzen. Sie erkundigte sich nach seinem Ergehen und erzählte dann, als würde sie das stark beschäftigen: „Stellen Sie sich vor, obwohl ich für meinen aktuellen Arbeitsaufenthalt ein Hotelzimmer genommen habe, wurde ich gleich mehrfach angeschrieben: von Frau Witt, deren Salon Landmann ich bei meinen Aufenthalten schätzen gelernt habe (Nico wollte nichts von seinem naturgegebenen Naheverhältnis zur Friseuse sagen, aber vielleicht war sie ohnehin schon informiert), von meinen Verwandten (sie sah in Magdas verbissenes Gesicht) und von dem angesprochenen Club." Zum Schluss war sie auch noch telefonisch erinnert worden. Allerdings anonym. „Da konnte ich natürlich nicht nein sagen", meinte sie sarkastisch. „Ich könnte argwöhnen, ich wäre bei dieser Werbeveranstaltung wegen meiner Falten und der grauen Haare wichtig. In meiner beruflichen Funktion reagiere ich auf solche Anlässe, wenn möglich, denn bei solchen Ereignissen können wir gelegentlich viel für unsere Sache erreichen. Durch das lockere Klima sind die Menschen zugänglicher – vor allem die heimlichen Moralisten, die ein schlechtes Gewissen haben und ihre Schuld loswerden wollen. Sind Sie auch so einer?" Offensichtlich ging Lou Stilling davon aus, dass er wusste, für welche Organisation sie tätig war. Sie sah ihn kurz an und verriet, was sie dachte: „Ich glaube, mit Ihrer Art von Möbeln hat der Laden hier nichts zu schaffen." Er nickte zustimmend, das Haar fiel nach vorn, er warf es mit einer Kopfbewegung zurück und streifte mit den Augen über die Einrichtung. Dabei begegnete er dem Blick Erwins, der seinen Kontakt mit Lou Stilling zu beobachten schien. „Zwar nehme ich die Details einer Umgebung kaum wahr", sagte sie. „Wenn ich etwas mitkriege, dann eher die Atmosphäre, und ich gestehe, dass ich schnell bin mit meinem Urteil, vor allem, was die Grundstimmung betrifft."
„Die ist hier schaurig", mischte sich Magda entschlossen ein.

Durch einen erfolglosen Händler wie Landmann ließ sie sich nicht von der Seite der Tante verdrängen, deren Unterstützung sie brauchte. Sie fürchtete, dass hier „jeder" ihren Vater in die Clique zu ziehen suchte, von der sie Schlimmstes befürchtete. „Tante Lou, was da gesagt wird, ist doch alles gelogen", fauchte sie, „das sind Haie. Die Dreistigkeit dieser Leute liegt auf der Hand. Hinter allen diesen Gesellschaften stehen dieselben Leute. Seit Vater sich auf diese Bande eingelassen hat, schaut er mich nicht einmal mehr richtig an und meidet das Büro."

Was Magda Romer sagte, deckte sich mit Landmanns Empfinden. Vermutlich schwebte ihr die ganze Zeit die Szene im Zimmer Claudias vor, wo sie sich so abweisend verhalten hatte. Da hatte er nach Puppen gesucht. Seltsam, wie wenig ihn diese Geschichte jetzt noch berührte, nur die Erinnerung an eine starke Ergriffenheit war übrig. Das suchende Verlangen war weg.

„Ich muss Ihnen gestehen", wandte sich Lou Stilling an ihn, sie ließ ihr Verhalten nicht von ihrer Nichte bestimmen, „einige Ihrer Informationen beim Tee letzthin haben mich ziemlich beunruhigt. Mittlerweile betrachte ich meinen ersten Eindruck wieder als zutreffend. Ich bin überzeugt, dass sie etwas aus den beschädigten Sachen machen werden."

Da musste Nico eine Sekunde lachen. Er war daran gewöhnt, dass er falsch eingeschätzt wurde, und das war auch kein Wunder, da er sich selbst kaum kannte, sondern die Oberfläche seiner Seele ständig auf Reize von außen reagierte und aus ihm einen Spielball fremder Einfälle machte. Mit einer angedeuteten Verbeugung, auch gegen Magda, die ihm gleichgültig in die Augen sah, wandte er sich ab, nicht zuletzt weil er den Eindruck hatte, dass Lou Stilling ihm das indirekt nahe legte.

In einer Ecke neben der Garderobe ließ er sich auf einen Stuhl nieder und rieb seine Augen wie ein Kleinkind mit den Fäusten, bis er Sterne sah. In der überhellen, vor Licht fast schmerzenden Atmosphäre schlingerten die Friseusen unsicher umher. Wie sollten sie sich wohl fühlen und entfalten in dieser Umgebung, wo ihre Eignung zweifelhaft war? Merkwürdig, er hatte vorgehabt sich bei diesem Fest einfach gehen zu lassen, doch er kam nicht in Fahrt, sank vielmehr schwunglos in ein grüblerisches Tief. Die wirren, geheimnisvollen Verknüpfungen der Personen versetzten ihn in einen unguten Zustand, er blickte nicht durch; das musste er nicht, aber die Vorstellung bedrängte ihn, hier unter Wesen zu sein, die sich im Trüben am Blutgeruch angeschlagener Opfer orientierten. Niemand wusste genau, wer hinter wem her war und wer wen wann angreifen würde, jedoch die Angst lag in der Luft. Er legte sein inneres Ohr auf die Falltür zu den Untergeschossen und hörte das Echo des Schreckens aus dem einstürzenden Kinosaal, aus dem gurgelnden Fluss, aus dem Magazin in Bosnien, aus der Leibeshöhle der Figuren, aus dem Zwinger des Hundes.

Langsam hob er sein Glas und trank es leer. Da bemerkte er, dass jemand aufrecht neben ihm stand, und erschrak. Das Gesicht strahlte noch die winterliche Kälte ab. Sie musste an allen Gästen vorbei in diesen Winkel gelaufen sein, vom gleichen Bedürfnis nach einer Stelle der Besinnung angezogen wie er. Ihr wacher Blick berührte ihn. „Gerade zurück?", fragte er sofort, um keine Hand breit Platz für eine Unsicherheit zu lassen, und erhob sich.

Claudia nickte.

Da wurde er verlegen, sein Atem beschleunigte sich und wurde flach. Er fühlte sich unterirdisch mit ihr verbunden, aber wie sollte sie verstehen, dass er kaum an sie dachte, sondern ständig von einer anderen Frau geblendet war. Er schaute in sein leeres Glas und sagte mit belegter Stimme: „Ich trage seit ein paar Wochen eine Zeugin bei mir."

Sie antwortete nicht, sondern neigte und drehte den Kopf in einer eigenen Weise, so dass sie zugleich reserviert und interessiert aussah. Ihre Augen folgten unterdes einem Mann mit breiten Schultern und auffallend rundem Kopf, der sich der Treppe näherte, ein paar Stufen erklomm und mit seiner herabhängenden linken Hand Ulrich Witt hinter sich herwinkte. Der Gastgeber folgte ein paar Stufen zögernd und blieb dann stehen. Heimo Käfer hielt ein paar Stufen über ihm, wandte sich aber nicht um, sondern verdrehte nur den Kopf ein wenig, um besser zu hören, was der Mann unter ihm sagte. Witts Stirn glänzte, er schwitzte, wollte die Brauen zusammenziehen und die Stirn in Falten legen, dabei begrenzten, pressten und zerkleinerten seine Hände etwas. Claudias Aufmerksamkeit war auf die beiden fixiert, sie folgte ihnen mit wachen Augen, als sie weitergingen. Nico zweifelte, ob sie seine Information mitgekriegt hatte.

„Du hast die Zeugen verraten", stellte Claudia unvermittelt fest. „Ich habe sie in einem Ausstellungsraum am Flugplatz erkannt, herausgeputzt und glatt."

„Das ist unmöglich! Ich habe sie so verkauft, wie du sie gekannt hast." Seine Augen suchten Erwin, er entdeckte ihn auch gleich, ja er sah, dass der Schulfreund von einst seine Aufmerksamkeit auf sich ziehen wollte, und nun, da ihre Blicke sich trafen, legte Erwin den Finger auf den Mund, um ihn zum Schweigen aufzufordern. Wahrscheinlich hatte er die Sachen auf Hochglanz bringen lassen. In dem Fall brauchte er keine Loyalität erwarten.

„Sie waren wie neu", sprach Claudia weiter, „nur das eine Stück fehlte."

„Die Truhe, ich habe sie deinem Kunden selbst geliefert."

„Du hast sie ihm geliefert?"

„Ja, er war sehr glücklich."

Claudia wandte sich ihm einen Augenblick zu.

Am Ende der Treppe angekommen legte Heimo Käfer seinen Arm wie eine Klammer um Witts Nacken und zog ihn mit einer reißenden Bewegung in ein kleines Büro.

„Inzwischen", sprach Landmann weiter, „war ich noch einmal im Krisengebiet. Da ist mir eine antike Tonscherbe in die Hände gefallen." Claudia sah ihn an und zog die Brauen hoch. „Ich habe das Stück hier in meiner Jacke."
Mit einem Ruck wandte sie sich zur Treppe und er folgte ihr, als hätten sie sich darüber verständigt. Oben blieben sie stehen und blickten sich um. Die Unterhaltungsmusik schien sich unten zu fangen und zu erschöpfen. Auf der Galerie befand sich niemand außer ihnen beiden. Die kleinen hellen Räume für die kosmetische Behandlung standen offen, waren aber menschenleer. In einer Kammer war eine Leuchtröhre defekt, das Licht erlosch und flammte auf, erlosch und flammte auf. An der Wand zeigte die zuckende Beleuchtung eine Fotoserie von Gesichtern unter kosmetischen Masken. Sie verwandelten sich für Nico augenblicklich in die Toten hinter der Kinoleinwand, die in seiner Tiefe hausten. Er zeigte auf die Glasfront an der Stirn der Galerie, öffnete eine schlanke zweiflügelige Tür und sie traten auf den kleinen Balkon über dem Eingang. Die Winterstimmung im Freien überraschte sie. Ein Fahrzeug hinter dem andern kam die leicht fallende Gerade daher und glitt an dem Frisiersalon vorbei in eine Kurve, ununterbrochen trotz der fortgeschrittenen Stunde, jedoch wegen der Schneefahrbahn und der geringen Geschwindigkeit lief alles brummend und einschläfernd ab. Wer im Vorbeifahren den Blick hob, konnte die beiden oben in der Kälte stehen sehen. Konnte sehen, dass Nico in die Innentasche seiner Jacke langte und Claudia etwas reichte. Sie ergriff das matt glänzende Bruchstück eines antiken Gefäßes, drehte es so, dass der Schein der Straßenleuchte darauf fiel: ein kräftiges Pferd, sportliche Beine, der Oberkörper in einem Hemd, eine Jacke mit langen Ärmeln, ein weibliches Profil. Und was für eine eigenartige Kopfbedeckung, halb Krone, halb Haube. Hinten schlug das geflochtene Haar auf den Rücken. Dann die engen Beinkleider, die gegen die Musku-

latur pressten, und mädchenhafte Füße in knöchelhohen Schuhen. Die Rechte hielt den Speer, die Linke straffte die Zügel.

Kaum hatte sich Claudia in den Anblick versenkt, wurde drinnen die Tür des Büros aufgestoßen und Ulrich Witt kam vor Erregung stotternd heraus. Heimo Käfer folgte ihm und unterbrach die Folge der zerhackten Vorwürfe mit ruhiger Strenge: „Nein, Herr Direktor!" Er griff nach der Schulter des aufgebrachten Mannes, um ihn zu stoppen. Witt zögerte, zauderte, kam vor der offenen Balkontür zu stehen und drehte sich herum. Seine Hände wollten etwas, das in seiner Vorstellung sehr groß war, begrenzen, doch da sie zu stark zitterten, faltete er sie vor der Brust, kräuselte die Stirn unter Schmerzen und krampfte die Brauen zusammen. Sofort ergriff Käfer seine Unterarme und hielt sie fest; mit leicht zurückgeworfenem Kopf suchte er die Augen des Gegenübers, während er mit gesenkter Stimme auf ihn einredete wie auf ein verstörtes Kind. Er warf ihm Misstrauen vor, dabei habe er ihm doch eben die neuesten Auszüge gezeigt, die erfreulicher nicht sein könnten. Jederzeit könne er sich an seine Bank wenden und alles überprüfen lassen, wenn er sich lächerlich machen wolle. „Der einzige Feind, den wir haben", sagte er eindringlich und drückte Witts Unterarme fest, „sind wir selbst, und was uns schaden kann, ist eine schlechte Presse. Wir dürfen jetzt kein Geld abziehen. Also klaren Kopf bewahren. Nicht jeden Unsinn glauben. Wir sind keine Kinder. Die Skepsis ist ein Virus, das der befallene Organismus von selbst reproduziert. Dem dürfen wir keine Chance geben. Wir wollen doch nicht vor lauter Angst unsere Gewinne verderben und uns gemeinschaftlich ruinieren." Witt war auf die Aussagen Käfers konzentriert und versuchte jede Feinheit mitzukriegen: er wollte ja glauben. Der Finanzberater war ein Meister der Zwischentöne, er konnte sie so produzieren, wie er sie brauchte. Er verformte die Seele des Angesprochenen, während er vorgab, seine intellektuellen Fähigkeiten zu fordern, schläferte die Vernunft ein, während er an Schlauheit, Eitelkeit und Neid appellierte, und betäubte jedes Verantwortungsgefühl. „Alles klar?"

Mehr als ein schwaches Nicken bekam er nicht und mehr brauchte er auch nicht. Als er Witts Arme losließ, wandte sich dieser verlegen der offenen Balkontür zu, und obwohl er den zwei unfreiwilligen Zeugen draußen ins Gesicht schaute, sah er sie nicht. In ihm blitzte gerade der Entschluss auf, mit einem Einwand zu antworten. Er erhob seine Hände, ließ sie einen Augenblick in der Luft stehen, dann gab er auf, ergriff die beiden Türflügel, machte sie zu und drückte die Verriegelung nach unten.

Damit war der Balkon von den Geräuschen drinnen abgetrennt. Eine eigene Stimmung umgab die Ausgesperrten. Nico betrachtete Claudias Profil und war nahe daran, etwas von Zuneigung zu sagen, aber ein neu gebildeter Sinn warnte ihn. Sie sollte nicht glauben, dass er taktische Scharmützel plante, vielmehr erhoffte er in ihr eine zuverlässige Stütze für eine Brücke in die Zukunft zu bekommen. Claudia, beeindruckt von der Szene, deren Zeuge sie eben ungewollt geworden war, drückte mit der Hand gegen die Balkontür und sah Nico an, als fände sie sich auch halb genötigt und halb überzeugt in einer Ausweglosigkeit gefangen. Unwillkürlich wich er einen Schritt zurück. Unter dem Balkon ging die Eingangstür auf, Musik schwappte ins Freie. Er beugte sich übers Geländer, sah seine Mutter, die sich mit der Hand Luft zufächelte, und rief nach ihr, doch sie hörte ihn nicht, sondern nahm eine Zigarette, die sie mit dem Feuerzeug in der Hand hielt, zwischen die Lippen, trat an den Gehsteigrand und zündete sie an. Sie machte einen tiefen Zug, hustete, ließ die Zigarette fallen und trat sie aus. Nico rief abermals nach ihr. Sie sah irritiert hoch.

„Was machst du da?"

„Du musst mir helfen, Witt hat mich ausgesperrt."

„Aber geh!"

„Er hat mich nicht gesehen."

„Ich schicke jemand."

„Nein, du musst selbst kommen, ich bin nicht allein."

Während die Mutter den Salon durchquerte, die Treppe hochstieg und die Galerie bis zur Balkontür entlangging, teilte ihm Claudia mit, woher sie gekommen war. Sie hatte zwei Leute von einem Wachdienst zur Villa Stilling gebracht, da ihre Tante dem Hausmeister Josef nicht mehr traute.

„Ich habe erst vorhin durch deine Schwester Magda mitbekommen, dass Frau Stilling deine Tante ist. Arbeitest du in ihrer Organisation?"

„Deshalb fahre ich morgen wieder weg, aber ich gebe dir meine Nummer, da kannst du mich erreichen." Claudia nannte einige Zahlen. „Kannst du sie im Kopf behalten?", fragte sie und drückte ihm die Scherbe in die Hand.

Er nickte und schob die Keramik in die Innentasche der Jacke. Die Mutter wirkte kurzatmig, als sie die Balkontür von innen öffnete und sich für Ulrich Witt entschuldigte.

„Claudia", sagte Nico um sie bekannt zu machen.

„Wir haben uns schon begrüßt", sagte seine Mutter und suchte einen Moment nach Ähnlichkeiten in Claudias Gesicht. „Ich freue mich, dass Sie gekommen sind. Ihre Tante imponiert mir schon lange."

An der Treppe mussten sie warten, denn ein elegant gekleideter Mann mit bronzefarbener Haut kam mit zwei Dobermann-Hunden hoch, die an gestrafften Leinen nach oben strebten und den Abgang versperrten. Claudia wich einen Schritt zur Seite und Nico hob die Hände vor die Brust, um gegebenenfalls einen Angriff abzuwehren.

„Bitte keine Hunde!", sagte die Hausherrin.

„Ich weiß, ich weiß", beruhigte der geschmeidige Herr weltläufig, als gehörte er zur Familie. „Ich steck' sie da vorn in den Käfig." Er ging, ohne einen Blickkontakt aufzunehmen, vorbei, schob die Hunde in das Büro und machte die Tür sorgfältig zu, dann stieg er mit fließenden Bewegungen zur Gesellschaft hinab.

Ganz zwanglos erschien Billy in der Tischlerei und nahm Nico zum Mittagessen in ein Restaurant am Fluss mit. Sie erzählte ihm, während ihre Blicke immer wieder nach draußen wanderten, in den schmalen Garten davor, wo die Februarsonne mehr Wärme vortäuschte, als sie spendete, und auf den Fluss, der vom ersten Schmelzwasser angewachsen war, von einer behüteten Kindheit. Davon sprach sie zum ersten Mal und Nico meinte, sie wolle ihn neuerlich an sich ziehen, indem sie ihn mit ihrem Herkommen vertraut machte. Die Geschichte vom bequemen Stadthaus mit Mutter, Großmutter und einem Dienstmädchen hörte Nico an, sie passte zur zerbrechlichen Seite Billys. Doch plötzlich, als sie dem Kellner beim Vorlegen der Hauptspeise zusah, verließ sie die schönen Erinnerungen mitten im Satz, als ob niemand anderes von den Umständen ihrer Kindheit erfahren dürfte, und fragte ohne Übergang: „Was denkst du gerade?" Im Moment dachte er an die Abende, als er klein war. Nach dem Weggehen der Mutter lief er auf die Straße und zum grünen Fluss, wo er den Halbwüchsigen zusah, die am schrägen Ufer auf den Graspolstern saßen und rauchten und tranken. Sie wollten ihn verscheuchen, blieben aber ohne Erfolg, er fürchtete weder Steine, noch Gerten, noch Fäuste, und schließlich duldeten sie ihn. Wenn die Mutter heimkam, zu Fuß oder in einem Auto, lief er rasch vor den Hauseingang und drückte sich im Dunkel wie ein Kater zur Begrüßung an ihre Beine. Sie schalt ihn und streichelte dabei seinen Kopf.

„Suchst du wieder einen Laden?", fragte Billy mit Nachdruck weiter.

„Einen Laden?" Nico schüttelte den Kopf. „Wozu sollte ich? Nein." Er lachte einen Augenblick, dann stützte er seinen

Kopf nachdenklich in die Hand. „Brauche ich jetzt nicht. Aber ich restauriere wieder. Auf meine Art. Ich habe etwas Interessantes gefunden", sagte er und schilderte die beschädigte Schönheit der Möbel aus der Villa Stilling.

Da hob ihm Billy ihr Glas entgegen, um ihn zu seinem Fund zu beglückwünschen. Auch Nico ergriff sein Glas um anzustoßen, streifte dabei in der Bewegung mit der Scherbe an seine Brustwarze und statt wie beabsichtigt zu fragen, warum sie damals eine Ersatzfrau geschickt habe, begann er einfach zu essen. Wenn sein Zutrauen erneuert werden sollte, musste sie davon zu sprechen anfangen.

„Du kennst die Villa Stilling", sagte Billy, „ich kenne sie nicht, aber deine Beschreibung erinnert mich an mein Zuhause. So etwas möchte ich wieder haben." Leider hatte sie es verloren. Weshalb, das wollte sie jetzt nicht sagen. Gelenkt von Gefühlen der Erinnerung kehrte zurück in die Zeit, als sie noch ein kleines Mädchen gewesen war. Dabei legte sie ihre geöffnete Linke auf den Tisch, als sollte etwas hineinfallen. Alle ihre Wünsche wurden befriedigt, bevor sie diese selbst kannte. Am frühen Morgen, wenn sie aufwachte, lief sie in dem weitläufigen Haus von Fenster zu Fenster und sah hinaus. Stets kam alles, wie sie es erträumte. Dann schwieg sie bewegt. Ihre Hand lag noch immer empfangsbereit auf dem Tisch, als hätte sie diese vergessen. Sie schien sich in einem eigenen Zustand zu befinden. Immer schmäler wurden ihre Augen, um noch das Fernste zu erspähen.

„Du musst eine sehr schöne Kindheit gehabt haben", vermutete Landmann einfühlsam.

„Nein, überhaupt nicht!", sagte sie spontan. Der Satz entschlüpfte ihr, weil ihr Kopf bereits beim sachlichen Teil des Treffens war. Sie schloss die Hand, zog sie vom Tisch und versteckte sie darunter. Mit einem Mal kam ihm alles, was sie eben erzählt hatte, geschwafelt vor. Ihre Stimme klang zauberhaft, solange sie ihn verführen wollte. Nun sah sie auf die Uhr, erhob sich rasch und sprach mit einem kurzen Blick in seine Augen, während sie sich nach ihrer Handtasche bückte: „Die Figuren sind wieder aufgetaucht." Sie ließ die Information so beiläufig fallen, als wäre das ganze Unternehmen belanglos. Aber war da nicht das Interesse des Agenten und der Hintermänner übrig? Schon deswegen konnte er nicht glauben, dass ihr die Figuren so wenig bedeuteten. Er konnte schlecht danach fragen, während sie von der Aura der unnahbaren Sensiblen umgeben zügig durch das Lokal lief. Im Vorraum erklärte Billy, sie müssten sich gleich trennen, hob ihre Arme zur Verabschiedung und schloss sie um ihn. Nico spürte sie wie eine elegante Greifzange. Sie drückte ihn an sich, ihre Brust presste die Scherbe mit der Amazone an seine Rippen, sie musste den Gegenstand spüren, reagierte aber nicht darauf, sondern küsste ihn zart auf die Wangen und wandte sich fort.

Auf dem Gehsteig draußen lief Nico noch ein Stück neben ihr her, die Autos fegten gerade von einer umgesprungenen Ampel befreit die Fahrbahn entlang, und rief ihr ins Ohr: „Wo sind sie? Bleib stehen!"

„Irgendwo in Jugoslawien. Ich muss zum Taxi. Ich hab einen Geschäftstermin."

„Woher hast du das?"

„Von meinem Agenten", schrie sie und winkte einem Taxi, das gerade daherkam. „Wir sehen uns am Abend."

Als sie abfuhr, wandte sie ihm das Gesicht zu. Ihr Mund stand ein wenig offen, die Lippen lächelten noch feiner als sonst und die Augen gingen herum, als suchten sie etwas, was nicht von dieser Welt war. Dabei zeigte sie deutlich, dass sie aufmerksam war, und falls sich jemand als Bote aus einer besser gestellten Welt zu erkennen geben wollte, war sie bereit, ihn zu empfangen.

Am Abend traf er sie im Casino. „Diesmal musst du mit deinem Katzenleben einstehen", sagte sie mit einem eigenartigen Lächeln, „dann wird sich zeigen, wie viel es wert ist." Der aktuelle Aufenthaltsort der Figuren war bekannt. Jetzt, sagte sie, stünden sie zur Verfügung, ohne dass eine Gegenleistung verlangt würde. Und es gäbe für ihn die gleiche attraktive Belohnung, natürlich nur bei Erfolg.

„Merkwürdig, ich sehe den ganzen Abend niemand, den ich kenne", stellte Nico fest.

„Ist doch schön für uns, findest du nicht?" Billy betrachtete ihn voller Zärtlichkeit, ließ ihre Hand auf seiner Schulter liegen und fragte: „Du machst die Tour?"

„Wenn du mich begleitest."

Sie machte einen schnellen Schritt zurück, zog ihre Hand von seiner Schulter und sagte trocken: „Nein." Er dachte sofort an die Szene im Lokal, wo sie mit den Worten Nein, überhaupt nicht! die schöne Kindheit weggewischt hatte. Anscheinend war sie auch diesmal selbst von der Antwort überrascht, denn sie legte sofort beide Hände auf seine Schultern. „Du weißt, dass ich antike Vasen wollte, und hattest auch einiges Geld, aber da es fort ist, sehe ich keinen Grund, mich an deiner Seite in ein Land zu begeben, wo man seines Lebens nicht sicher ist. Wir brauchen endlich die verwünschten Figuren. Die Ausstellung ist schon dreimal verschoben worden. Das macht doch langsam keinen Sinn mehr."

Er wartete auf eine Äußerung, die auf einen positiven Kern ihrer Beziehung hindeutete, aber den gab es offenbar nicht, sie wollte nur wissen, ob er begriffen hatte.

„Bist du bereit?", fragte sie und drehte dabei ihren Kopf etwas zur Seite, als wollte ihr sensibles Ohr, das ihn anfangs so bezaubert hatte, nur ein Wort hören, nämlich ja und sonst nichts.

Aber er schwieg, und als sie ihm das Gesicht wieder zuwandte, hatte er den Eindruck, dass ihm aus ihren Augen das weiße Licht eines geöffneten Kühlraums entgegenschlug. Was sollte sie veranlassen mitzukommen? Wenn es gut ging, bekam sie ihre Arbeiten (und vielleicht ein bisschen mehr) und der ganze Rummel war vorbei. Vielleicht misstraute sie ihm, vielleicht ahnte sie, vielleicht wusste sie, welche eigenen Züge er schon in das Transport-Projekt eingebaut hatte.

„Ich bin bereit", sagte er schließlich.

„Das ist dein letzter Versuch. Wenn er schief geht, gibt es keine weiteren Termine, sagt mein Agent."

„Ich höre immer von deinem Agenten", ärgerte sich Landmann. „Warum fährt er nicht selbst hin, wenn er glaubt, dass es so einfach ist? Und warum spricht er nicht selbst mit mir?"

„Du bist ein relativ junger Antiquitätenhändler, meint er, und das Ganze ist für dich eine Chance. Allerdings hast du nur mehr eine Chance."

Sie musste legitimiert sein, so mit ihm zu sprechen, musste den Auftrag haben, die Botschaft lächelnd zu überbringen, und in der Tat, er wollte die Vasen aus dem Dienst des Bösen und der Niedertracht befreien. Von dieser Aktion versprach er sich das wahre Abenteuer. Den letzten Versuch musste ihm gerade Billy ankündigen. Er starrte ihr eine Weile in die Augen, denn er konnte nur schwer fassen, dass sie eine derartige Drohung, wie sie gegen ihn gerichtet war, so gleichmütig hinnahm und ungerührt an ihn weitergab. Sie hasste ihn. Oder glaubte sie, dass er nur ein oberflächlicher Schwachkopf war, der den extremen Nervenkitzel brauchte? Die Vorstellung belustigte ihn beinahe und sie lächelte auch verhalten, als amüsierte sie sich mit ihm darüber, dann sagte sie mit einem gewissen Respekt: „Du weißt mehr als ich."

„Was weiß ich schon!"

„Anscheinend zu viel." Sie lachte bezaubernd und sagte ein zweites Mal: „Anscheinend zu viel", dann lachte sie wieder, diesmal sehr gewöhnlich, und schob ihm einen Umschlag zu. „Hier steht drin, zu welcher Uhrzeit du die Figuren an

welchem Ort abholen musst. Der Zeitpunkt ist schon fest-
gelegt. Alles klar? Du musst eine Begleitung finden, unbedingt, damit dir die Beteiligten vertrauen können. Aber
dieser Kaspar darf nicht mehr mit, auf keinen Fall, den will
niemand mehr."

Als er die Unterlagen in der Hand hielt, überkam ihn sofort
das Gefühl einer Hochstimmung. Nach seiner Einschätzung
beleidigte es Billy nicht, wenn er sich einfach umdrehte und
entfernte. Die Augen auf das Papier geheftet durchquerte er
die Räumlichkeiten des Kasinos und stopfte dabei den Umschlag in die Innentasche seiner Jacke. Er würde ein drittes
Mal zum Drachen fahren, gegen ihn kämpfen und ihm
einen weiteren Kopf abschlagen. Darauf freute er sich. Bald
würde er aufbrechen, um an dem vorbestimmten Tag im
Februar dort zu sein. Weiß der Teufel, warum es gerade
dieser Tag sein musste.

Der Winter herrschte noch. An manchen Tagen presste der
Nebel so viele feuchte Tücher über der Stadt aus, dass sie in
Schwermut versank, während an Sonnentagen die Berge
ringsum blitzten und silberne Vorstellungen von Wan-
derungen im Schneeland weckten. Aber Nico Landmann
beeindruckte das alles nur oberflächlich. Die nassen Nieder-
schläge auf dem Asphalt und das scharfe Licht des
reflektierenden Schnees glitten durch seine Sinne, ohne
Spuren zu hinterlassen. Seine Wahrnehmung schnurrte wie
eine Kamera, in die kein Film eingelegt ist.

Auf dem Weg in die Wäscherei, wo er einige Kleidungs-
stücke abholen wollte, stieß er in einer Gasse, die von kühler
Winterluft durchflutet war, beinahe mit Frau Stilling zusammen. Sie war in Begleitung eines Mannes, den er nicht
kannte, und zeigte sich lebhaft erfreut, ihn zu treffen. Gleich
sprudelte es aus ihr hervor, dass sie täglich hörte, wie
originell er die beschädigten Empire-Möbel erneuerte. Ihre
genauen Kenntnisse überraschten Nico, doch als er hörte,

dass ein mitteilsamer Raumpfleger in Sandalen gerade die Villa Stilling auf Glanz brachte, verflog das Erstaunen. Herwig kam gern auf dem Weg zur Arbeit in der Tischlerei vorbei und Nico hatte schon daran gedacht, sich von ihm auf der Fahrt nach Jugoslawien begleiten zu lassen, aber er war zu offenherzig, zu kindlich, zu harmlos, er kannte gar nichts anderes und konnte nicht anders.

„Darf ich die Stücke besichtigen, an denen Sie arbeiten?", fragte Lou Stilling.

Da sprach nichts dagegen, sie konnte vorbeikommen und mitbringen, wen sie wollte.

Schon am folgenden Tag erschien sie. Wieder war ein zurückhaltender Herr dabei, der Deutsch mit fremdem Akzent sprach, und alles gefiel der zuversichtlichen Frau mit der grauen Löwenmähne gut. Ihr Schwager habe am Telefon vorgeschlagen, sagte sie, die Sachen, wenn sie so einfühlsam restauriert wären, für die Villa Stilling zurückzukaufen. Auch Landmann gefiel der Gedanke, auf diese Weise den Zerstörern zu antworten und zu widersprechen. Wenn er seine Arbeit abgegolten bekam, konnte ihm das nur recht sein. Eine Weile müsse sich der Schwager allerdings noch gedulden, denn er plane für die nächste Zeit eine Fahrt, die einige Vorbereitung verlange, und nach der Rückkehr werde er noch einige Wochen brauchen, um die Sachen so zu richten, wie sich das vorstellte. „Ich kann nur hoffen", sagte er und strich mit der Rechten seine Haare zurück, „dass Sie beide dann auch zufrieden sind."

Nico wählte die Zahlenfolge, die er im Kopf hatte, und war verbunden. „Claudia Romer." Sie war da, er sollte sagen, was er wollte, aber ihre Stimme überraschte ihn so, dass er sprachlos erstarrte, bis sie ungeduldig fragte: „Wer ist dort?" Er nannte seinen Namen.

„Was gibt es?" Sein Verhalten verstörte sie. „Willst du etwas von mir?"

Sie lehnte ihn ab. Sie empfand Widerwillen gegen ihn. Wie konnte er erwarten, dass sie ein Abenteuer auf Leben und Tod mit ihm einging, wenn er ständig ihre Abscheu erregte?

„Deine Tante war hier", sagte er schließlich.

„Wo?"

„In der Tischlerei."

„Und?"

Er schwieg schon wieder.

„Du sagst nichts. Soll ich wieder auflegen?"

Er musste sich offenbaren, aber wie? Plötzlich brach es aus ihm heraus: „Ich kann nichts sagen, wenn ich dich höre. Meine Gefühle machen mich hilflos. Dabei rast mein Herz und hämmert wie ein strapazierter Motor. Hörst du's?" Er hielt den Hörer an seine Brust.

„Sehr gut", sagte sie leise und überrascht. „Hörst du auch meines?", fragte sie nach einer Weile ganz weit weg.

Er lachte kurz und verlegen. Ja, er hörte es gut. „Du lieber Himmel", sagte er, mehr nicht. Er wollte dem Instrument zuhören, am liebsten die ganze Nacht. Was drückte dieser faustgroße Muskel weit oben in Dänemark für Botschaften aus, ohne Worte, ohne Melodie, nur Schlag um Schlag, tapfer, besonnen, klar.

Plötzlich sagte Claudia: „Genug!"

Da holte er tief Luft, um alle Sätze mit einem Atem fertig zu kriegen. „Hör mir bitte genau zu! Was ich dir sage, kann ich nicht oft wiederholen. Ich muss die Figuren holen, von denen ich bei der Party gesprochen habe. Ich weiß jetzt, wo ich sie kriege und wann, aber ich brauche einen Begleiter und denke an dich."

Sie schwieg eine Weile, dann fragte sie: „Ich höre etwas. Ist das schon wieder dein Herz?"

„Nein, das ist ein Lkw. Ich stehe in einer Telefonzelle und neben mir hält ein Lkw. Damit kann ich mich nicht vergleichen."

„Klingt aber ähnlich."

„Ich weiß, ich habe etwas Mechanisches an mir, alle Geräusche, die ich mache, klingen technisch." Er besann sich einen Augenblick. „Du hast mich verstanden?"

„Ja."

„Was hältst du davon?"

„Gib mir zwei Stunden Zeit und ruf noch einmal an."

Nachdem er ein Bier im Stehen getrunken hatte, lief er vom Rathausplatz durch die Stadt, er war extrem angespannt und hatte das Gefühl mit seinen Schritten die Wartezeit totzutreten. Am Ende stand er auf einem Platz, der von Riesenscheinwerfern irreal beleuchtet war, ein eisiger Wind griff die frierenden Junkies und die kettenklirrenden Skinheads an, die sich dort aufhielten. Er sah sich selbst kaum anders als diese abgerissenen Menschen, und als er einige Minuten auf eine Zelle warten musste, kam ihm der Platz wie eine Arena vor, in der sich der Kampf gegen die Kälte des ganzen Weltraums abspielte. Während er wählte, fiel sein Blick auf eine große, mit einem Ring durchbohrte Zunge auf einem nahen Plakat, das für eine Veranstaltung warb. Da meldete sie sich, er fühlte sich sofort gut, nannte seinen Namen, lachte kurz und fragte: „Was sagst du?"

„Ich sage ja. Wieder einmal. Aber in diesem Fall dürfen wir uns kein Desaster leisten."

„So ist es."

„Also denk du für dich. Ich denke für mich. Du besorgst ein Auto. Du rufst mich noch einmal an und sagst mir den Tag, die Stunde und den Treffpunkt. Ich bin dann sicher da. Leb wohl!" Sie legte auf.

Die eiskalte Nachtluft fuhr unten in die Zelle und brachte seinen Körper beinahe zum Erfrieren. Als er einhängte, verfehlte er den Haken, der Hörer rutschte ab und pendelte an der Schnur. Er wollte ihn baumeln lassen und weggehen, drehte sich aber in der Tür kurz um und meinte eine dünne schwarze Schlange zu sehen, die hin und her schwang. Seine Hand zitterte, als er den Hörer korrekt einhängte. Gerade hatte er auf die nötige Umsicht verwiesen. Nachlässigkeit hinterließ die deutlichsten Marken. Der Aspekt der Geheimhaltung rief ihm ins Bewusstsein, dass für sie beide nur ein schmaler Pfad durch die Realität lief, der gangbar war, und wenn sie den verfehlten, wurde ihnen alles abgenommen. Feindlicher als der scharfe Wind hier im Augenblick die Erde machte, konnte sie kaum wo sein, doch die Aufgabe forderte ihn und hielt seine Kräfte wach.

Am Abend vor dem Aufbruch suchte er den Professor auf, der sein Geheimnis kannte. Er wollte die Scherbe nicht auf die Reise mitnehmen. Wenn er unterwegs selbst in Bedrängnis kam, gefährdete er sich und das Bruchstück. Für den Fall, dass er nicht zurückkam von seiner Tour, bat er den Professor, das Fragment den Behörden zu übergeben und ihnen zu erzählen, was er darüber erfahren hatte. Der Professor wollte diese Aktion unterstützen. Er nahm die Scherbe mit dem Bild der Reiterin entgegen und legte sie in eine Lade zu anderen antiken Scherben. Für ein paar Tage, nicht länger. Beide gingen von einer baldigen Rückkehr aus. Dann begab sich Landmann zum Falkenturm. Dass er seinen vertrauten Kumpel nicht in der gleichen Weise wie den feinnervigen Sammler einweihen konnte, berührte ihn merkwürdig, jedoch war klar, dass Kaspar in größerer Sicherheit lebte, wenn er das Geheimnis nicht kannte. Der Altwarentrödler rief ihm die technischen Eigenheiten des Transporters in Erinnerung. Falls das Fahrzeug mit dem Fahrer und seiner Begleitperson verloren ging, sollte Kaspar die Sammlung im Schuppen am Land übernehmen. Als er wegging, wollte Rita seinen Parka über Nacht im Turm behalten. Sie hatte etwas vor damit, erklärte sie. Eine Idee war ihr gekommen, die ihm nutzen konnte. Er fragte nicht lange nach, sondern überließ ihr seine Jacke.
Am frühen Morgen, bei vollkommener Finsternis, warf Landmann ein Steinchen gegen ein Fenster des

Falkenturms. Kaspar kam die Treppe herunter und übergab ihm mit den Papieren für den Lastwagen die Schlüssel. Rita hängte ihm den Parka um und flüsterte ihm ins Ohr, welchen Eingriff sie an dem Kleidungsstück vorgenommen hatte.

Als er Claudia an der vereinbarten Tankstelle im Süden der Stadt aufgriff, stand sie da wie eine, die per Autostopp reist, in Hosen und Sportjacke, auf dem Kopf eine Schirmmütze, eine verknautschte Sporttasche in der Hand.

Die Abfertigung an der Grenze ging rasch vor sich, einer der Zöllner schien sich sogar an die früheren Ausflüge Landmanns zu erinnern, denn er lachte, als er den Zweck der Fahrt zur Kenntnis nahm. Und gleich hinter dem Zoll, als sie auf der Autobahn unterwegs waren, fragte Claudia: „Was hast du mit den Kisten dahinten vor?"

„Sie sind genau wie jene, in denen Kaspar und ich Billys Figuren transportierten, als wir sie aus Bosnien holten."

„Billys Figuren?"

„Um die es geht. Offiziell."

„Ja, offiziell. Wir fahren ja sozusagen offiziell. Wie heißt sie eigentlich?"

„Billy. Ihren Familiennamen kenne ich nicht. Der steht in den Papieren, denke ich."

„Dann sehen wir nach."

„Kaspar hat immer gezweifelt, ob der Name stimmt. Er hielt sie auch für keine wirkliche Künstlerin. Aber ihm war das ziemlich egal, er zeigte kein weiteres Interesse und brummte höchstens: Eine Bildhauerin soll das sein? Komisch."

„Können uns die leeren Kisten nützen oder werden sie im Weg sein?", wechselte Claudia das Thema.

„Sie können uns nützen – wenn die anderen beschädigt sind – oder überhaupt fehlen – falls sie jemand schon als Heizmaterial brauchte oder für Waffentransporte." Er warf das Haar mit einer Kopfbewegung zurück und lachte ein Sekunde.

Danach wurden beide wortkarg und verfielen schließlich in Schweigen. Sie wussten, dass ihnen eine schwere Aufgabe bevorstand, und konzentrierten sich wie Artisten. Fünfzig Kilometer vor dem Ziel wurden sie durch eine Kontrolle aufgehalten. Obwohl die Posten verstanden, worum es bei ihrer Fahrt ging, mussten sie die nasskalte, hässliche Nacht neben der Straße im Auto verbringen. Im Schlaf peinigte Nico ein Traum. Er lag in einem Schlammloch und Claudia in einem anderen. Beide versanken sie und hielten still. Das Gelände war ringsum mit einem Wall umgeben, auf dem sich viele Menschen in einer Art tänzerischem Reigen an den Händen hielten, wobei jeweils einer im Kreis nach innen und der nächste nach außen schaute. Wer nach außen gewendet war, hielt im Tanz nach den Angehörigen der Versinkenden Ausschau. Falls von denen jemand kam und ein Lösegeld bezahlte, sollten sie gerettet sein. Denen, die nach innen sahen, diente ihr Untergang zur Belustigung. Auch Billy und ihre Bekannten waren unter den amüsierten Zuschauern. Diesmal erkannte er Nellys Rücken gleich. Sie suchte den Horizont mit den Augen ab und war die einzige, die immer wieder den Kopf zu ihnen herumdrehte. Schließlich rief er ihr zu: Hilf deiner Schwester!

Er schlug die Augen auf und sah Claudia ins Gesicht. Sie war schon wach, schien aber sehr müde. „Habe ich im Schlaf geredet?", fragte er. Sie nickte und richtete die Decke auf ihrem Schoß. Es dämmerte bereits, also hatte er lang geschlafen. Da hatte ihm der Traum einen seltsamen Einfall eingegeben. Wenn sie wirklich zu Erpressern fuhren, von wem konnten die etwas fordern? Von ihm nicht. Von seiner Mutter? Vom Direktor, wenn er sich überzeugen ließ? Von Romer? Von Claudias Tante Lou? Interessierte sie die Villa Stilling? Allem Anschein nach waren auf beiden Seiten abgebrühte Geschäftemacher am Werk, die einander nicht trauen konnten. Der Motor lief rund, Claudia stieß ihn ein paar Mal an, ohne dass er reagierte, bis sie „Fahr endlich los!" zischte.

Nach einer kurzen Strecke dirigierten Soldaten ihr Fahrzeug von der Hauptstraße auf eine kleine Nebenstraße. Sie führte zwar in ihre Richtung, aber die winterliche Fahrbahn, auf der sich der Verkehr ganz dicht dahinschob, wirkte beim bloßen Anblick entmutigend. In der Nacht hatte es geschneit, rings war alles mit einer dünnen Schneedecke bedeckt, und auf der ungeteerten Straße wurde der weiße Stoff von den massiven Reifen mit dem Kot durchmischt, so dass alles noch schmutziger aussah als vorher. Milizen, die zu Fuß gingen, strotzten von Dreck und Schlamm. Die Panzer lauerten an den Dorfeingängen und wurden abgekehrt. Manche begannen zu rauchen und zu paffen, dass schwarze Wolken über die Dächer zogen. Mehrfach kamen ihnen Militärkolonnen entgegen, da mussten die Lkws, Traktoren, Pkws und Karren ins Gelände ausweichen. Einzelne Gruppen von Soldaten befanden sich in einem Siegesrausch, andere wirkten stumpf und abgestorben. Sie kamen alle von dort her, wo sie hinmussten.

Claudia lümmelte zusammengesackt auf ihrem Sitz, wurde hin und her geworfen, hatte die Schirmkappe tief ins Gesicht gezogen, den Kragen ihrer Jeansjacke hochgeschlagen und schien die ganze Zeit zu dösen. Nur ihr Ohrläppchen sah Nico aus dem Augenwinkel, von außen musste man sie für einen übermüdeten, erschöpften Jungen halten. Als der nächste Stopp erzwungen wurde, warf Nico noch einen Blick auf dieses Ohrläppchen und nun fiel ihm erst auf, dass die Haare unter der Kappe ganz kurz geschnitten waren. Sie hatte die Augen offen und die Blicke, die sie schräg nach unten richtete, waren ganz wach. „Starr mich nicht so an!", flüsterte sie heftig. Von da an war ihm klar, dass sie ihre erschöpfte und gleichgültige Haltung einnahm, weil sie äußerste Vorsicht für notwendig hielt. Sie bewegten sich auf extrem dünnem Eis, nur so lange es trug, hatten sie eine Chance. Ja, mit einem Mal war ihm das nicht nur völlig klar, sondern die Vorstellung überwältigte ihn so, dass er ein Zittern in den Muskeln der Arme und Beine fühlte. Gewiss, Claudia hatte die Zeugnisse von solchen Zerstörungsorgien, wie sie die Straßen begleiteten, noch nie im Original gesehen und sah sie auch jetzt nicht richtig. Aber selbst wenn er daran gewöhnt gewesen wäre, hätte ihn das im Augenblick nicht entlastet, denn was ihn jetzt in Panik versetzte, war die Befürchtung, dass der Horizont eines neuen Lebens, den er immer deutlicher zu erkennen meinte, im blutigen Meer des Krieges versinken könnte.

An einer engen Stelle des Flusstales mussten sie im Konvoi anhalten. Claudia drehte das Fenster ein Stück herunter, um sich an den Geräuschen zu orientieren. Links von der Straße war das Wasser. Das jenseitige Ufer säumten dichte Bestände von Weidenbäumen, überragt vom Gittermast einer Starkstromleitung. Das Knacksen und Knistern, das metallische Klicken, das vom Hügel neben ihnen kam, und das harte abgehackte Knattern machten Nico Sorge. Das Prickeln, das er als Begleiter Kaspars gespürt hatte, stellte sich nicht ein. Plötzlich sprang der große Gittermast am anderen Ufer hoch, drehte sich in der Luft – es zischte, pfiff und krachte –, und wie ein Turmspringer kehrte der Mast mit funkenstiebenden Drähten voran vom Himmel zurück und stieß in den Fluss. Der einschlagende Betonsockel löste eine Flutwelle aus, die in das entstandene Loch schoss. Einige Weiden standen in hellen Flammen. Maschinengewehrsalven sägten die brennenden Baumwipfel ab, knapp über dem Fahrzeug hinweg. Nico warf sich über Claudia, um sie zu schützen. Dann ein neuerliches scharfes Pfeifen, ein dumpfer Knall, Schmutz, Erde und Steine prasselten auf das Auto herunter, und während ein entsetzlicher Schrei die Luft anhaltend erfüllte, setzten sich die Fahrzeuge vor ihnen wieder in Bewegung.

Claudia schob ihre Mütze aus der Stirn und sah Nico an. Seine Hände lagen zitternd auf dem Lenkrad und konnten es nicht ergreifen. Auch die Beine verweigerten den Dienst.

Er bedauerte zutiefst, Claudia hierher geschleppt zu haben. Ihre Anwesenheit an dieser Stelle lähmte ihn. Die Scheinwerfer, die ihnen entgegen kamen, brachen aus einem feindseligen Tunnel hervor, in den er steuern sollte. Er fühlte sich von allen Seiten gedrängt und bedroht. Nur die Sinnlosigkeit bot ihm und seiner Begleiterin ihre Unterstützung an, und die Hilflosigkeit versprach, sie beide zu tragen. Und wohin? Der Unsinn führte in das Chaos, die Ohnmacht lockte in den Untergang. Diesen beiden Figuren, die selbst keinen Weg wussten, sah er sich mit Claudia ausgeliefert. Wenn sich der Tod mit der Zielflagge gezeigt hätte, wäre er ihm an der Stelle recht gewesen, er hätte sofort zugestimmt, aber der Tod war gerade vorbeigezogen, man sah seine Spur, und er kreiste unberechenbar über dem Land wie ein verrückt spielender Flugapparat und zog eine Ziellinie, wo es ihm passte. Die zornigen Hupen im Rücken klangen ihm wie die Trompeten des Jüngsten Gerichts im Ohr und machten ihn vollends handlungsunfähig. Da legte Claudia ihre Hand auf seine und schloss sie um das Lenkrad. Ihr zuversichtlicher Puls übertrug sich auf ihn, die nervöse Verkrampfung löste sich, die Anspannung wich aus seinen Muskeln, sie wurden weich und folgsam, er gab Gas, kuppelte, legte den Gang ein und fuhr los. Die Ungeduld der nachfolgenden Lenker löste sich auf. „Geht schon", sagte er und holte endlos tief Luft. Darauf sank Claudia in ihre lümmelnde Schutzhaltung zurück.

Für ein paar Kilometer brauchten sie Stunden, und als sie die Stadt erreichten, dämmerte es schon. Die Stadt war im Umbruch. Wachorgane scheuchten die Zivilisten von den Straßen. Möglichst rasch sollte die Nachtruhe eintreten.
Nico blieb im Auto. Claudia betrat die Halle, in der extremes Gedränge herrschte, die wartende Menge brodelte und waberte. Gepäck von Soldaten, beiläufig bewacht, lag gehäuft herum. Kameraleute mit ihrer Ausrüstung beladen

suchten ihre Mitarbeiter, Pressefotografen mit ganzen Batterien umgehängter Fotoapparate standen herum. Erschöpfte Hotelgäste saßen auf Koffern, tranken aus Flaschen und Dosen, rissen Fast-Food-Packungen auf und wühlten nervös darin, andere schrieben auf den Knien, hackten in den Laptop, schrien ins Handy, schluchzten an der Schulter des Partners oder vergruben ihr Gesicht in den Händen. Schrille Damen lehnten an den Säulen. Von der Rezeption wurden die Namen von Personen ausgerufen. Zigeunermusiker in Schwarz trugen ihre Instrumente unterm Arm. Weiteres Gepäck von Soldaten, wachsende Haufen. Kellner schoben Wagen mit Getränkeflaschen zu den Aufzügen, Sanitäter kamen herein und drängten ebenfalls zu den Lifts, sie machten lautstark Druck, dass sie vorgelassen wurden. Vergeblich: Militärs und Kellner zuerst. Sie wurden mit der Trage zur Stiege gewiesen. Eine militärische Einheit feierte den Abschied von der Stadt, erfuhr Claudia an der Rezeption. Ja, für sie beide war ein Zimmer reserviert, erklärte der Portier. Im vierten Stock. Er rief hastig einen jungen Angestellten, zeigte auf den Ausgang und trug ihm auf, den Lkw, der vor der Tür stand, zum Lieferantenparkplatz zu lotsen.

„Wie heißen Sie?", fragte der Portier nochmals.

Sie wiederholte ihren Namen.

„Ich rufe sofort den Major."

Einen beschwingteren Mann als den Major hatte Claudia kaum einmal gesehen. Er war in Zivil und unglaublich begeistert, dass ihre Anreise geklappt hatte. „Obwohl Sie einen Tag zu spät sind. Sagen Sie nichts, ich weiß alles!", rief er und führte Claudia ein paar Schritte zur Seite. Dann sprach er schon vorsichtiger und zeigte, dass ein Taktiker in ihm schlummerte. Er war klein, hatte einen kantigen Kopf mit wenig Haar und einen gedrungenen Körper, seine fröhlichen Augen blickten sie ein wenig starr an. „Sie wollen heute Nacht noch abfahren? Das geht nicht. Glauben Sie nicht,

was die Presseleute schwatzen. Wir haben extra ein Zimmer für Sie reserviert und garantieren für Ihre Sicherheit."
„Wir möchten die Kunstwerke schon heute verladen. Dann geht der Transport bei Tagesanbruch ab."
Der Vorschlag machte den Major nachdenklich.
„Wollen Sie nicht ausschlafen?", fragte er und sah die junge Frau mit nachsichtigem Lächeln an. „Schließlich haben Sie Ihren Freund dabei."
Sie blickte ihn ernst an. Natürlich war sie in seinen Augen unfähig, den Wunsch, die Verladung gleich vorzunehmen, in seiner Tragweite abzuschätzen. Ihre Pläne waren Luftgebilde ohne Wert, denn geschehen würde, was er und seine Leute vorhatten, und das hatte mit ihren Zielen gar nichts zu tun. Aber sie hatte als Frau den Vorzug jung zu sein und damit die eigenartige Freiheit vor erfahrenen Herrn, wie er einer war, sagen zu dürfen, was ihr gerade einfiel. Dass sie anscheinend zum Plappern neigte, gefiel dem Major, dennoch musste er sie aufklären, was die Bewachung betraf: „Die Sachen sind hier absolut sicher."
„Wie lange?", fragte Claudia kühn.
Diese Frage überraschte ihn und steigerte seine Kombinationstätigkeit. „Haben Sie mit den Journalisten gesprochen?", fragte er.
„Nein."
„Das ist gut, es wird nämlich nur Unsinn verbreitet."
„Außerdem möchte ich gerne sehen, was wir transportieren."
„Sie möchten die Sachen sehen", sagte er zögernd und blickte plötzlich erheitert und unternehmend um sich. In seinem Kopf lief ein Szenario ab. „Ich zeige sie Ihnen. Folgen Sie mir!"
Er führte sie zum Lift, sie fuhren einen Stock nach unten. Dabei redete er die ganze Zeit. Er verwendete ein merkwürdiges Sprachgemisch und sagte in mehreren Sprachen ungefähr das gleiche. „Es ist traurig, dass wir Abschied nehmen müssen. Wir könnten ebenso hier bleiben. Was

haben wir denn Schlimmes getan? Nichts. Gutes ja. Aber das will niemand sehen. Das Gute nicht. Für das Gute kriegt man nichts. Für das Böse schon: Das heißt dann Strafe." Dann machte er einen Gedankensprung. „Wenn die Figuren im Auto sind, kann man praktisch zu jeder Stunde los. Man kann sie sofort wegbringen. Das ist nicht schlecht. Vielleicht ist es nicht erlaubt, vielleicht droht eine Strafe, aber klug ist es, oder?"

Claudia sagte nichts, zuckte die Schultern und gab sich inkompetent.

Sie traten auf eine betonierte Rampe heraus und befanden sich neben dem schwach beleuchteten Zufahrtsschacht für die Versorgung des Hotels. An den Seiten standen die Müllcontainer in einer Reihe. Den Abfall davor streifte das kalte Licht einer schwachen Lampe, die im Wind schwankte. Vorne stießen die Scheinwerferkegel eines Lkw in sich veränderndem Winkel vor und zurück, und Claudia erkannte das Motorengeräusch des ausgemergelten Fahrzeugs, das Nico wenden musste, um rückwärts einzufahren.

„Wie machen wir das nun?", fragte fröhlich der Major. „Sie sehen ja nicht besonders kräftig aus, dafür sind Sie hübsch. Schade, dass ich Sie nicht zur Feier mitnehmen kann. Da könnten Sie was erleben. Aber das geht nicht. Sie sind Ausländerin und auf der falschen Seite."

Ein Stück vorne öffnete ein Hotelgehilfe den Schranken der Zufahrt und klappte ihn hoch. Nico schob den Lkw im Rückwärtsgang knapp an die Laderampe.

Kaum stand das Fahrzeug, trat der Major heran und zerrte die Plane ein Stück zur Seite. „Ah, Sie haben eine eigene Verpackung mit", wunderte er sich. Er sah plötzlich wie ein Schachspieler aus, der einige Züge im Kopf vorausdenkt. Dann kam er zu einer Entscheidung. „Das ist gut. Jetzt habe ich eine Idee." Er schätzte Landmanns Körperkräfte ab und sagte: „Sie können gleich mit der Arbeit beginnen. Ihre leeren Kisten stellen Sie genau da hin, wo jetzt die vollen stehen. Mein Adjutant hilft Ihnen beim Verladen und bringt Sie dann in Ihr Zimmer."

„Wann können wir los?", fragte Nico kurzatmig und streifte mit dem Rücken der Hand, in der er den Schlüssel hielt, das Haar aus dem Gesicht.

Der Major sah ihn an. „Los – wohin? Die Schlüssel." Er streckte die offene Hand aus und Nico ließ die Autoschlüssel ohne Zögern hineinfallen, als hätte er auf die Aufforderung gewartet.

„Nach Hause."

Der Major lachte andeutungsweise. „Sobald Sie die Schlüssel wieder haben, können Sie losfahren." Er selber könne im Notfall schneller über die Kunstwerke verfügen, wenn sie zum Abtransport bereitstünden, erklärte er und grinste ein wenig.

Kürzer und einfacher (und für ihn befriedigender) hätte er kaum sagen können, dass ihre Mission beendet und damit gescheitert war. Aber die beiden vor ihm verrieten mit keiner Regung, dass sie seine Botschaft ganz begriffen, und er fand es müßig, sie weiter zu verdeutlichen. Über Funk rief er einen Adjutanten und befahl ihm beim Austausch der Kisten zu helfen. Dann sollte er die zwei Besucher in ihr Zimmer bringen und ihren Schlaf bewachen.

Aufmerksam prägte sich Claudia die Örtlichkeit ein, während der Soldat mit Nico den Lkw entlud und neu belud. Eine der Kisten war notdürftig ausgebessert, das konnte das Behältnis sein, in dem die beschädigte Figur lag. Zuletzt schlossen sie die Plane und zurrten sie fest. Die leeren Kisten standen geschlichtet und geordnet an der Rampe, als wäre nichts verändert und alles noch an seiner früheren Stelle. Von nun an konnte jeder das Ladegut ohne Umschweife hinschaffen, wo er wollte, wenn er über die Schlüssel verfügte.

Im ganzen Hotel lief eine ausgelassene Abschiedsfeier. Grölender Gesang und lautes Johlen hallten durch alle Stockwerke des Hochhauses. Der Adjutant des Majors, der wie Nico beim Verladen ins Schwitzen gekommen war, brachte die beiden Fremden zu ihrem Zimmer, machte Licht und bedeutete ihnen, dass er als Wache vor der Tür stehen bliebe.

Als sie allein waren, gingen Claudia und Nico aufeinander zu und umarmten sich. Claudia spürte einen Gegenstand in seiner Jacke, der hart gegen ihre Brust drückte. Was ist das?, fragten ihre Augen. Was hast du da in der Tasche?

„Autoschlüssel", flüsterte er in ihr Ohr, „Reserveschlüssel." Diese Schlüssel, die Rita in der Nacht vor der Abreise in seinen Parka eingenäht hatte, zwängten die Falle, in der sie saßen, einen Spalt auf. Aber sie standen unter Aufsicht und saßen in einem Zimmer fest.

Aus der Leitung floss lauwarmes Wasser. Ihre Konzentration war so gleichförmig und ihre Gefühle so übereinstimmend, dass der ganze Raum davon erfüllt war. Die Überlegungen waren so ähnlich, so austauschbar, dass sie nicht zu reden brauchten. Ihre Kräfte so vereint, dass sie ein Magnetfeld und ein Bündel Energie bildeten.

Sie löschten das Licht. Von draußen kam der gedämpfte Schein einer kaum beleuchteten Stadt. Wenn sie ihren Hals zurückbog, schimmerte er weiß und glatt, doch wenn er sein Gesicht näherte, waren darauf lauter Augen, eines neben dem andern, wache Augen, die ihn ansahen. Er lauerte ihrer schlanken Taille auf. Der muskulöse Körper wand sich, als besäße er keine Knochen, das straffe Gewebe machte seine Hände verrückt, er wollte sie überall zugleich fassen und halten. Das Reptil in ihr streckte sich unter Windungen und zog sich unter Zuckungen fort. Wenn er ihr kämpferisches Gesicht fixierte, glänzten die dunklen Augen im Nassen und sahen ihn stets mit dem wachen Ausdruck sinnlicher Intelligenz an. Der klassische Schnitt verflog, wenn sich die Lider vibrierend und angespannt zu schmalen Schlitzen verengten.

Ein dumpfer Schlag gegen die Tür rief sie zurück. Sie schlüpften in die Wäsche, zogen die Tür auf und der Oberkörper eines Soldaten glitt herein. Der Geruch von Alkohol schlug ihnen entgegen. Im Licht des Flurs sahen sie, dass es nicht der Adjutant war, sondern ein einfacher Soldat, der betrunken war und ohnmächtig schlief. Im Umsinken hatte seine Waffe gegen die Tür geschlagen. Claudia schnappte wortlos die Schultern seiner Uniformjacke und Nico ergriff ihn am Gürtel. Gemeinsam zogen sie ihn ins dämmerige Zimmer und schlossen die Tür. Da lag er nun auf dem abgenützten Teppich, stöhnte zufrieden, als sie die Bettdecke über ihn breiteten, und begann gleichmäßig zu atmen. Lärmender Gesang verwandelte die Flure und Stiegenhäuser in riesige Orgelpfeifen mit schwankender Tonhöhe. Hinter den Türen erklangen begeisterte Hymnen, von Betrunkenen gesungen, gestottert, gestolpert, brachen ab, um sich neu zu erheben und frisch aktiviert einen berauschten Geist durch die Gänge zu tragen. Entrückte Gestalten kamen ihnen mit stierem Blick entgegen, schwankten, hingen an den Treppengeländern und schleppten sich von Stufe zu Stufe. Im Foyer waren die Reporter in heller Aufregung: Der Status der Stadt änderte sich um Mitternacht. Die beiden schlängelten sich durch und verließen das Hotel durch den Haupteingang. Auf der Straße zog Claudia ihre Schirmmütze ins Gesicht. Während sie zum Schranken eilte, fiel ihr das stürmische Schlagen eines Stahlseils gegen einen metallenen Fahnenmast auf. Die Fahne war bereits eingeholt. Das Seil peitschte das leere Rohr. Sie hievte den Schranken hoch, ließ den Planenwagen heraus und machte wieder zu. Dann stieg sie zu Nico in das Führerhaus. Bemüht erwiderte sie den militärischen Gruß eines Wachpostens, der bei der Ausfahrt des Areals stand, durch einen

Tipp an ihre Mütze. Ohne Anstand ließ sie der Soldat, der im kalten Grau der Winternacht vermutlich alles und nichts in Ordnung fand, auf die Hauptstraße hinaus.

Nach dem Plan der Auftraggeber sollten sie auf der Strecke heimfahren, auf der sie angereist waren, doch hatte Nico zwei Lektionen hinter sich und fürchtete, abermals in eine Falle zu tappen. Dann wäre auch die letzte Chance verspielt. Das wusste er. Aber wo sollte er einen Ausweg finden?

Nun rückte Claudia mit einem Vorschlag heraus. Sie hatte schon vor Antritt der Reise mit Hilfe Lou Stillings und ihrer Organisation präzise Informationen über einen sicheren Weg gesammelt, der aus der Stadt führte. Wenn sie vor null Uhr zum Sammelplatz kamen, konnten sie sich in einen der zurückkehrenden Hilfstransporte einreihen und mit diesem bis an die Grenze fahren.

Als Nico den Lastwagen am Rand der Stadt in das lose abgegrenzte Areal der Sammelstelle steuerte, wurden sie wie gute Bekannte begrüßt. Man hatte mit Bangen auf sie gewartet, denn die organisierten Banden waren in ihren Aktionen sehr effizient und im Falle der wertvollen Ware, um die es ging, gewiss auch aufmerksam; nur ein interner Konflikt, ein Verrat oder eine Verkettung von Zufällen konnte ein solches Netz durchlässig machen. Nach einem kurzen Kontakt mit den Organisatoren reihte Nico den Planenwagen in den sich formierenden Konvoi ein. Da riss die Wolkendecke an einer Stelle auf und der Mond blitzte kräftig hervor. Der Zug der Lkws setzte sich mit abgeblendetem Licht in Bewegung. Die Straße stieg und in den Kurven wurde die Fahrzeugkolonne in ihrer Länge sichtbar, mittendrin kroch und brummte der Wagen von Nico und Claudia. Ausgebrannte Häuser standen an den Hängen, kleine Landwirtschaftsgebäude, wie zum Spaß ruiniertes Spielzeug. Einfallslose Zerstörer stellten immer das gleiche an: das Dach fort, die Fenster hohl, vom oberen Rand zog ein schwarzer Pinselstrich an der Mauer hoch. Sie ließen kein Leben übrig: keine Menschen, keine Tiere. Nur Kadaver.

Als sie einen Höhenzug überwunden hatten, blieb der Wind zurück und der Mond beleuchtete nur mehr kleine, verlorene Wolkenfetzen. Die Kolonne fuhr nun an der Flanke eines tief eingeschnittenen Flusstals entlang. In der Schlucht türmten sich weiße, nackte Gesteinstrümmer, die glänzenden Blöcke wiesen schwarze Streifen auf, als würden sie Trauer tragen. Die aufsteigende Straßenböschung wirkte im kalten Mondlicht wie aus weißem Marmor errichtet.

Schließlich weitete sich das Tal und zwischen den Gräsern schimmerte Schnee. Die dünne Schicht bewahrte die Reifenspuren als Linien, die sich schnitten, überlagerten, auslöschten, bis eine ziemlich breite Fahrbahn übrig blieb. Dann tauchte in der Morgendämmerung ein Flugfeld auf. Am Rand der Straße gingen erschöpfte Frauen, Kinder auf dem Arm, schlafende Kinder, halbwache Kinder, die entsetzt nach den Fahrzeugen sahen, größere führten sie an der Hand oder ließen sie neben sich herlaufen. Sie schleppten vollgestopfte Taschen, Decken, die mit Schnüren gebündelt waren, Bettzeug, Dinge des täglichen Gebrauchs in Plastiktüten, Papiersäcken, Kartons, Sporttaschen. Eine mitten in der Arbeit erstarrte Asphaltiermaschine zwang den ganzen Zug zum Ausweichen. In den Unterständen neben dem Flugfeld warteten frierende Menschentrauben. Um einen Hydranten stand eine ratlose Menge mit Flaschen, Kanistern und Eimern auf einer spiegelglatten Eisfläche. Der Wasserspender war in der kalten Nacht eingefroren. Sie zupften an ihren Mützen, Wollhauben und Kopftüchern und sahen nach dem vorüberfahrenden Transport. Ein Stück weiter passierte die Kolonne eine Ansammlung von Hilfsgütern. Braune Kartons, metallisch glänzende Dosen, Großpackungen von Lebensmitteln, Flaschen im Gebinde und weiße Säcke lagen hinter einem beweglichen Zaun. Die Warengruppen steckten in riesigen Netzen, die von breiten Gurten zusammengehalten waren.

Dahinter ging über einer weiten Ebene die Sonne auf, Pappelreihen gliederten die Fläche und gegen Norden deutete eine zarte graue Linie eine endlose Hügelkette an. Das war alles, bis nach längerer Fahrt in der Ferne vor ihnen fremdartige durchbrochene Gebilde aufragten. Als hätte ein Keramiker eine eben geformte Produktion aus Ton dort auf dem Horizont abgestellt, dicht an dicht, hoch und schmal, niedrig und breit, und ein Regenguss wäre darauf niedergestürzt, so aufgelöst, zerschmolzen und zerronnen sah die Ruinenstadt aus.

Nico betrachtete Claudia von der Seite, sie wirkte ausgeglichen. Manchmal berührte sie seine Hand und er zuckte nicht zurück. Die Scheu voreinander, gemischt aus Anziehung und Abstoßung, wich mehr und mehr einer Zuversicht. Bisher hatten sie sich nie lange vertragen. Diesmal hatten sie ihre Abmachung eingehalten, ohne dass es zu einer Verstörung kam. Bei den früheren Versuchen war er über ihre Erwartungen hinweggetrampelt, und Claudia vermochte kaum zu sagen, was sie an seinem Verhalten unerträglich gereizt hatte. Natürlich vergaß er auch jetzt eine Weile zu atmen, er schniefte und lachte kurz, was unangebracht schien. Da liefen Muster ab, von denen er wenig Bewusstsein besaß, die er aber in sich trug und zum Funktionieren benötigte. Auf wie vielen Ebenen konnten sie eine Beziehung entfalten? Zu wie vielen waren sie fähig? Sie waren beide von Leidenschaften bewegt. Jetzt konnte Claudia ihren Kopf an seine Schulter legen, ohne dass sie vor Müdigkeit halb bewusstlos dazu gezwungen war wie damals, als sie in der Nacht zum Schuppen auf dem Land gefahren waren. Er fühlte den Druck an der Seite, schaute auf das kurz geschnittene Haar, dachte an die Amazone und erinnerte sich an den Reiz, den der Druck der Scherbe auf seiner Haut verursacht hatte. Sie sah ihn an, die dunklen Brauen traten auseinander, ihre Stirn entspannte sich.